パーツから考える戦国期城郭論

西股総生
Fusao Nishimata

山中城（静岡県三島市）
山中城の北条丸から無名曲輪（手前）・西ノ丸（奥）を見る。

ONE PUBLISHING

戦国期城郭のパーツを知る

堀や土塁など山城を構成するパーツを盛り込んだ架空の城。戦国時代の山城は、立地や用途によってこれらの要素を使い分けて城を築いていた。本書で解説するパーツは城内のどんな場所でどのように使われていたのか。イラストからイメージを膨らませてみよう（イラスト=香川元太郎）。

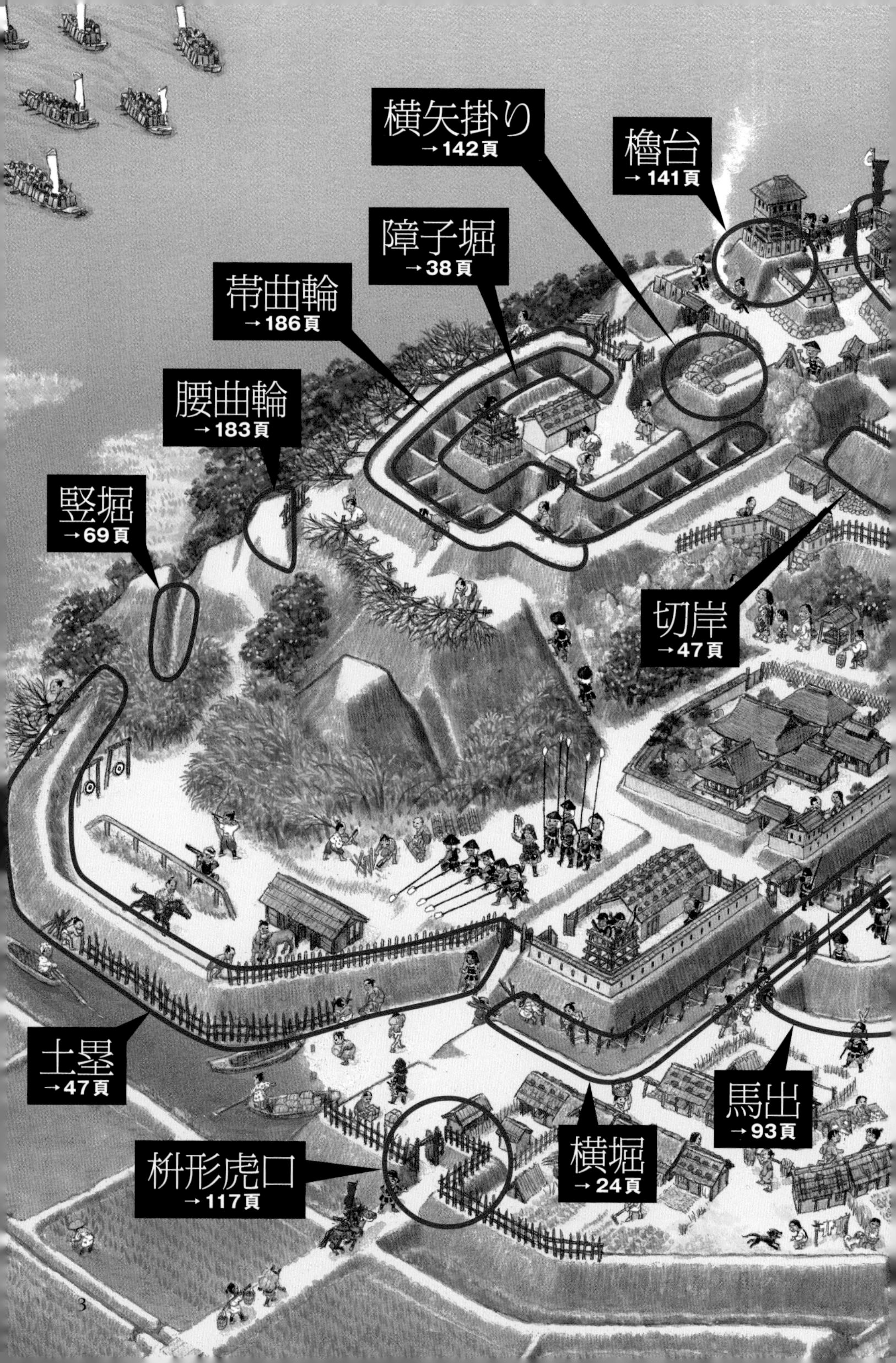
横矢掛り
→142頁
櫓台
→141頁
障子堀
→38頁
帯曲輪
→186頁
腰曲輪
→183頁
竪堀
→69頁
切岸
→47頁
土塁
→47頁
馬出
→93頁
横堀
→24頁
枡形虎口
→117頁

吉野ヶ里遺跡（佐賀県神埼郡吉野ヶ里町）
弥生時代にはこのような環濠集落が各地に出現した。障碍としての堀はもっとも原初的かつ普遍的な防禦パーツである。

【堀】

→23頁

青山城（埼玉県比企郡小川町）
戦国期の山城では堀切による尾根の遮断が基本となる。現状では浅く見えるが実際は人の背丈分くらいは埋まっている。

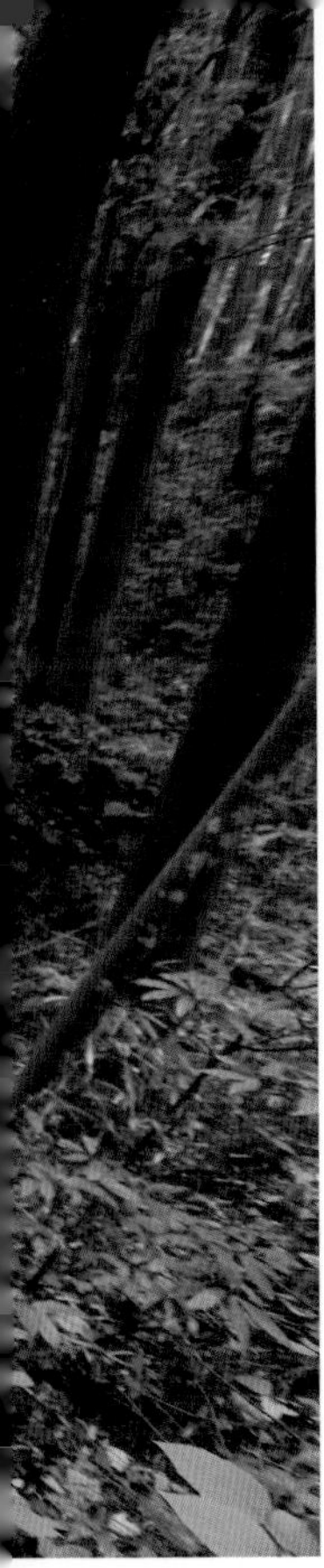

〝敵を足止めする障碍たる堀は、城のもっとも基本的な構成パーツである〟

（24頁）

小幡城（茨城県東茨城郡茨城町）
寛政川を望む台地に占地する。曲輪群は巨大な空堀で囲まれており、堀底に落ち込んだら命はない。

名古屋城（愛知県名古屋市）
御深井（おふけ）丸の広大な水堀。低地に障碍を掘削すると必然的に水堀になる。低地の水堀は幅を大きく取らないと防禦力を確保できない。

【土塁と切岸】

→47頁

〝城が成立するための必要条件という意味で考えたとき、もっともプライオリティの高いパーツは、堀と切岸ということになる〟（48頁）

鳥坂山城（新潟県妙高市）
主郭の切岸。切岸は山城のもっとも普遍的な防禦パーツだ。経年変化によって切岸の肩部分が崩落しているのがわかる。

鬼ノ城（岡山県総社市）
復元された版築土塁。律令国家が築いた朝鮮式山城には、半島からもたらされたウエポンシステムが採用されていた。

〃戦国期城郭を実踏してみると、
さまざまなサイズや形状の土塁があることがわかる。
築城者は、機能や用途によって、
土塁のサイズや形状を使い分けていたようだ〃
（57頁）

前川本城（宮城県柴田郡川崎町）
二の丸の土塁。前川本城は曲輪に土塁をめぐらせ、その外側に二重の堀を設けることで城外との高低差を造り出している。

熊倉城（埼玉県秩父市）
曲輪から山腹にかけて長大な竪堀を複数本刻み、土塁を併走させている（イラスト＝香川元太郎、監修＝著者）。

【竪堀】

→69頁

“これ（横堀）に対し竪堀は、
斜面における敵の横方向のベクトルを
阻止するための障碍、ということになる” （72頁）

鳥坂山城

堀切から竪堀を落とし、その向こうに畝状竪堀群を敷設する。
畝状竪堀群は切岸の末端から掘り込まれている。

〃虎口の前面に設けた覆い（カバー）のように見える馬出は、機能においても虎口を援護（カバー）する施設でもあるのだ〃（99頁）

小山城（静岡県榛原郡吉田町）
発掘調査で見つかった丸馬出が復元整備されている。画面右手が主郭。馬出の土塁が胸壁サイズであることに注意。

【馬出】

→93頁

山中城
西ノ丸から見た西櫓。「西櫓」の名が付けられているが実際は角馬出で、堡塁の機能を果たすことが写真からもわかる。

諏訪原城（静岡県島田市）
武田氏時代を想定した復元イラスト。城の見どころである二ノ曲輪の馬出は、発掘成果から徳川氏改修時の築造という説がとなえられているが、武田氏と徳川氏の縄張を比較検討してみると、武田氏による築造の可能性も捨てきれない（イラスト＝香川元太郎、監修＝中井均）。

篠山城（兵庫県丹波篠山市）
城の三方の虎口には馬出が設けられていた。このように馬出は名古屋城（愛知県名古屋市）や佐倉城（千葉県佐倉市）など、近世城郭にも取り入れられている（イラスト＝香川元太郎、監修＝丹波篠山市教育委員会）。

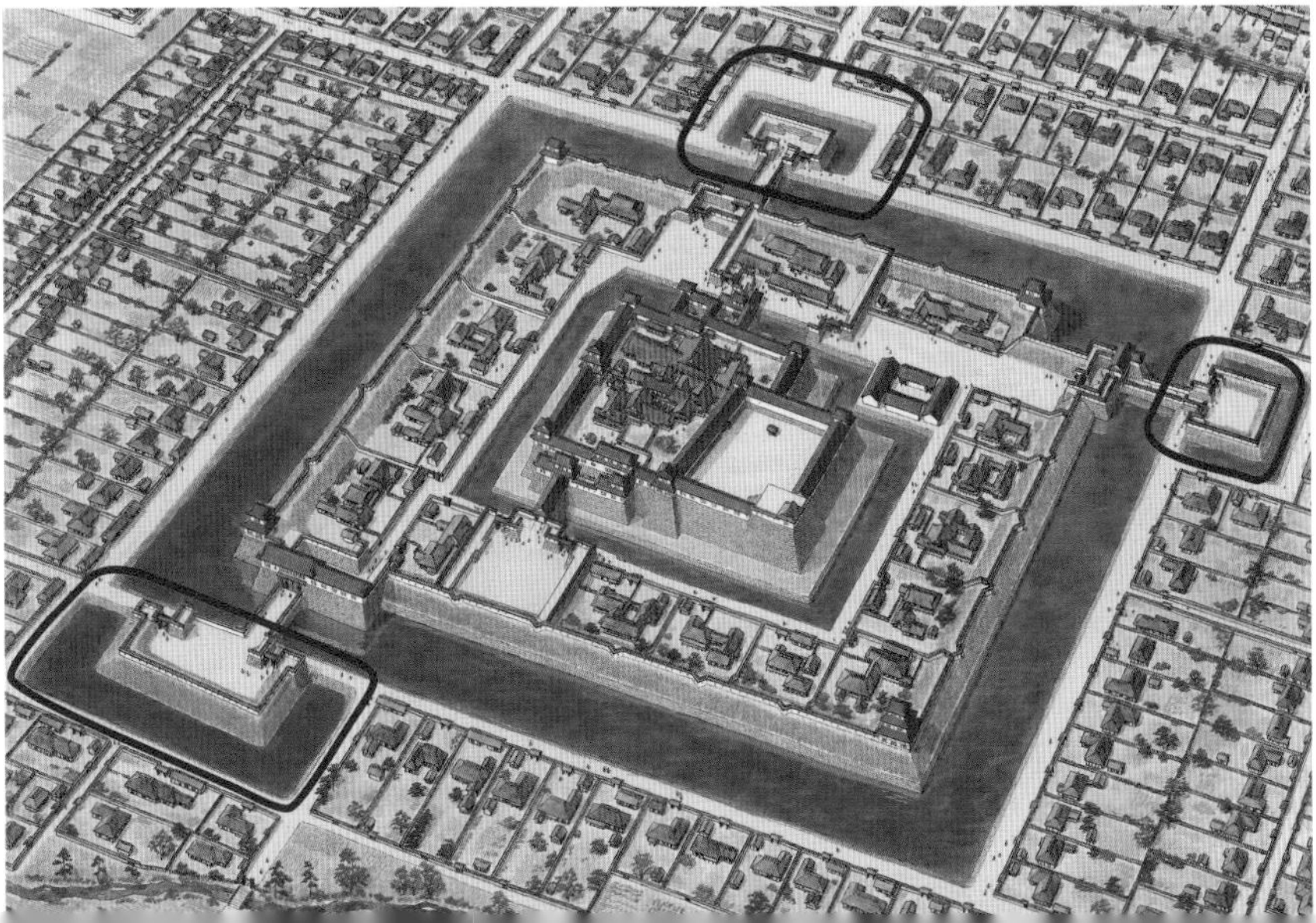

〝「侵入者を封殺する機能をもつ虎口」というのが、枡形虎口の現実的定義となる〟（120頁）

小野路城（東京都町田市）
二の曲輪南南東の虎口。通路は屈曲しているが、通路幅以上の空間が形成されているわけではない。

【枡形虎口】

→117頁

新府城（山梨県韮崎市）
搦手口の土塁で囲まれた枡形虎口。戦国後期にはこのように土塁できっちりと四角く囲まれた枡形虎口が各地に出現した。

江戸城（東京都千代田区）
北の丸にある清水門。撮影位置から射点が得られることがわかる。画面右下の堀に面した側が開放されているのは、堀を隔てた対岸の石垣上から枡形内部を掃射するため（写真提供=PIXTA）。

駿府城（静岡県静岡市）
復元された東御門。高麗門と渡櫓門で四角く囲まれた近世城郭の典型的な枡形虎口。枡形の正面側が堀に向かって張り出していることに注意。

大坂城（大阪府大阪市）
二ノ丸六番櫓付近の連続的に折れる石垣。石垣の登攀を阻止する強化火点として、隅櫓が効果的に配置されている様子がわかる。

〃飛び道具を有効に使って城を守るための工夫について、横矢掛りと櫓台を中心に考えてみよう〃

（142頁）

【横矢掛りと櫓台】

→141頁

杉山城（埼玉県比企郡嵐山町）
画面右手から中央は主郭に入る通路で、画面奥の土塁上から矢印のように横矢がかかる様子がわかる。

【曲輪】

→165頁

〝どうやら、曲輪とは本来、中に建物を建てて居住するためのスペースとは限らないようだ〟

（169頁）

福山城（広島県福山市）

現存遺構である伏見櫓。伏見城から移築されたといわれ、全国の現存隅櫓の中でも屈指の大型櫓である。いかついデザインだが石落（いしおとし）を備えていない。

鮫ヶ尾城（新潟県妙高市）

山城の主郭はごく狭小な場合が多い。上杉景虎が最期を遂げた城であるが、本格的な殿舎などは建ちそうもない。

八王子城（東京都八王子市）

城主の生活の場だったとされる御主殿。山城の麓には北条氏照の豪壮な御殿が建っていたが、戦闘時にはこの曲輪が前衛として敵の攻撃を受け止める。

犬山城（愛知県犬山市）
白と黒のコントラストを巧みに用い右手に付櫓を配して破調の美を狙うあたり、黒織部に通じるセンスだ。初重と二重目の窓が互い違いに配されているのもよい〝景色〟。

【天守】

→191頁

〝天守は最初から、城内で最強・最大の強化火点として成立した、と考えるべきであろう〟（206頁）

松江城（島根県松江市）
このデザインには、井戸茶碗を至高とするのに通じる美意識を感じる。と同時に付櫓正面の石落は、この建物が戦闘施設であることを物語る（写真提供=Ogi）。

●まえがき

城とは、巨大な人工構築物であり、その全体はさまざまなパーツから成っている。「城」という言葉から、多くの人がただちに思い浮かべるのは、姫路城や大坂城、熊本城といった近世城郭であろうが、それらを歩いても、石垣・堀・天守・櫓・城門といったパーツが、次々に目に飛び込んでくる。

一方、戦国時代の城は、天守や高石垣といった見ばえのするパーツをもたないのが基本なので、一見するとタダの山か雑木林のように目に映る。しかし、空堀《からぼり》・土塁・切岸《きりぎし》・虎口《こぐち》・曲輪《くるわ》といった、さまざまなパーツから構成されていることには変わりない。

というより、それらのパーツを有機的に組み合わせた結果が、城という構築物なのである。なぜなら、城の本質が「敵を防ぐための施設」であるからだ。さまざまなパーツを効果的に組み合わせることによって、「敵を防ぐ」という目的を、達成しようとしているのが城なのである。

本書は、そうした戦国の城を構成する主なパーツを採り上げて、形態や機能について、実戦に即して具体的に掘り下げて考えてみる、という試みである。

*　　*　　*

さて、筆者の考えによれば、城を構成する要素は全体とすると、

A．障碍《しょうがい》の要素

B．導入系の要素
C．火力発揮の要素
D．空間構成の要素

の四つに大別できる。

Aの障碍とは、敵の侵入を阻む機能を担う要素だ。本書の構成では、第一章の「堀」、第二章の「土塁と切岸」、第三章の「竪堀」が、障碍の要素に属する。

障碍は、城のもっとも本質的な要素であるが、それだけでは築いた自分たちも身動きがとれないので、障碍のどこかに穴を開けて、連絡のための経路を確保しなければならない。それがBの導入系で、城側は動きやすく、かつ敵の侵入は阻みやすいような工夫が必要になってくる。そうした工夫の代表例として、本書では第四章で「馬出」を、第五章で「枡形虎口」を採りあげる。

城を守るためには、弓・鉄炮といった飛び道具を効果的に使う必要がある。そのための工夫が、Cの火力発揮の要素である。本書では、第六章の「横矢掛りと櫓台」が該当する。

ここで、弓を含めた飛び道具について「火力」の語を用いることに、抵抗を感じる人もあるかもしれない。弓を「火器」と呼ぶことには、たしかに違和感もあるので、武器群だけを表すなら「射撃兵器」「投射兵器」の語を用いてもよいかもしれない。ただし、それらの発揮する威力や、配置するポイントを表す語としては、やはり「火点」「火力」の語を用いた方が、誤解がない。たとえば、「射撃兵器」の語を用いるとなると、配置ポイントを「射撃点」と表現することになるが、これでは狙うポイントを意味する「射点」と紛らわしい。そこで本書では、便宜的に弓・鉄炮を合わせて「火器」「火力」「火点」の語を用いることとしたい。

Dの空間構成とは、城内をどのように区分し、用益するかという要素である。第七章の「曲輪」と、付論の「腰曲輪と帯曲輪」で、この要素を扱うこととする。

とはいえ本書は、城郭を構成する諸々の要素をカタログ的に並べて、機能を説明したり比較して見せたりすることだけを、目指しているのではない。全体として、戦国期城郭がどのようなモメントに沿って変化（進化）していったのかを俯瞰する試みでもあるのだ。

そこで、上記のパーツに続けて第八章で「天守」を採りあげる。天守は近世城郭のパーツというイメージが強いが、戦国期の築城の中で生み出されたパーツであるからだ。戦国期城郭から近世城郭への移行を考える上で、天守は無視できない要素なのである。

最後に第九章で、戦国期城郭の変化（進化）を促したモメントとして、軍事力の編成原理と城の構造との関係について、試論を述べる。

＊　　＊　　＊

本書は、二〇一八年～二〇二〇年にかけて、雑誌『歴史群像』に隔号掲載した「パーツから読み解く戦国期城郭論」をベースにしているが、雑誌の記事をそのまま集めて一冊にしたわけではない。雑誌では紙幅の制約が大きいゆえに割愛した内容や、脱稿後に得た知見、研究仲間からいただいたご指摘などを反映させて、かなりな補訂・改稿を加えている。第二章「土塁・切岸」はまったくの新稿であるし、第七章の「曲輪」にも付論として「腰曲輪・帯曲輪」を書き下ろした。

また、各章でとりあげた内容を、実際の城歩きに反映させられるよう、見るときのポイントも各章末に追加した。なので、『歴史群像』誌の記事を愛読して下さった読者にも、納得して楽しんでいただける内容になっているものと自負している。

【パーツから考える戦国期城郭論】目次

カラー口絵　2
まえがき　17

【第一章】堀　――もっとも基本的な城の防御装置――　23
1．堀の基本を知る　2．防御施設としての堀のセオリー
3．障子堀の諸相　●観察の極意【堀】

【第二章】土塁と切岸　――一筋縄ではいかない基本パーツ――　47
1．切岸という防御システム　2．土塁という構造物
3．土塁の機能と用法　●観察の極意【土塁と切岸】

【第三章】竪堀　――斜面に刻まれ、敵の横方向の動きを阻む――　69
1．竪堀という防御施設　2．竪堀の機能と用法
3．畝状竪堀群の世界　●観察の極意【竪堀】

【第四章】馬出　――虎口における二律背反の解決策――　93
1．虎口というパーツ　2．馬出の諸相
3．丸馬出をめぐるロジック　●観察の極意【馬出】

【第五章】枡形虎口――四角く囲まれた攻防の要―― 117
1．枡形虎口の出現　2．枡形虎口の機能
3．枡形虎口の戦国史　●観察の極意【枡形虎口】

【第六章】横矢掛りと櫓台――戦国期城郭における火力運用の効率化―― 141
1．横矢掛り　2．櫓と櫓台
3．火力の集約化と組織化　●観察の極意【横矢掛りと櫓台】

【第七章】曲輪――軍事施設を区画する意味―― 165
1．曲輪のイメージ　2．多様性に潜む曲輪の本質
3．曲輪の戦国史　【付論】腰曲輪と帯曲輪　●観察の極意【曲輪】

【第八章】天守――権威の象徴か、戦闘拠点か―― 191
1．天守というパーツ　2．戦闘施設としての天守
3．天守のシンボリズム　●観察の極意【天守】

【第九章】戦国の軍事力編成と城の変化――戦国大名の軍隊は兵種別編成だったのか―― 215
1．戦国大名の軍隊　2．大名権力と軍隊編成
3．軍事力編成と城の縄張

あとがき 234

編集協力／かみゆ歴史編集部
装丁・本文デザイン／大野信長
縄張図／西股総生
写真提供／西股総生・かみゆ歴史編集部
図版作成／大野信長

【第一章】

堀《ほり》

もっとも基本的な城の防禦装置

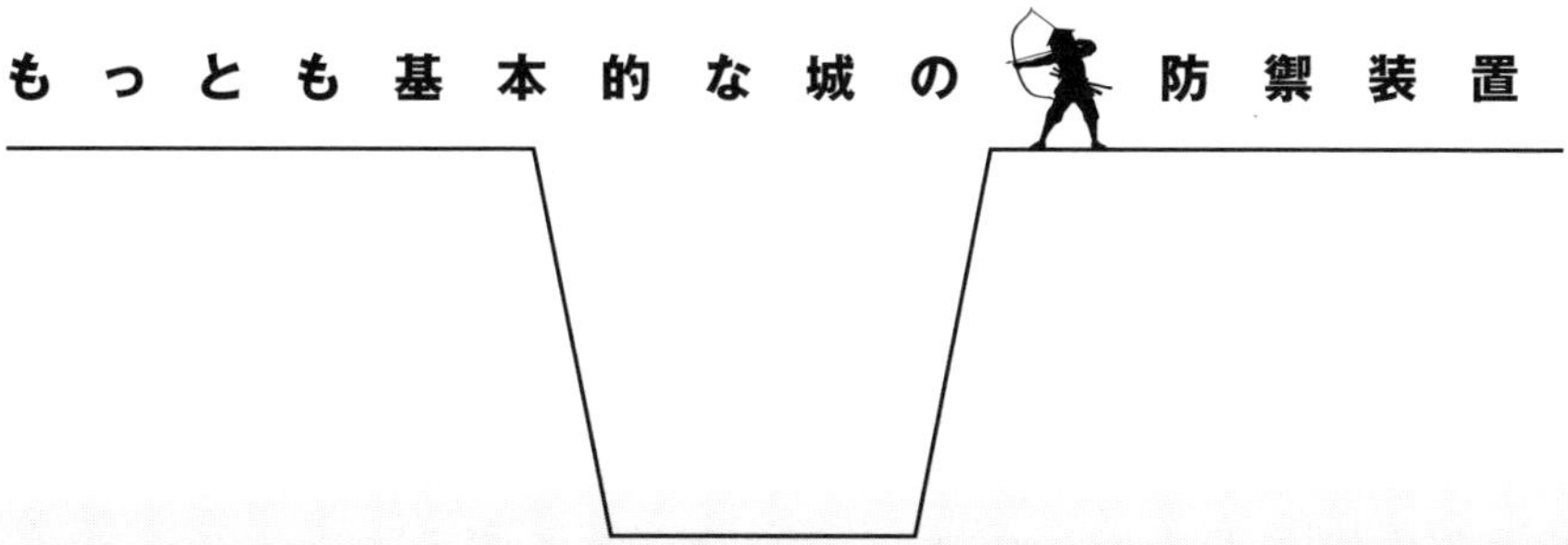

・山城は空堀《からぼり》で薬研堀《やげんぼり》で堀切《ほりきり》、平城は水堀で箱堀で横堀
・堀の規模は構築年代ではなく投下されたマンパワーが決める
・障子堀は堀幅を広げる普遍的な工夫、特殊な形態にあらず

1．堀の基本を知る

【障碍としての堀】

城の本質は、「敵を防ぐ施設」というところにある。したがって、敵を足止めする障碍《しょうがい》たる堀は、城のもっとも基本的な構成パーツである。世界史的に見ても、堀で囲まれた環壕集落《かんごうしゅうらく》[＊1]の出現は、戦争の始まりを示す考古学的物証と見なされている。堀の出現と城の発生とは、ほとんど同義なのである。

縄張《なわばり》研究者が、「城跡」と伝承されている場所を踏査して、本当に城として認めてよいかどうか判断する場合も、堀の有無を指標とすることが多い。いくら平らにならされたスペースが山の頂上にあろうとも、斜面に段差があろうとも、堀が確認できなければ、遺構からは城と確定できないのである。[＊2]

さて、堀は使われる部位から堀切《ほりきり》・横堀《よこぼり》・竪堀《たてぼり》に大別される。堀切とは尾根を断ち切る形の堀で、山城で多用されるが、丘城でも用いられる。要は、尾根づたいの侵入を防ぐための障碍であるから、山であろうが丘であろうが、尾根と谷がはっきりしているような地形に城を築くためには、必須のパーツになる。

横堀は、曲輪《くるわ》を囲むように掘られるもので、丘城や平城で多用される。というより、自然地形の高低差によって敵の侵入を防ぐことのできない平城では、横堀で曲輪を防禦しなければ、城そのものが成立しない。要は、曲輪の周囲からの侵入を防ぐ障碍であるから、山城でも地形によっては用いられることがある。

これに対し、斜面での敵の横移動を阻止するために、縦方向に掘り落とした障碍が竪堀で、

［＊1］ 日本では、弥生時代中期にあたる紀元前三～二世紀頃に本格的な環濠集落が出現し、東北地方を除いてほぼ全国的な広がりを見せる。代表例である佐賀県の吉野ヶ里遺跡（神埼郡吉野ヶ里町）では、望楼や木柵で区画された枡形虎口なども備えている。

［＊2］ 明確な伝承があれば曲輪と切岸（きりぎし）だけでも城跡と認定できる場合があるが、伝承が不明瞭な場合は堀を確認できなければ、城跡と認定するのはむつかしい。

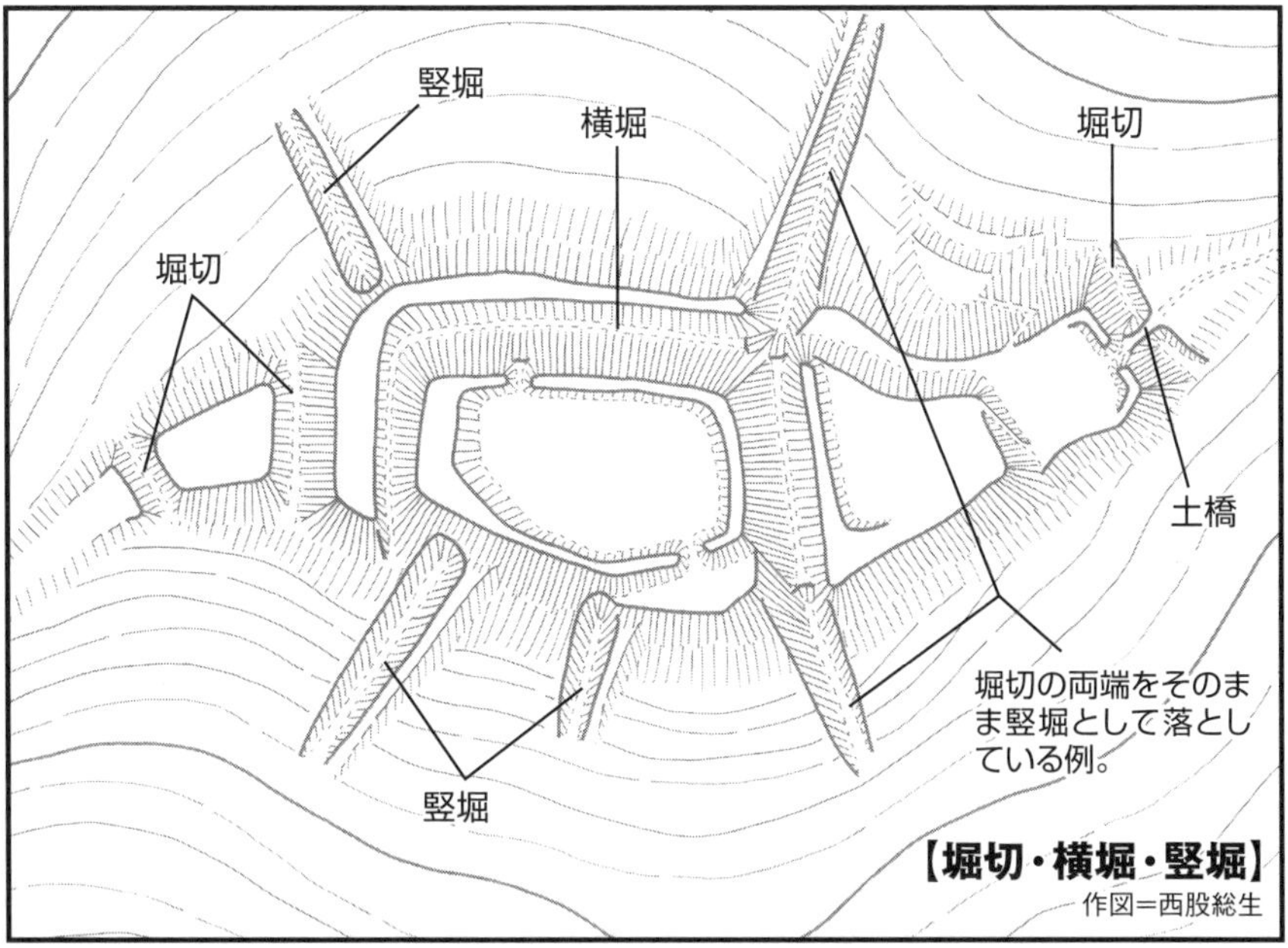

堀を説明するための架空の城の縄張図。実際の築城では、堀切・横堀・竪堀は地形によって使い分け、組み合わせて用いる場合もある。特に山城では、堀切の端がそのまま竪堀となって斜面を下ってゆくケースも多い。

滝山城（東京都八王子市）の横堀

曲輪を取り囲むように掘られていることがわかる。戦国期の関東地方では、巨大な横堀を持つ丘城が発達した。

山城で多用されるほか、丘城でも用いられる。つまり、堀切・横堀・竪堀の使い分けは、築城者の意図よりもむしろ、障碍を必要とする場所の地形によるのである（竪堀については第三章であらためて詳述する）。

また、堀には空堀《からぼり》と水堀の区別があり、断面形からは薬研堀《やげんぼり》（断面がV字形・三角形）と箱堀《はこぼり》（断面が四角形または台形）に大別される――といった話は、本書の読者なら概ねご存知であろう。

ところが残念なことに、以上のような「堀のいろいろ」を知識として覚えてはいても、堀の基本的セオリーを理解していない人が多い。そして、基本的セオリーを理解していないことによって、多くの致命的な誤解が生じているのである。そこで以下、障碍としての堀のセオリーについて、順を追って説明してゆこう。

【堀のサイズは何によって決まるか】

堀に関する誤解でもっとも甚だしいものに、室町期や戦国初期のような古い時期の堀は規模が小さく、時代が下るにつれ堀が大きくなってゆく、という考え方がある。いったい、時代が下るほどに堀のサイズが大きくなってゆくという考え方は、何を根拠にしているのだろう。

お城ファンに限らず、れっきとした城郭研究者や考古学・歴史学研究者の中にも、年代と堀のサイズは比例する、という妄説を何となく信じている人が少なくない。見学会や研究発表会の際に、「天文《てんぶん》年間の城で、このサイズの空堀なんてありえるんですかねぇ」などと話しかけられた経験は、枚挙に暇がない。

しかし、断言するが、堀のサイズと築城年代との間には、具体的な相関関係など何もない。なぜなら、堀のサイズを決定するのは、年代ではなく、土木量＝投下される作業量だからだ。

［＊3］実際には、一日に動員する人数が一〇〇人と一〇〇〇人では、作業工程や段取りの組み方が違ってくるので、厳密に同じにはならない。

そして、土木量＝投下される作業量とは、実際には動員する人数と時間との積である。

　したがって、単純計算するならば、一〇〇人で一〇〇日間コツコツと掘っても、一〇〇〇人で一〇日間ガンガン掘っても、土木量は同じだから同じサイズの堀ができあがることになる。[*3]ということは、古い時代でも一箇所に大きなマンパワーを投下すれば大きな堀ができあがるし、新しい時代でも投下できるマンパワーが限られていれば、小さな堀しかできないことになる。

　実例を挙げよう。文治《ぶんじ》五年（一一八九）に源頼朝が大軍を率いて奥州に侵攻した際、藤原泰衡《ふじわらのやすひら》は阿津賀志山《あつかしやま》と阿武隈川の間に長大な二重堀[*4]を築いて、鎌倉軍を防ごうとした。鎌倉幕府の正史として編まれた『吾妻鏡《あづまかがみ》』は、この堀が「口《くち》五丈《ごじょう》」（幅一五メートル）もの規模であったと記している。実際、現地には今でも記述どおりのサイズで、二重堀が断続的に残っている。

　一方で、戦国末期に織豊系の武将たちがしばしば築いた付城[*5]や陣城では、空堀の幅は六〜七メートル程度しかない。最前線の付城や陣城は、一日かせいぜい数日程度の短時間で構築しなければならないし、収容する兵力も限られているからだ。

　堀のサイズは投下されるマンパワーによって決まってくるのであって、時代が下ることによ

阿津賀志山防塁
藤原泰衡が鎌倉軍を防ぐために築いた巨大な二重堀が、現在も畑の中にその姿をとどめている。

［＊4］　現在の福島県伊達郡国見町にある。
［＊5］　攻城戦に際して敵城を封鎖するために臨時に築かれる城。

ってマンパワーが自動的に増えるわけではないのだ。

【堀と戦略】

一国一城令がしかれた幕藩体制下とちがって、戦国時代には、一つの勢力が治める領域の中に、複数の城が存在するのが普通だった。この場合、どの場所にどれだけの作業量を投下するかは、城を築く勢力の戦略にしたがって決まってくる。

たとえば、普段は三〇〇人程度の兵士や領民を、土木工事に動員できる勢力があったとしよう。隣接する勢力との緊張が高まったので、本拠の防備を徹底的に固めようと考え、蓄えをはき出して人足や足軽を大量に雇い、一〇〇〇人で一〇日間掘りまくって、本拠を巨大な空堀で囲む、というのは一つの方法だ。

しかし、同じように資金を使うなら、領地の境に見張り場や検問所を作って兵士を置いたり、別な勢力と同盟を結んだりといった、バランスの取れた防衛態勢に力を注ぐ、という戦略だってありうる。つまりは、敵が侵攻しにくい領域づくりを目指すわけで、この場合、本拠の防備はそこそこで済ませた方が得策、ということになる。[*6]

たしかに、戦国時代後半に有力武将が築いた城は、しばしば大きな堀を擁している。これは、地域ごとの統合が進んで強大な権力を持つ勢力が現れてきたことによって、戦略的に重要な城に大きなマンパワーを投下できるようになったためである。

けれども、大きな勢力が大軍を動員して遂行する戦争であっても、前線では数十〜数百といった小部隊で、特定の地点をキープしなければならない局面が、必ず出てくる。というよりむしろ、大きな勢力が広範囲に複雑な作戦を展開するからこそ、細かな戦術的駆け引きを要するポイントが、前線では増えてくるのだ。

[＊6] 武田氏の躑躅ヶ崎館（山梨県甲府市）が典型例。この論点については第七章「曲輪」を参照。

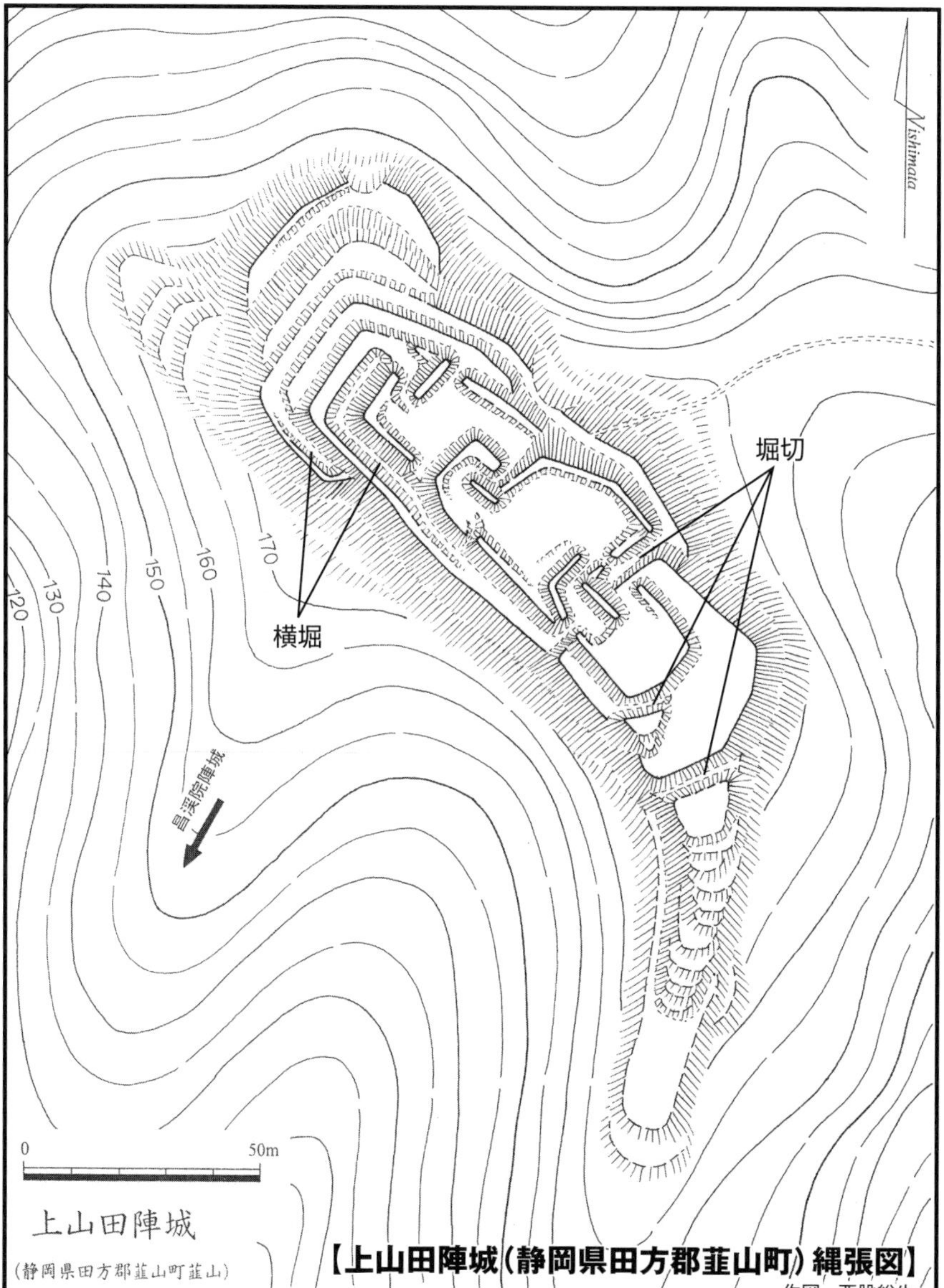

【上山田陣城（静岡県田方郡韮山町）縄張図】
作図＝西股総生

天正18年（1590）、豊臣軍が伊豆の韮山城を攻囲した際に築かれた付城群の一つ。小さな堀と土塁を複雑に配置して、箱庭のような迷路を作り出している。

そうした局面では、明日起きるかもしれない戦闘、今夜あるかもしれない夜襲に備えて、大急ぎで防禦施設を構築しなければならない――しかも、なけなしの人数で。前述した織豊系の付城・陣城の例が、まさにそうである。

とはいえ、ほとんどの近世城郭の堀は、戦国期城郭よりも圧倒的に大きいではないか、と思う人がいるだろう。けれども、この認識にもやはり大きな誤解がひそんでいる。

2. 防禦施設としての堀のセオリー

【堀切で空堀で薬研堀】

部位としての区別である堀切・横堀・竪堀と、空堀と水堀、薬研堀と箱堀といった形態上の区別との間には、密接な関係がある。まず、近世の平城や平山城でおなじみなのは水堀であるが、戦国期の山城や丘城では空堀が基本である。

この区別を生むのは、築城者の趣味でも築城思想や技術の進歩でもない。山の上に堀を掘れば、必然的に空堀になるだけの話だ。丘の上や台地の上面に堀を掘っても、同じことになる。対して平城や近世の平山城では、低地の中に島状に残された微高地や小丘の上を曲輪とし、まわりを堀で囲むわけだから、低地を掘れば水が湧いて、いやでも水堀になる。

もし、山城で水堀を造ろうと思ったら、どこかから水を引き入れてやらなくてはならない。尾根を断ち切る堀切だと両端は開放されているわけだから、わざわざ堰《せき》を造って水を溜めることになる。

田中城（静岡県藤枝市）の水堀
静岡県の田中城は戦国期から近世にかけて使われた平城だ。沖積低地の中の微高地を曲輪とし、周囲の湿地を堀として掘削すれば、横堀が水堀となるのは必然であった。

ところが、そんな苦労をして水堀を拵えても大した益はない。「敵を防ぐ」という機能に即するなら、水堀は落ちれば溺れるが、空堀だって落ちれば負傷するか、悪ければ死んでしまう。空堀は、深さによって殺傷力を発揮するのだ。それに、山城で苦労して水を溜めるのであれば、堀を満たすより城兵の喉を潤した方がよい。

畑谷城（山形県東村山郡山辺町）の堀切

最上軍の前衛だったが、慶長5年（1600）に直江兼続の猛攻によって落城した。積雪地では堀の埋没が遅く、400年以上前に掘られた薬研堀の面影をよく留める。

八王子城（東京都八王子市）の堀切

北条氏照が築城した。尾根を鋭角に深く断ち切った堀切は、上から落ちたら無事には済みそうもない。

次に、戦国期の山城や丘城の堀は、堀切・横堀を問わず薬研堀が基本である。箱堀や箱薬研堀（薬研堀と箱堀の中間形態）が用いられる場合もあるが（後述）、事例としては薬研堀が圧倒的に多い。現状では底が平らに見えている堀でも、発掘調査をしてみるとシャープな薬研堀として検出されるのが普通である。断面がV字形の薬研堀は、下部が急速に狭まっている分、埋没が早く進むからだ。

ではなぜ薬研堀かというと、同じ幅と深さにするなら、箱堀より薬研堀にする方が掘削土量が少なくて済むからである。しかも、下部が急速に狭まる薬研堀は、落ちこむと身動きが取れない。

逆に、同じ幅と深さをもつ箱堀にすると、掘削土量がかさむ上に侵入した敵に行動のスペースを与えてしまう。これでは、骨折り損のくたびれ儲けだ。

ちなみに、関東地方では関東ローム層という、土の城を築くのにうってつけの素材

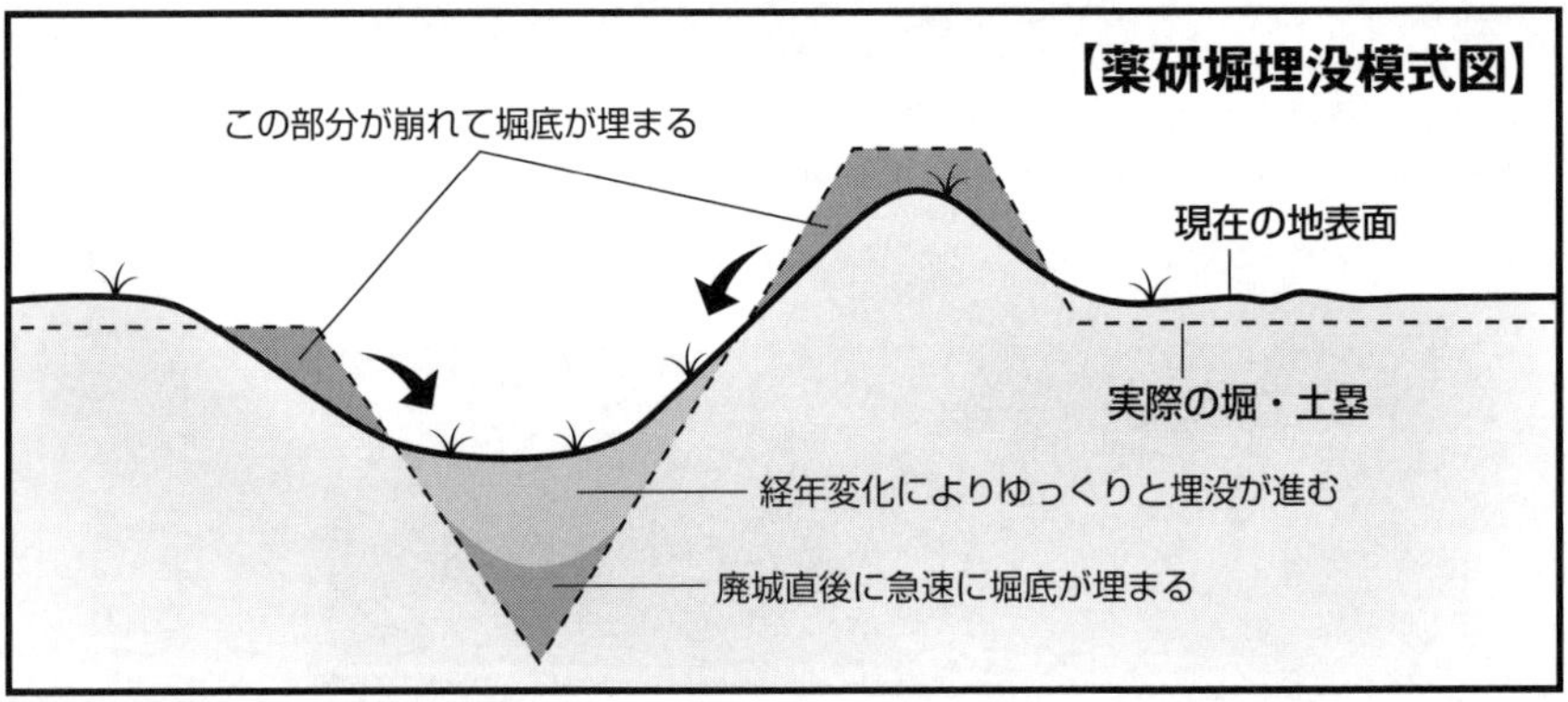

【薬研堀埋没模式図】
この部分が崩れて堀底が埋まる
現在の地表面
実際の堀・土塁
経年変化によりゆっくりと埋没が進む
廃城直後に急速に堀底が埋まる

戦国時代の堀・土塁は現在の遺構よりも鋭角に切り立っていたが、土の構造物であるためメンテナンスが行われなくなると急速に崩落・埋没が進み、傾斜角が安定すると緩慢な崩落・埋没へと移行する。

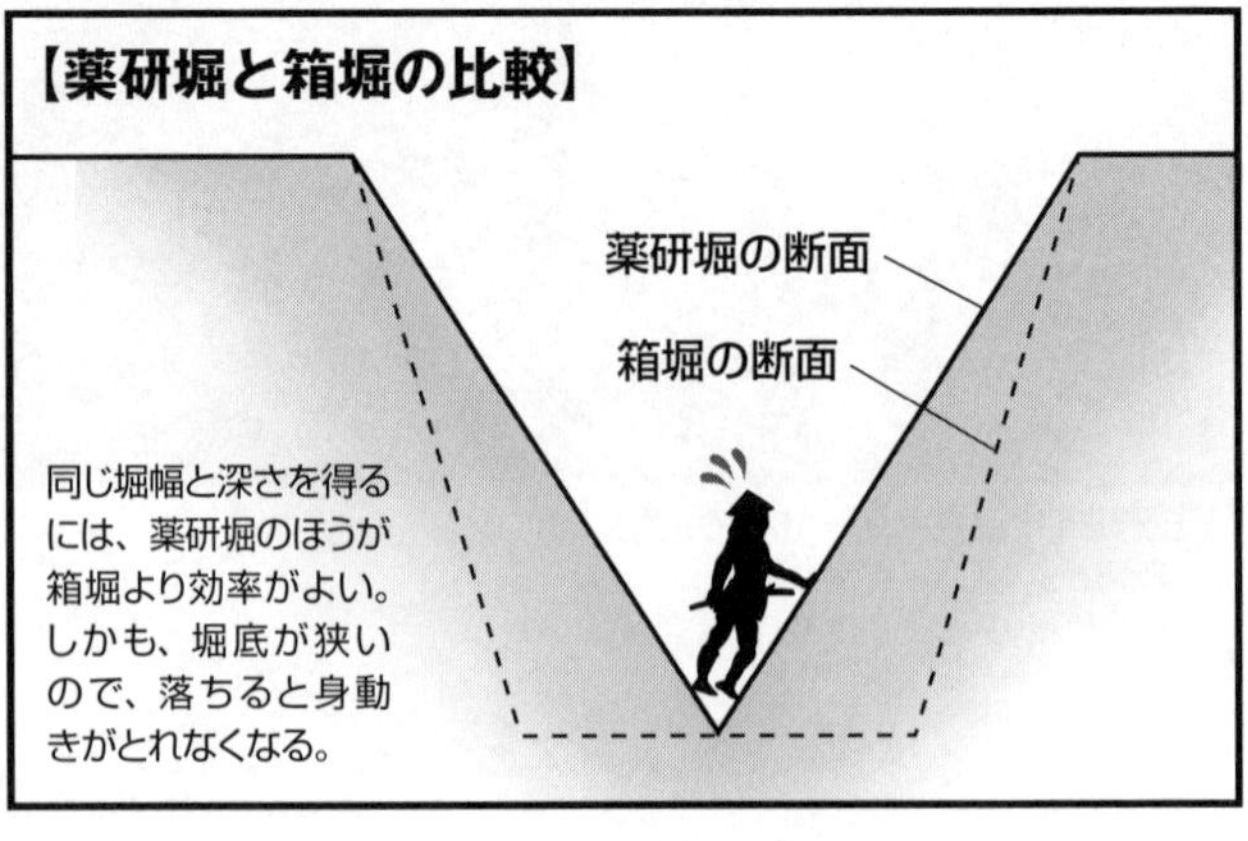

【薬研堀と箱堀の比較】
薬研堀の断面
箱堀の断面
同じ堀幅と深さを得るには、薬研堀のほうが箱堀より効率がよい。しかも、堀底が狭いので、落ちると身動きがとれなくなる。

薬研堀と箱堀。「薬研」とは時代劇によく登場する、薬草をすり潰すための道具のこと。箱堀に比べて薬研堀は、少ない土木量で効果的な障碍を造り出せることが一目瞭然だ。

があるので、薬研堀の断面はV字形というよりγ《ガンマ》字形となっているケースが多い。この形態だと、さらに少ない掘削土量で、大きな落とし込み効果を得ることができる。

【空堀の原理、水堀の原理】

では、なぜ箱堀という形態が存在するのかというと、これも原理で考えれば、実は簡単な話なのである。低地に平城を築く場合、曲輪の周囲に堀（＝横堀）を掘ると、水がどんどん湧いてきて深く掘り下げることができない。いやでも、底の平らな箱堀にならざるをえないのだ。つまり、山城の堀は堀切で空堀で薬研堀が基本、平城は横堀で水堀で箱堀が基本、というわけだ。

　水堀をあまり深くない箱堀にすると、山城の薬研堀のような落とし込みによる殺傷効果は期待できないけれども、そのかわりに水そのものが侵入者の行動を制約する。だから、水堀＝箱堀の侵入阻止効果を高めたいと思ったら、幅を広げればよい。近世城郭の水堀がやたら幅広なのはこのためだ。近世の平城で、堀の水がきれいなものがあったら、覗き込んでみるとよい。幅のわりに意外と浅く、人の背が立ちそうだったりする。

　空堀（＝薬研堀）と水堀（＝箱堀）との、原理の違いがおわかりだろうか。空堀は深さが、水堀では幅が防禦力になるのだ。戦国期の山城に比べて、近世城郭の堀がやたら大きく感じられるのも、このためなのである。

　ちなみに、戦国期の丘城では、丘陵や台地の上面に空堀と土塁で囲んだ主郭を置くが、[＊7] 近世の平山城では中心部には堀を設けないケースが多い。石垣造りの近世城郭（正しくは織豊系近

［＊7］例をあげると、土の城の典型である杉山城（埼玉県比企郡嵐山町）でも、丘の上にある主郭を横堀で囲んで防禦している（右写真）。

世城郭）では、障碍の基本を高石垣に求めるからである。土塁より急勾配にできる石垣を、高低差のある丘の上に築けば、堀がなくても充分な侵入阻止効果を得ることができるわけだ。

ただし、近世の平山城は丘の上から麓の低地までを城域に取り込んでゆくから、[*8]高低差による防禦力が期待できない外郭部には、侵入阻止効果を補完する障碍として堀が欲しいが、それは必然的に水堀になる。戦国の城＝山城＝空堀、近世の城＝平城・平山城＝水堀というイメージの元になっているのは、こうした堀＝障碍のセオリーにほかならない。

姫路城（兵庫県姫路市）の水堀と高石垣

近世の平山城では、低地に面した外周部は水堀で囲むが、丘の上の中心部は高石垣を積んで障碍とするのが普通である。

【占地と堀のセオリー】

実際には、戦国期における城と堀との関係は、もっと多様である。戦国期には、山城ばかりでなく平城や丘城もたくさん築かれたからだ。

このうち平城については、低地の中に浮かぶ微高地を利用する場合が多いから、平城＝横堀＝水堀＝箱堀という図式は近世城郭の場合と同じになる。広大な台地

［＊8］平山城にも、比高が比較的大きく城域内に自然地形の丘腹を含むタイプ、比高が比較的小さく曲輪が雛壇状に展開するタイプ、台地の縁辺に占地するタイプ、などがある。

の上面や段丘面に占地する平城もあるが、この場合は堀を掘っても水が湧かないから、横堀で空堀で薬研堀が基本になる。

一方、丘城の場合は空堀が基本だが、依拠する地形に従って堀切と横堀を使い分け、必要に応じて竪堀を設けることになる。曲輪の周囲は横堀で防禦するが、背後の丘陵につづく尾根や麓に下る尾根があれば堀切を入れる。細長くて上面が平らな舌状台地なども、堀切で遮断すると効率がよい。

以上のように考えてくると、山城と丘城における防禦セオリーの違いが見えてくる。すなわち、山城における防禦の主体は、何といっても山そのものなのである。山の高さそのものと、城を取りまく急斜面とが強力な障碍をなすのだ。そうなると、敵の攻撃は尾根づたいに集中するから、堀切という人工の障碍を設けることで、防禦ラインに生じる穴を塞ぐわけである。

対して丘城の場合は、山城ほどの高さはないし、城の周囲に緩斜面を抱え込んでしまう場合も多いから、地形そのもののもつ防禦力が不充分である。そこで、曲輪の周囲に人工の障碍である横堀を巡らせることによって、防禦ラインを形成する。

したがって、山城でも城域の周囲に緩斜面がある場合や、上面の平らな尾根が広がっている場合には、地形のもつ防禦力が充分でないから、横堀によって補完する必要が出てくる。この原理が飲みこめれば、戦国の丘城と近世の平山城の違いが、よりはっきり理解できるだろう。[*9]

【空堀強化策】

堀は、敵を足止めするための障碍であるから、サイズが大きければ阻止効果も大きい。とはいえ、実際の築城工事では投下できる作業量——人数×時間——には制約があるし、堀の掘削以外にも様々な作業が必要だから、堀のサイズにも限りが出てくる。

[＊9] 戦国期の丘城でも麓に横堀を巡らせている例はある。ただし、戦国期の丘城では曲輪は丘頂から丘腹にかけて展開し、麓の低地にまでは展開しないのが通例である。

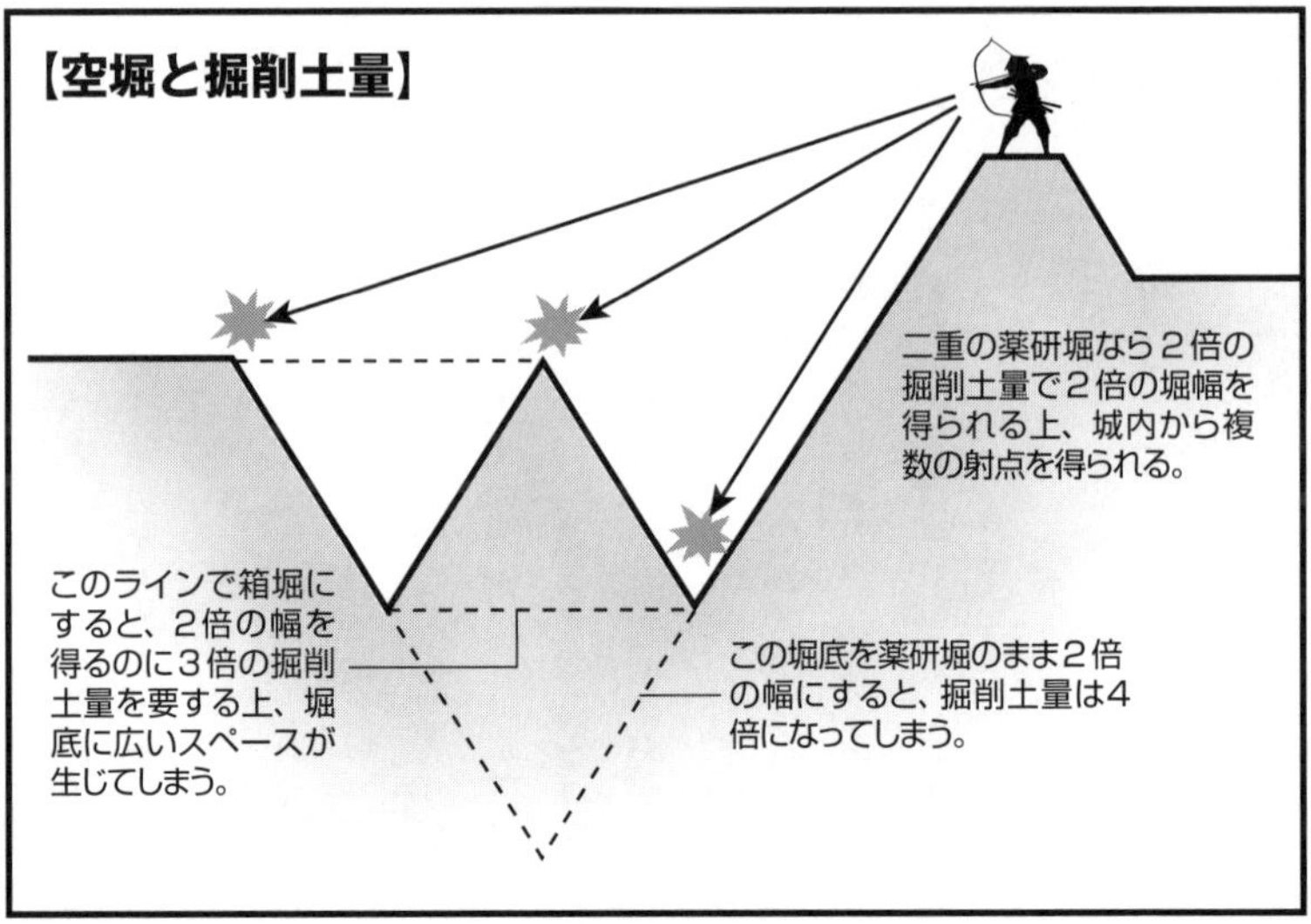
【空堀と掘削土量】
二重の薬研堀なら２倍の掘削土量で２倍の堀幅を得られる上、城内から複数の射点を得られる。
このラインで箱堀にすると、２倍の幅を得るのに３倍の掘削土量を要する上、堀底に広いスペースが生じてしまう。
この堀底を薬研堀のまま２倍の幅にすると、掘削土量は４倍になってしまう。

大きな薬研堀より二重堀の方が、効率よく防禦力を稼ぐことができる。いつ敵が攻めてくるかわからない戦国の築城では、大急ぎで実効性のある防禦施設を造るのが基本なのだ。

もちろん築城者としては、投下できる作業量に余力があれば、できるだけ大きな堀が欲しい。深さが防御力になる空堀だって、幅が広ければ侵入阻止効果は高まるはずだ。ところが、「空堀で薬研堀」を基本とする土の城で、大きな＝幅の広い堀を掘ろうとすると面倒なことになる。

幅を二倍にすると、掘削土量が四倍になってしまうのだ。しかも、実際に作業をするとなると、深い堀底から土を運び出す手間がかさむ。[*10] これは、効率が悪い。では、余計な手間をかけずに大きな防御効果を得るには、どうしたらよいか。

大きな薬研堀を掘るのではなく、小さな薬研堀を二重にすればよいのだ。この方法ならば、二倍の作業量で二倍の防御力を得ることができる。しかも、侵入者を城内から狙撃するための射点を複数、得ることができるから、一石二鳥ではないか。

こうして、戦国期の山城では二重・三重の堀切が発達する。中には、何条もの堀切を連続さ

［＊10］長年、発掘調査に従事してきた経験からいうと、深い穴や溝を掘削する場合、掘り進める作業そのものより掘削残土を排出する作業の方が労力を要する。

せて、尾根を洗濯板のように刻んでしまった例もある。こうした多重堀切に面して櫓台など築いておくと、少数の弓・鉄炮で敵の侵入を効果的に阻止できる。

一方、横堀の場合は堀切ほど簡単ではない。同じ規模であれば、横堀の方が掘削に大きな作業量を要するからだ。尾根を断ち切る堀切は、掘削残土を両側の斜面に投棄しながら掘り進めることができるが、横堀の場合は掘削残土をすべて運び上げなくてはならない。ゆえに、大きな堀切の方が大きな横堀よりも造りやすい。小さな労力で大きな防禦効果を得る、という意味では、やはり山城は有利であることがわかる。

しかも、丘城に横堀を巡らせるとなると、多重の薬研堀は山城の堀切ほど大きな効果を発揮しない。なぜか。丘城の横堀は曲輪の周囲に掘るから、堀の内側と外側での高低差が大きくなる——つまり、堀底から曲輪の縁までは見上げるばかりの高さがあるが(曲輪の縁に土塁を伴っていればなおさらだ)、外側から堀底までの深さはそれほどでもない。これでは、落とし込みによる殺傷効果がさほど期待できない。

殺傷効果の低下を補おうとすれば、堀幅を広げることで侵入阻止効果を物理的に大きくするしかない。しかし、横堀はただでさえ大きな作業量を要するのだから、薬研堀のまま堀幅を広げるのは大変だ。かといって単純に箱堀としたのでは、堀底のスペースを敵に与えてしまう。どうすればよいか。

実は、この問題を解決する技法こそが、障子堀《しょうじぼり》なのである。

近江高取山城（滋賀県犬上郡多賀町）主郭部背後の三重堀切

写真は城兵の視点となっており、敵兵が堀を超えようとするたびに射点を得られることがわかる。

3．障子堀の諸相

【障子堀をめぐる誤解】

障子堀は、和室の窓にある木組みの枠に形が似ているからそのように呼ぶのだ、と誤解している人がはなはだ多い。しかし、皆さんがいま思い浮かべた木組みの枠は、正しくは「明かり障子の桟《さん》」である。「障子」とは本来は「ついたて」の意味であり、内部に「ついたて状の障碍」を設けた堀が、すなわち障子堀なのである。

また、障子堀は、かつては山中《やまなか》城[*11]や下《しも》田《だ》城[*12]の事例が有名だったために、北条氏特有の築城技法であるように言われていた。しかし、一九八〇年代後半以降、発掘調査によって関東地方を中心に各地で事例が見つかり、北条氏特有の築城技法という考え方は明確に否定されるようになった。しかも、発掘調査事例が増える中で、堀底の要所に段差を付けたり、陥し穴を掘るなど、堀底にさまざまな障碍（阻障《そしょう》）を設けた事例が知られるようにな

山中城西ノ丸の障子堀

障子が一列のものを「畝堀」、複列の場合を「障子堀」とする区別は、現在の研究では使われなくなっている。

［＊11］　静岡県三島市。箱根街道を扼する北条氏の城で、小田原の役では緒戦において激戦の末落城した。

［＊12］　静岡県下田市。北条氏の水軍基地として小田原の役まで使用された。

った。[*13]

千葉県の大谷口《おおやぐち》小金《こがね》城[*14]で検出された障子堀に至っては、堀底にカマボコをびっしり並べたような形をしていた。ローム層を彫り込んで造ったカマボコ形の障子はツルツル滑るから、侵入した敵兵はカマボコとカマボコの間に落ちて身動きがとれなくなる。これは、関東地方でよく見られるγ字形の薬研堀を、箱堀の底に並べたものと考えてよい。

つまり、戦国期の築城では、堀内部に侵入した敵を動けなくするための工夫が、さまざまに凝らされていたのだ。だとしたら障子堀も、そうした工夫の一つとして自然発生したものにすぎない、と考えるべきであろう。関東にあって版図を拡げる北条氏が、横堀の堀幅を広げた場合に必要となる堀底の処置方法として、障子堀という技法を積極的に採りいれ、洗練させていったのも、自然な成り行きだったことがわかる。

なお、かつては堀底の障子が一列のものを「畝堀《うねぼり》」、二列以上の場合を「障子堀」と呼び分けることが行われていたが、現在、一線級の城郭研究者の間では、両方合わせて「障子堀」と呼ぶのが普通になっている。障子＝ついたて＝堀底に設置された障碍物のバリエーションの一つ、との前提に立つならば、単列であるか復列であるかの区別は意味をなさないからだ。「畝堀」の呼称は「畝状竪堀群《うねじょうたてぼりぐん》（畝状空堀群／81頁参照）」と紛らわしいこともあって、研究の世界では死語と化しつつある。

【障子堀のリアル】

障子堀では、地山を掘り残して障子（ついたて）とするのが基本である。堀底の一部を掘り残すわけだから、掘削土量の節約になって作業効率がよい。

有名な山中城の障子堀はベルギーワッフルを思わせることで知られており、現地でワッフル

［*13］『第一五回全国城郭研究者セミナー（シンポジウム「障子堀について」）資料集』全国城郭研究者セミナー実行委員会（一九九八）／『第三二回全国城郭研究者セミナー（シンポジウム「障子堀の新展開」）資料集』全国城郭研究者セミナー実行委員会（二〇一五）。

［*14］千葉県松戸市。千葉氏の家老・原氏に仕え、後に北条氏に与した高城胤吉が築いたとされる。

を手にして障子堀の写真を撮り、そのまま栄養補給するお城ファンも多い。これは微笑ましい行為といえる。

けれども、山中城の障子はワッフルと違ってT字の組合せでできていて、十字には交わらないのが基本だ。また、現在見る山中城では、遺構保全のために土と芝で被覆整備してあるので、障子の上面が平らになっていて人が歩けそうであるが、本来の障子は上部が尖っていた。いずれも、敵兵に上を歩かせないための工夫である。

しかも、障子に四角く囲まれた堀底は現在見るものより深く、落ちこめば自力で這い上がるのは極めて困難だった。空堀とは、敵兵を堀底に落とし込むことによる殺傷効果を狙った障碍だ、というセオリーを思い出していただきたい。現実の障子堀は、甘くも微笑ましくもないものなのだ。

ここで、低地の平城では堀を深く掘るのが困難だ、という条件を思い起こすなら、障子堀は平城にも造られるはずだ、ということが理解できるだろう。実際、発掘調査によって障子堀が見つかった事例は少なくない。

たとえば、埼玉県北東部に位置する騎西城《きさい》[*15]は、低地に囲まれた平城であるため、湿地を利用した水堀が幾重にも取りまいていたが、発掘調査で見つかった障子堀は、五〇メートル近くもある堀幅を四角い障子の区画がびっしりと埋めているものであった。[*16]平城の水堀では幅が防禦力になる、というセオリーに即して考えるなら、騎西城の築城者は防禦力を増強するために、当然の選択をしたことが理解できるだろう。

なお、発掘事例を見ていて面白いのは、さほど幅の広くない空堀でも箱堀（ないし箱薬研）として、内部に障子を設けている例があることだ。鋭角に深い薬研堀よりも、箱堀+障子の組合せの方が、少ない土木量で防戦の実を上げられるからであろう。

[*15] 私市（きさい）城とも。埼玉県加須市。

[*16] 騎西町教育委員会『騎西町史 考古資料編一』（二〇〇一）／中世を歩く会『埼玉県の中世城館跡資料集』（二〇一二）。

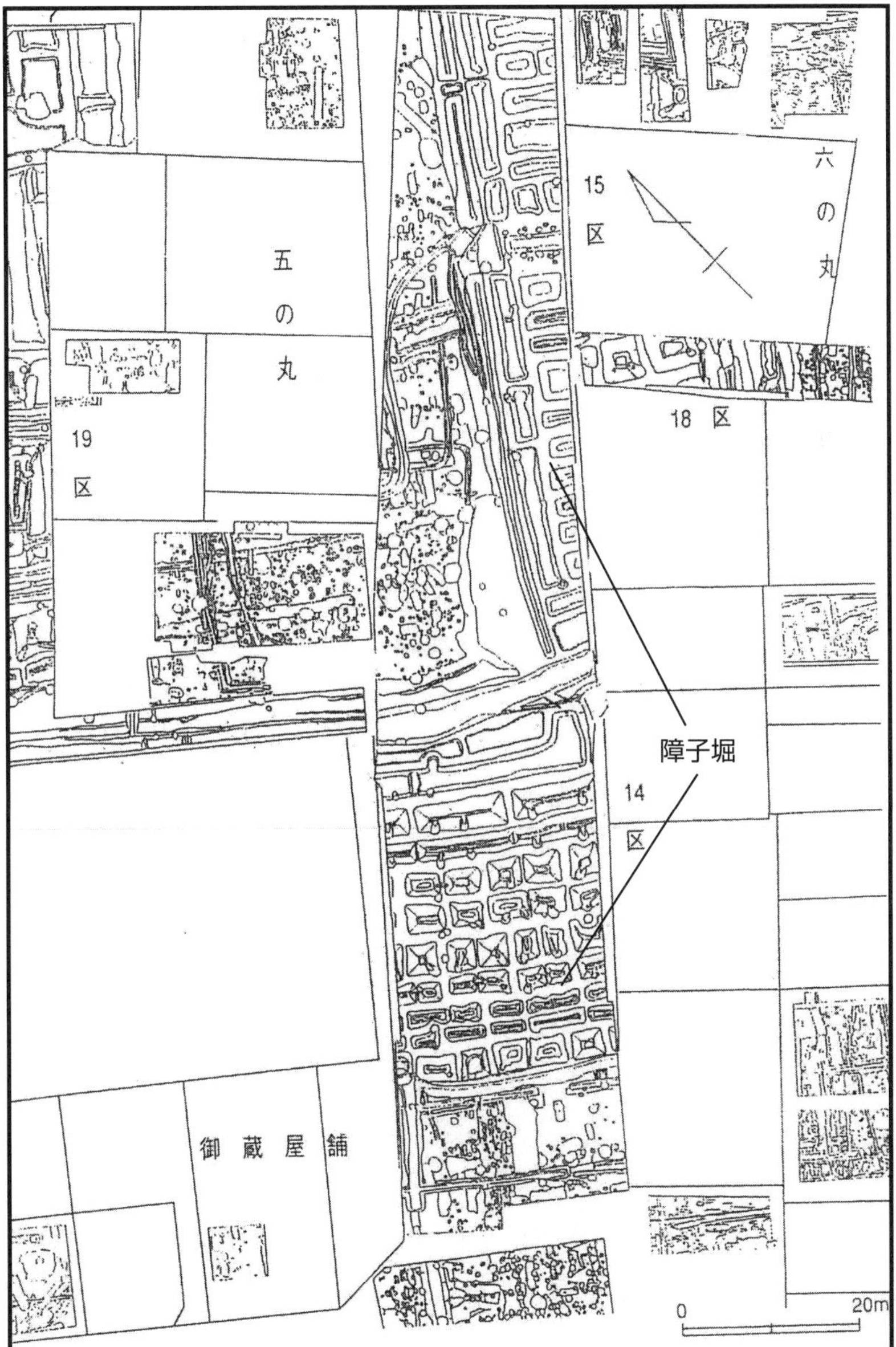

【騎西城実測図】

騎西城は埼玉県北東部にある平城で、戦国期には古河公方と管領上杉氏、北条方の成田氏と越山した上杉謙信などが争奪を繰り広げた。最終的には北条氏の支城となる。現在、遺構はほとんど消滅しているが、道路建設に先立つ発掘調査で戦国末期の大規模な障子堀が見つかった*16。

【小机城は障子堀だったか？】

ところで、『歴史群像』一四九号（二〇一八年六月号）に筆者が執筆した「戦国の城・武蔵小机城《こづくえ》」には、筆者の監修で香川元太郎氏が描いた同城の推定復元イラストを掲載した。このイラストで筆者が、小机城[*17]の空堀を障子堀として監修したことについて、ネット・SNS上でもひとしきり話題となったようである。「小机城の空堀を障子堀と推定した根拠は何か」「障子堀として復元するなら根拠を示すべきではないか」というわけだ。

しかし、そのような疑問を抱く読者に、逆に問いたい。では、小机城の堀底をどのような形態に復元すれば、ご納得いただけましたか？　と。小机城の堀底は発掘調査のメスが入っていないから、堀底がどのような形態であったのかは不明である。したがって、薬研堀として考証しようが箱堀として描こうが、所詮は推定にすぎない。

というより、小机城にかぎらず、復元イラストの考証・監修というものは、そもそも「蓋然性《がいぜんせい》の高い推定・類推の積み重ね」の上に成り立つものなのだ。堀の形態から、遺構が失われた箇所の復元、曲輪の中の使い方など、実証された事実だけで推定を交えずに復元イメージを描くことなど、できはしない。

昨今はやりのCG復元やVR画像でも、技術がデジタルかアナログかというだけで、「蓋然性の高い推定・類推の積み重ね」の上

【武蔵小机城復元イラスト】

天正16年（1588）8月の様子を推定したもので、この頃の城主は北条氏光である。城の中心部を防禦する巨大な空堀は、障子堀だった可能性が高い（イラスト＝香川元太郎、監修＝著者。『歴史群像』149号掲載）。

に成り立つ、という原則に変わりはない。ただ、イラストよりCGやVRの方が技術として新しい分、何となく〝科学的っぽく〟見える、というだけの話だ。

小机城の場合でいうと、空堀はT字に交わる交点に必ず段差を設けており、堀底に侵入した敵に行動の自由を与えない、という発想が見て取れる。だとするなら、関東地方にあって幅が二〇メートルを優に超える空堀に、障子堀の可能性を想定するというのは、充分に「蓋然性の高い類推」なのである。

その類推に違和感を抱くのは、障子堀を何か特殊な形態として考えているからではないのか。けれども、本章をここまで読んできた方であれば、障子堀が決して特殊な形態でないことは、すでに充分理解されていることと思う。

＊　＊　＊

いかがだっただろう。堀の話は意外にも〝深い〟ことがおわかりいただけただろうか。

城に興味を持つ人のほとんどは、空堀・水堀、薬研堀・箱堀、堀切・横堀・竪堀といった用語を覚えてしまえば、堀の話は済むと思っているかもしれない。しかし、城を理解するために必要なのは、用語とその意味を覚えることでも、知識や情報を蓄えることでもない。形の背後に存在しているセオリーを知ることなのである。

〔＊17〕神奈川県横浜市港北区。南武蔵における北条氏の拠点城郭として小田原の役まで使用された。

小机城の空堀

写真の地点では25mを超える幅を有している。現状では箱堀のように見えるが…。

■堀は立体構造物

城を見て理解するために最も大切なのは、「城は立体構造物」という認識である。これは、当たり前な話のように思えるが、城歩きの経験を重ねて、なまじ知恵がついてくると、案外忘れがちになるものだ。なぜかというと、縄張図や実測図を見ながら、客観的・分析的に観察した方が偉くなれる、という煩悩に囚われるからだ。

三次元の構造物を二次元に平面投影する以上、縄張図や実測図は所詮、資料化の——つまり、実物から得られる情報を研究者間に流通させ、共有する——ための方便でしかない。立体構造物がもつ特徴を、余すところなく二次元に変換することなど、原理的には不可能なのである。

したがって、縄張図や実測図は、城を見て歩くときの手がかりの一つ、くらいに割り切った方がよい。堀であれ土塁であれ、目の前の実物から伝わってくる「立体的構造物としてのボリューム感」の方が、真実なのである。

具体的に説明しよう。平面投影された図上で同じ幅に見える堀でも、両岸が同高の場合と、高低差がある場合とでは、立体構造物としてのボリュームが違ってくる。城内側

鳥坂山城（新潟県妙高市）の堀切
鳥坂山城は尾根上に連なる曲輪を堀切で断ち切っている。本丸からは堀切や周囲の曲輪との高低差を体感することができる。

と城外側とで高低差があれば、その分の高さが防禦力として加算されるからだ。図面上で測って、「なんだ幅七メートルの堀か、大したことないな」と思っていても、数メートルの高低差があれば、実物はかなりのボリューム感がある。

言い換えるなら、実戦では幅＋高低差が堀の防禦力となるわけだ。縄張図や実測図ばかりに頼っていると、こうした実効的な防禦力のイメージがつかみにくくなる。

小松城（神奈川県相模原市）の堀切

本来は深く急な堀切であったはずだが、経年により堀底は埋まり堀の肩も崩落してしまっているため、浅く緩い堀切に見える。

■堀は埋没する

もう一つ、忘れてはならないことがある。現代のわれわれが見ている城は、廃絶してから四〇〇年以上経過した状態、という事実だ。つまり、経年変化によって土塁や切岸は崩落し、堀は埋没が進んでいるのである。

埋没の程度は、堀の形状や土質、気候風土、廃城後の土地の使われ方などによって違ってくる。ただ、ごく一般論でいうならば、たいがいの空堀は、最低でも人の背分くらいは埋まっている、と考えてよい。

したがって、現状で浅い堀に見えるからといって、防禦力が低いと判断するのは誤りだ。とりわけ薬研堀は、下部が急速に狭まる形状ゆえに、埋没の進行が速い。

また、堀の肩（落ちぎわ）の部分は、土塁や切岸と同様、廃絶後に崩落が進む。われわれは、経年変化によって埋没が進み、肩がなだらかになった状態の堀を見ているのだ。そして、実際の堀底がもっと深く、肩も張っていたのであれば、堀の立ち上がり方は、いま見ているよりはるかに急峻だったことになる。

前述したような幅七メートル程度の空堀も、いま現地で見ると、すぐに越えられそうな印象を受けるかもしれない。しかし現実には、甲冑を身につけた状態で、七メートルを飛び越えられる人間などいない。しかも、鋭角に深く落ち込む薬研堀であれば、堀端に立ったときの心理的ハードルは大きくなるから、越えるのは余計に困難である。

加えていうなら、実戦の場合は堀の対岸に柵や楯があり、その内側には弓や鑓を構えた城兵が待ち受けている。そう考えるなら、幅七メートルの薬研堀は、歩兵の突撃を防ぐには充分な障碍であることがわかる。

埋没していない状態——つまり戦国時代の〝生きた〟堀の姿を知りたければ、発掘調査で掘り出された遺構を実見するのが一番だ。どこかで、戦国時代の城が発掘調査されているという情報をキャッチしたら、現地見学会の情報が出ないか気をつけるようにしよう。掘り出された〝生〟の空堀の近くに立つと、足がすくむような恐怖を覚えるだろう。

ただし、現地見学会を逃したからといって、個人で現場を見学するのは、控えるようにしたい。作業中の発掘現場を素人が歩くのは危険だし、気がつかないうちに調査を阻害してしまうこともある。また、ほとんどの発掘調査は、人員不足に悩まされながら工期に追われているのが現状なので、個人見学者が次々に来ると現場の負担になってしまう。

現地見学会を逃した場合は、発掘成果の報告会などの機会を待つこと。そうした場では、豊富なスライドが映写されるので、相応にイメージはつかめるはずである。

【第二章】

土塁《どるい》と切岸《きりぎし》

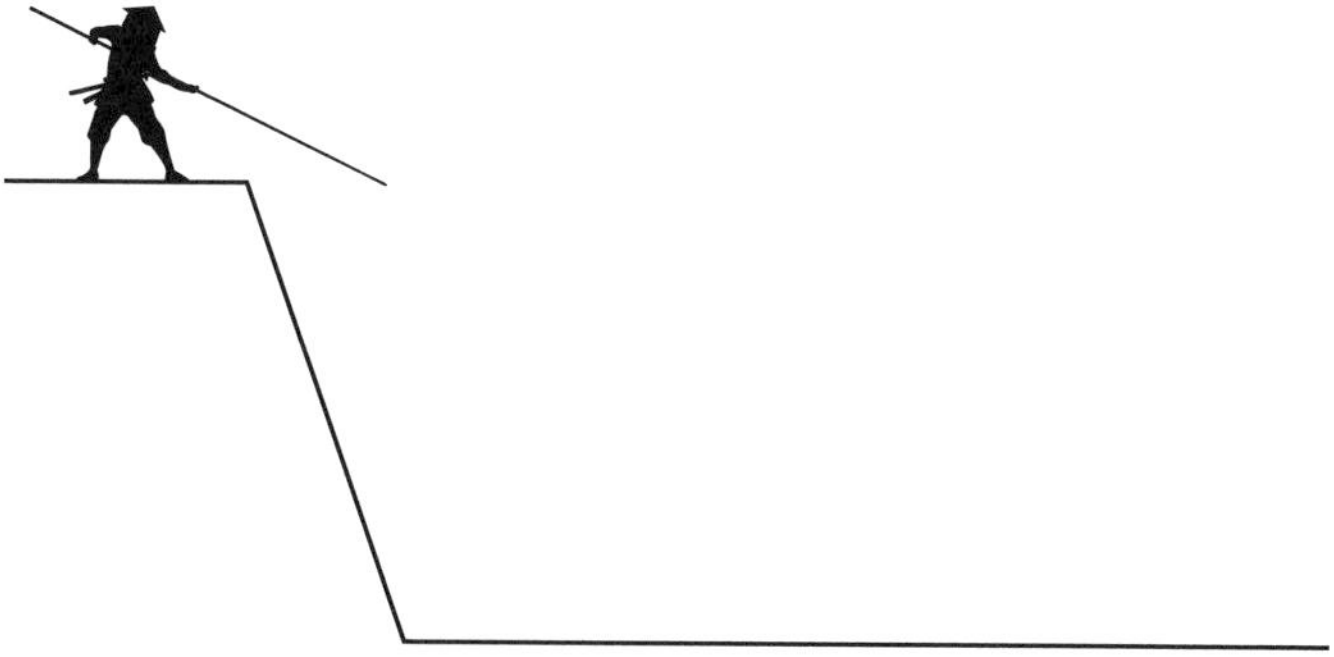

一筋縄ではいかない基本パーツ

・切岸は土の城を成立させるマストアイテム

・土塁の基本は制高土塁・遮蔽土塁・胸壁土塁の3タイプ

・土塁は汎用性の高い防禦構造物だが、設置意図は具体的

1. 切岸という防禦システム

春日山城（新潟県上越市）の切岸
曲輪の縁を大きく削り落として切岸とし、その下に下位の曲輪を造りだしている様子がわかる。現状でも素手での直登はかなり厳しそうだ。

【土塁・切岸序説】

土塁とは防禦用に築かれた土手、切岸とは人工の崖のことである。いずれも「まえがき」で述べた城を構成する四大要素の中の「障碍」——つまり、敵を足止めし、侵入を阻むためのパーツに属する。

土塁と切岸は、堀や曲輪と並んで、土の城を構成するもっとも基本的なパーツにあたる。ただし、城が成立するために最低限必要な要素は何かを考えてゆくと、これらは等価にはならない。堀切・曲輪・切岸だけからなっていて、土塁を伴わない山城は現実にはいくらでもあるし、曲輪の存在しない城もあるからだ。

一方、堀が存在せず曲輪と切岸だけの山城はありえるが、堀も切岸も存在していなければ、その場所は城郭とは認定できない。防禦の意図が、遺構から読み取れないからである。[*1] つまり、城が成立す

［＊1］ 周囲に切岸も土塁も堀も伴わない平坦面は曲輪とは認定できないからだが、この論点については第七章「曲輪」を参照されたい。

るための必要条件という意味で考えたとき、もっともプライオリティの高いパーツは、堀と切岸ということになる。現地を踏査して、堀か切岸のどちらかが明確に確認できれば、その場所は「城」と認定できるのだ。

【切岸の再発見】

「切岸」という言葉そのものは、古くから存在していたことが知られている。南北朝期～戦国期の感状や軍忠状《ぐんちゅうじょう》、『太平記《たいへいき》』などに、「城攻めの時、切岸のところで負傷した」というような文言がしばしば見える。切岸は、やはり山城の基本パーツだったのだ。

にもかかわらず、「切岸」が城郭用語として広く使われるようになったのは、比較的最近になってからのことである。たとえば、一九七一年に初版が刊行された鳥羽正雄《とばまさお》氏の『日本城郭辞典』[*2]には「切岸」の項目が見えない。

早くから「切岸」の語を用いていた研究者として、三浦半島や鎌倉の中世城郭を踏査していた赤星直忠《あかほしなおただ》氏がいる。赤星氏は、鎌倉の切り通しに付随する人工的な急崖を防禦施設と見なし、史料に準じて「切岸」と呼んでいた。[*3]しかし、これは地域限定の特殊な遺構のように見なされて、「切岸」の語はほとんど普及しなかった。

一九八一年に刊行された『日本城郭大系・別巻Ⅱ（城郭研究便覧）』[*4]や、一九八八年に西ヶ谷《にしがや》恭弘《やすひろ》氏が著した『日本史小百科・城郭』[*5]には、「切岸」が登場する。ただし、人工的な崖を指す語として中世の史料に見える、といった簡単な説明だけで、土塁や堀にくらべればオマケ程度の扱いだ。

筆者の記憶に照らしても、「切岸」の語が広く使われるようになったのは一九九〇年代以降だと思う。長いこと切岸は、城郭を構成する主要なパーツとして認識されてこなかったのである。

【＊2】東京堂出版刊。同書は、一九七〇年代におけるもっとも信頼できるスタンダードな参照系であった。

【＊3】横須賀市教育委員会『三浦半島城郭史』（一九五五）、鎌倉市『鎌倉市史・考古編』（一九五九）など。赤星直忠氏は考古学研究者の立場から三浦半島や鎌倉周辺の中世城郭を研究しており、貴重な記録も含んでいるが、氏の視点は個性的にすぎる部分もあり、現在の研究水準からは全面的には肯定できない。切り通しに伴う切岸についても、現在では防禦遺構との評価は考古学的に否定されている。

【＊4】新人物往来社が一九七八年～八一年に刊行した『日本城郭大系』は、全一八巻にわたって日本全国の城郭、計三万箇所近くが収録され（別巻二巻が付属）、城郭研究に大きな発展をもたらした、画期的なシリーズであった。同書「切岸」項の文責は小和田哲男氏。

【＊5】近藤出版社による「日本史小百科」シリーズの一冊として刊行された。

【田中城（熊本県玉名郡和水町）縄張図】

作図＝西股総生

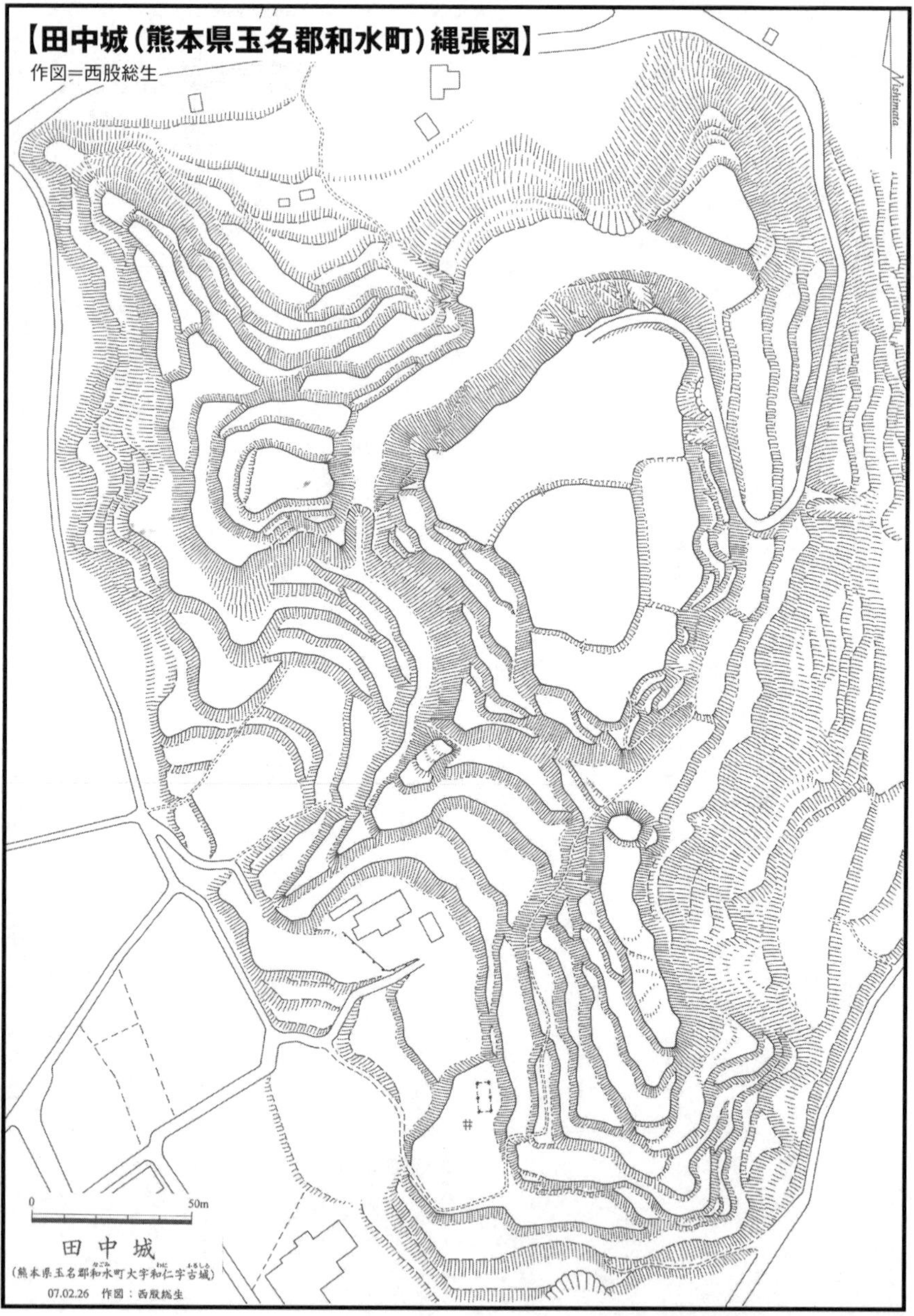

天正15年（1587）に起きた肥後国衆一揆の際、一揆軍の抵抗拠点となった城。土木量の大きな城だが土塁をまったく築かず、ひたすら切岸と空堀によって守る構造となっている。城は小早川秀包・安国寺恵瓊・立花宗茂・鍋島直茂らの大軍に攻囲され、籠城衆も激しく抵抗したものの落城し、撫で斬りとなった。

その理由は明らかだ。

日本の城郭研究が、近世城郭を中心に進められてきたからである。しかも、城郭用語の説明は軍学書の記述がベースとなっていたから、近世城郭で主要なパーツでなかった切岸は、認識すらされていなかったのだ。ところが、一九七〇年代末に始まった『日本城郭大系』の刊行をきっかけとして、中世・戦国期城郭の研究が進み、土の城の縄張図が高い精度で描かれるようになったことで、研究者達の目が切岸に届くようになったのである。

なお、縄張研究者の中には、「切岸」の代わりに「壁《へき》」という呼び名を慣用的に使う人も多い。「切岸」というと、垂直に近い角度で削り落とされたイメージがあるが、実際には、それほどまでの急角度ではない場合がほとんどだからだ。また、曲輪の外周部は盛土で形成されている場合もあるので、「壁」の方がしっくりくるのである。

筆者も、個人的には「壁」の方にシンパシーを感じるが、現状では「切岸」の方が市民権を得ているので、文章上では「切岸」を使うようにしている。

【土を削り立てる時代】

切岸は、堀や土塁とくらべて、一般的な認知度は格段に低い。けれども、土の城を構成するパーツとしては、もっとも基本的かつ重要なものである。山腹や丘腹を削り落として高く切り立てた

増山城（富山県栃波市）の切岸

曲輪の縁を削り落とす工法が戦国期城郭の基本的な防禦方法であるという認識は、薮に埋もれた土の城の調査が進んだことによって広まっていった。

人工の崖は、簡単に登ることができないからだ。しかも、特別な材料も技術も必要ないから、コストパフォーマンスは抜群である。

とくに、地形の高低差がそもそも防禦力となっている山城では、堀や土塁をわざわざ造作しなくても、切岸だけで充分な場合が少なくない。地形の持っている防禦力を、簡単な工事で補強できるわけだ。

切岸の角度は、城地の地質や自然条件によって違ってくる。現代の土木工事の基準では、関東ローム層のような、しまりの良い自然堆積層でも、一：一の勾配（四五度）を越えて切り立てではいけないことになっている。崩落の危険があるからだ。

しかし、戦国城郭の発掘調査事例を見ていると、明らかにこの基準を逸脱して急角度に削り立てているケースがある。労働安全衛生基準を無視しているわけだが、戦国の城はそもそもが危険なものなので、敵を防ぐことさえできればよいのである。

もちろん、四五度を超える急角度で削り立てられた切岸は、経年劣化によって崩落する可能性が高い。しかし、長期間安定して維持することよりも、目前に迫っている（かもしれない）戦闘への備えを優先するのであれば、極力急角度に削り立てた方がよいのであろう。地質によっては、本当に垂直に近い崖を削り出すことも可能になる。

筆者の知る範囲でいうなら、房総半島南部の城は垂直な切岸を

山中城（静岡県三島市）の北条丸

曲輪の外側を急角度に削り立てている。山中城ではこうした遺構を崩落や風化から保護するため、芝生による被覆を行っている。

造っている例が多い。これは、上総層群という基盤層を利用しているからだが、こうした地域の城は垂直な切岸で強力な防禦ラインを造ることができるので、その分、縄張の細かな工夫は発達しない傾向がある。

ただいずれにせよ、切岸にかぎらず、空堀でも土塁でも、土の城における人工的な急斜面は、すべからく経年劣化によって崩落する。経年劣化を生じる主要な要因としては、降雨がまず挙げられるが、実はもっとも大きいのは冬季の降霜である。

夜間から早朝にかけて霜がおり、日中に気温が上がったり日が当たったりして溶ける、というサイクルを毎日くり返していると、地表面がパサパサに乾燥して砂のように崩れてゆくのだ。したがって、冬季に地面が凍結して雪に閉ざされるような北国では、経年劣化による自然崩落が少ない。[＊6]

2. 土塁という構造物

【戦国の土塁】

最初に述べたように、土塁とは防禦用に造った土手のことである。土手状の構築物としては、堤防や害獣防除（獣土手）、区画や境界表示といった用途のものもあるが、城郭に用いる防禦目的の土手を、とくに土塁と呼ぶ。戦国期の文書で、「築地《ついじ》」「塀《へい》」と表記されている施設は、実際には土塁を指している可能性がある。[＊7]

土塁については、近世の軍学書で、土塁造りの城のことを「掻揚《かきあげ》の城」と呼んでいる例があることから、堀の掘削土をそのまま積んで造るようにイメージされがちだ。しかし、城地となる場所には、もともと複雑な地形の起伏があるのが普通だから、必ずしも堀の掘削土がそのま

[＊6] 北海道や東北北部の遺跡では、一〇〇〇年以上前の竪穴住居が、埋まりきらずに浅い凹みとして確認できる例が多い。冬季に地面が凍結するため自然崩落が少ないこともあるが、土壌の形成そのものが進まないためでもある。

[＊7] 廃寺址などでは、しばしば小さな土塁による区画が見られるが、築地の残欠である。戦国期に陣所として使われた寺院でも、同様の小土塁が見られる。築地塀も土を積み固めて造った構造なので、土塁と築地塀の残欠を材質・構造から明確に区別することは困難で、結局は防御施設としてのプランを有しているかどうか、という縄張上の判断に委ねざるをえない。

ま土塁となるわけではない。

とくに、曲輪の内部を充分に平坦化したり、複雑な縄張を造り上げたりするためには、土砂をさまざまに動かす必要がある。当然、堀の断面積と土塁のそれとが一致するとも限らない。

鬼ノ城（岡山県総社市）に復元された古代山城の版築土塁

現代の考古学研究者たちの推定した工法・構造による土塁が、どの程度の耐久性をもつのかという検証実験の意味を含めて復元されている。

戦国期城郭の発掘調査では、土塁の一部を断ち割って断面を観察する場合が多い。そうした調査記録を見ていると、土塁は土を何度も突き固めて造っているケースが多い。こうした造り方は版築《はんちく》工法と呼ぶのが普通だが、「版築」の語については少々の注意を要する。

「版築」は、もともとは古代中国の城壁について用いられていた語だからだ。黄土を型枠に入れて少しずつ突き固め、煉瓦のような強度を生じさせたものを積み上げてゆくのが、本来の版築工法である。この技術が、朝鮮半島経由で古代の日本に伝わり、黄土の代わりに在来の火山灰質の土を型枠に入れて突き固め、古代山城《こだいさんじょう》の城壁が築かれた。

これに対して、中世〜戦国期城郭の土塁では、土を少しずつ突き固めてはいても、型枠工法を用いた形跡は確認できないので、厳密な意味での版築とはいえない。いわば〝なんちゃって版築〟ではあるが、中世考古学や城郭研究では、型枠工法を用いていなくても「版築」と呼ぶのが普通だ。さしたる混乱を生じないのであれば、これでも構わないのかもしれない。

というのも、土を少しずつ突き固める工法すらとらずに、粗雑に積んでいるだけのケースも、戦国期城郭の発掘調査では確認できるからである。こうした粗雑な工法との区別のためには、前者を「版築」と呼ぶのが適切ともいえる。「掻揚の城」という表現は、粗雑に土を積んだだけの土塁を用いるような、臨時性の強い城郭を指すのが本来の意味であろう。

【もう一つの土塁】

一般に、土塁とは土を積んで造ったものと考えられがちだ。ここまで述べてきた「中世的版築工法」も「掻揚工法」も、土の積み方の話であった。

ここで、本章冒頭の一文を読み返していただきたい。筆者は、「土塁とは防禦用に築かれた土手」とは書いたが、「土を積んで造った」とは断っていない。なぜなら、土の城にはもう一つ、土を積むのとは真逆の工法でできている土塁があるからだ。すなわち、土を削って造った土塁である。

曲輪を造成する際、土を盛り足して平坦面を造る場合もあるが、多くは元の地形を削って平坦面とする。このとき、曲輪の縁辺にあたる部分が高くなっていれば、そこを残して平坦面を削り込むようにした方が、効率がよい。そ

【削り込み工法による土塁の模式図】

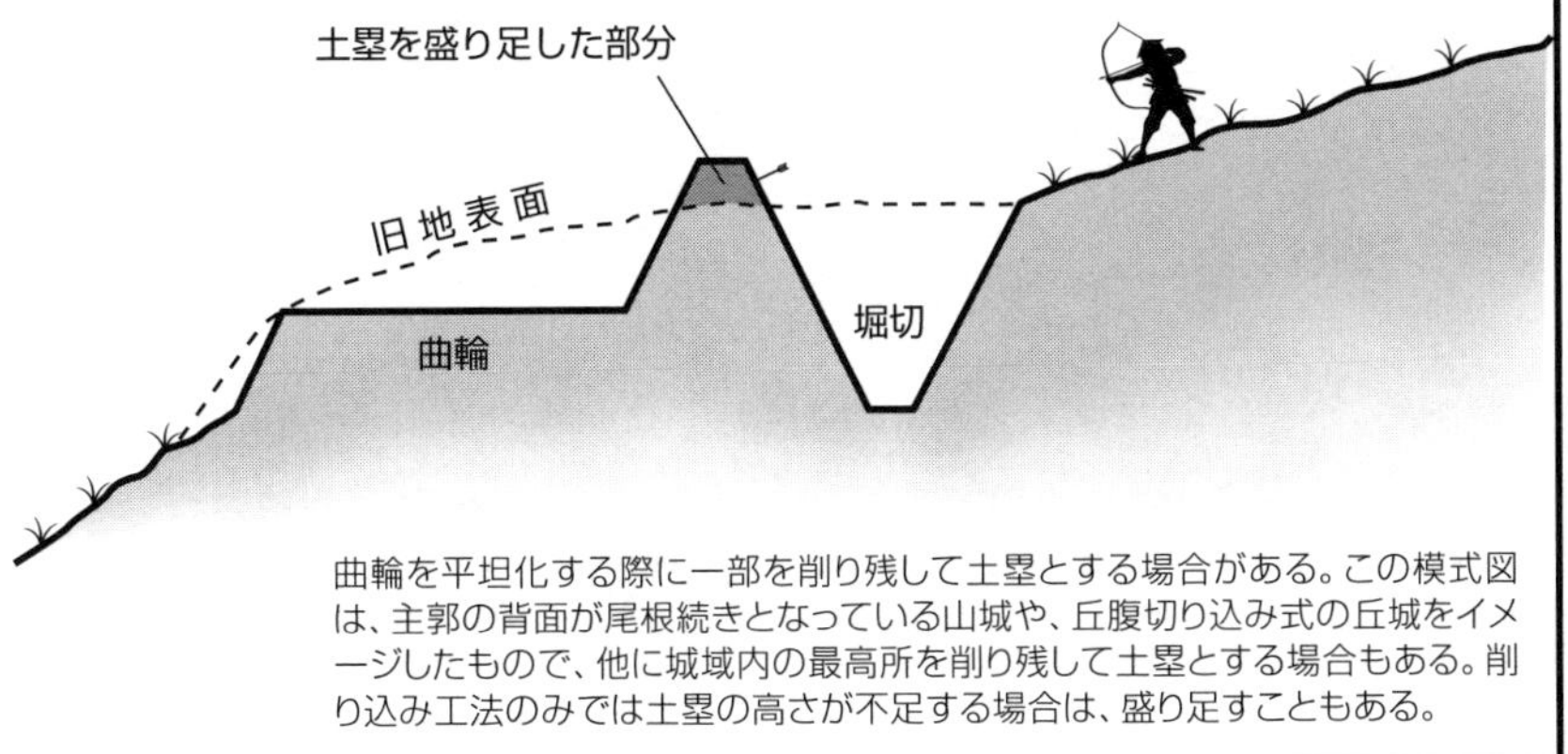

曲輪を平坦化する際に一部を削り残して土塁とする場合がある。この模式図は、主郭の背面が尾根続きとなっている山城や、丘腹切り込み式の丘城をイメージしたもので、他に城域内の最高所を削り残して土塁とする場合もある。削り込み工法のみでは土塁の高さが不足する場合は、盛り足すこともある。

こで、縁辺に残った高まりを切り立てるように整形すれば、土塁となる。

こうした「削り込み工法」による土塁は、山城や丘城では類例が少なくない。丘城で土塁の一部だけ極端に幅が広いケースや、山城で主郭の側背にだけ立派な土塁があるケースなどは、たいがい削り込み工法によって形成された土塁である。主郭背面の防禦力を強化するため、削り込み工法の土塁の上に土を盛り足して、高さを得ている場合もある。

とくに、伊賀《いが》・甲賀《こうか》地方の丘城では、緩斜面をくり抜くようにして主郭を削りだしている例が多い。[*8] この工法で築城すると、主郭の外周（とくに背面）は必然的に「削り込み工法」の土塁に整形される。

つまり、築造法から見ると土塁は、「中世的版築工法」、「掻揚工法」、「削り込み工法」によるものの三通りに分かれることになる。「中世的版築工法」の土塁は、「掻揚工法」よりは耐久性にすぐれるが、古代の「本格的版築工法（型枠式版築工法）」にくらべれば、耐久性は劣る。「削り込み工法」は耐久性は比較的高いだろうが、耐久性を求めて選ばれた工法ではない。

このように土塁の構造を見てくると、中世～戦国期城郭とは本来、古代城郭ほどの恒常性は求められていない施設だったことがわかる。

新川天神山城（東京都三鷹市）の土塁と空堀

堀の掘削土を単純に積んだだけの掻揚工法であることが試掘調査によって判明している。土塁は崩落が進んでかなりなだらかになっている。

3. 土塁の機能と用法

【土塁の基本機能】

戦国期城郭を実踏してみると、さまざまなサイズや形状の土塁があることがわかる。築城者は、機能や用途によって、土塁のサイズや形状を使い分けていたようだ。では、土塁の基本的な機能とは何であろうか。本章の冒頭に示した「防禦用に築かれた土手」という概念規定における、「防禦」の内容を具体的に考えてみよう。

土塁が防禦施設である以上、第一義的な機能としては、「侵入を防ぐ」ということが挙げられる。しかし、単に「侵入を防ぐ」だけであれば、堀や切岸も同じである。第一節で述べたように、戦国期城郭の中には堀と切岸だけで、土塁をともなわない事例が少なからずある。土塁はなくても、土の城は成立するのだ。だとすれば、同じ防禦施設でも、土塁には堀や切岸とは異なる機能が求められていることになる。

同じ防禦施設でも土塁だけが持ちうる機能としては、

A. 防戦の足場とする
B. 高さを得る
C. 敵の見通しや射線を遮る（遮蔽機能）

花園城（埼玉県大里郡寄居町）主郭北面の土塁
内法のところどころに岩盤が露出していることから（画面左）、削り出し工法であることがわかる。主郭を平坦化した際に削り残して土塁としたようだ。

［＊8］ このタイプは「丘腹切り込み式」と呼ばれる。伊賀・甲賀地方は小規模な丘城が群集していることで知られるが、その多くは「丘腹切り込み式」だ。

という三通りを考えることができる。耐久性の劣る掻揚工法であっても土塁を築くのは、こうした機能が求められているからだ。また、丘腹を削平して曲輪を造成する際に、削り込み工法によってあえて一部を残して土塁とするのも、A（足場）やC（見通し・射線を遮る）のための施設がほしいからだとわかる。

だとすると、土塁のサイズや形状がさまざまであるのも、A・B・Cのうちのどの機能を求めるかの違いから生じる現象、ということになる。たとえば、上幅[＊9]を充分にとってある土塁は、Aの足場機能を重視していることになる。

逆に、高さはある——つまり土木量は大きいのに、人が立って戦闘に従事できるだけの上幅をもたない土塁は、Cの遮蔽《しゃへい》機能を必要とした土塁とわかる。伊賀・甲賀地方の城では、主郭の背面にこのタイプの土塁を伴っている例が多い。動員力がかぎられていて、主郭の背面に守備兵を配置する余裕がないためであろう。

丘城や平城では、中世的版築工法によって大きな土塁を築いている例があるが、Bの高さを求めたためである。比高が小さいという占地上の不利を、土塁によって補う必要があるからだ。

なお、土塁はその性質上、垂直に立ち上げることが困難なので、高さを得ようとすると必然的に基底部幅も大きくなる。よって、高さがあっても上幅が小さい土塁は高さを欲した結果であるし、高さがさほどでなくても上幅の大きな土塁は、基底部幅を求めた結果と見なすことができる[＊10]。

【制高・遮蔽・胸壁】

戦国期城郭の土塁は、前記A・B・Cのどの機能を求めるかによって、さまざまなサイズや形状を呈する。そこで、城郭研究においても、サイズと形状から土塁をいくつかのタイプに分

［＊9］　軍学では土塁の上面を「馬踏（まぶみ）」と呼んでいる。これに従うなら、上面幅は「馬踏幅」と表現することになるが、城郭研究者の中でも「馬踏」の語はあまれ使われず、城郭用語として市民権を得ているわけではないので、ここでは「上幅」とした。なお、軍学では土塁の基底部を「敷（しき）（土居敷）」と呼ぶので、これに習えば基底部幅は「敷幅」となろう。

［＊10］　幕末の稜堡式築城や台場の土塁が、これに該当する。稜堡式築城や台場の土塁は、遮蔽機能を主体としたものだが、砲撃への耐性を高めるために幅（土塁の厚さ）を重視した形状となっている。

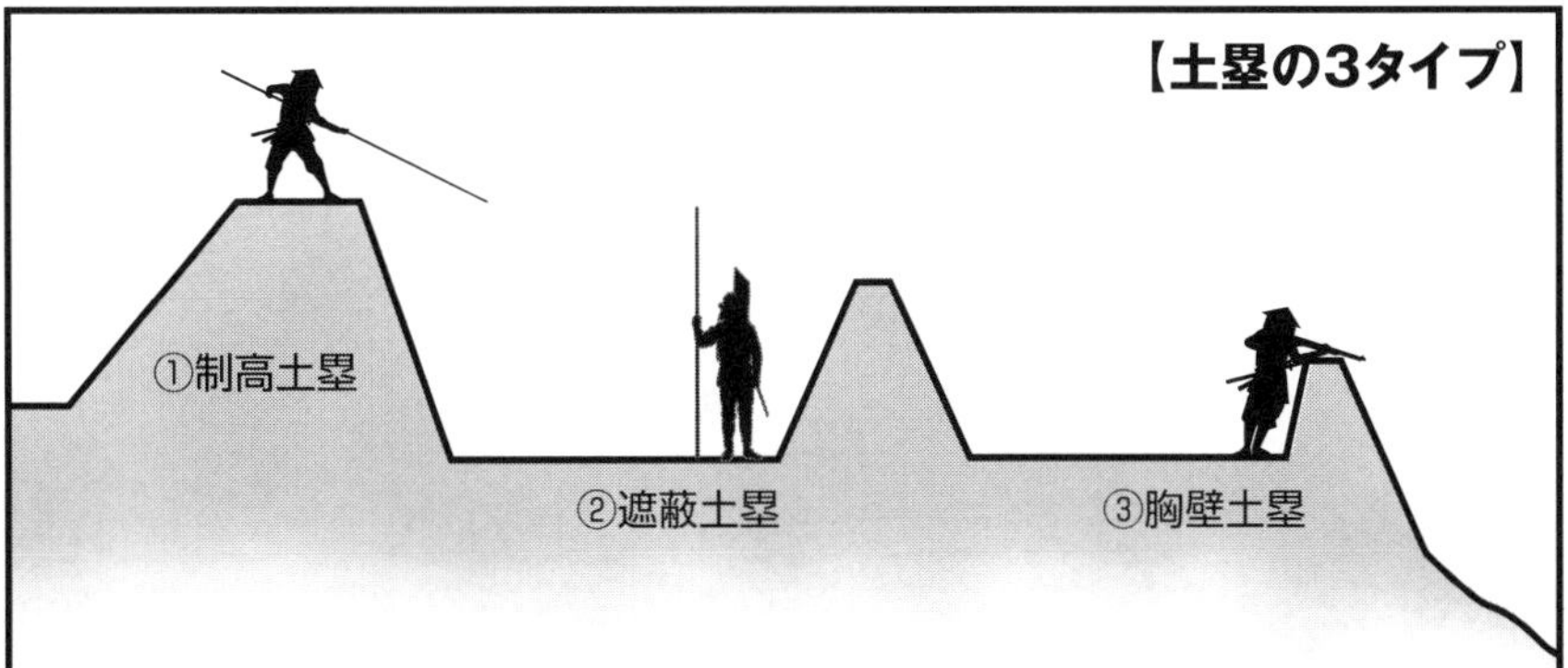

戦国期城郭の土塁は、機能上はおおむねこの3タイプに大別できる。遮蔽土塁は最低でも人の背丈程度、胸壁土塁は座った状態で銃身を立てられる程度の高さが必要であるが、現状では崩落のためにごく低い土塁となっている場合も多い。近世城郭では、遮蔽土塁や胸壁土塁は塀などの作事物に代替されるため、制高土塁のみが受け継がれる。

類する試みがなされてきた。しかし、私見では、実際の土塁はほぼ次の三タイプに分類できるようである（分類呼称は筆者）。

①制高《せいこう》土塁　おおむね人の背丈以上の高さを有し、人が乗って活動できるだけの上幅を有するもの。外部（敵側）に対する高さのアドバンテージを得る目的で築かれた土塁で、上面に守備兵が乗って戦闘の足場とする（機能A・B）。

②遮蔽土塁　内高は人の背丈と同程度か、それ以上あるが、人が乗るだけの上幅をもたない土塁。城外からの視線や矢玉を防ぐ遮蔽物として、または城内での動線を制約するために設けられた土塁（機能C）。

土の城の土塁は、基本的にはこの二タイプに大別できる。曲輪の内部を区画する土塁や、竪堀に併走する土塁も、②遮蔽土塁のバリエーションとして理解できるからだ。また、竪堀を伴わずに斜面に対して直角に設置された土塁を竪

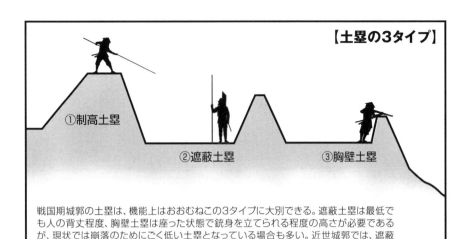

犬成城（千葉県市原市）主郭の制高土塁
上面には戦闘の足場として充分な幅がある。画面右手が主郭の内部で、左手は空堀を隔てて二ノ曲輪となる。二ノ曲輪に対して制高効果があることがわかる。

土塁と呼び慣わしているが、これも敵の移動を制約するという機能に即して考えれば、やはり②遮蔽土塁の一種である。

ところが、戦国後期になると、北条氏や武田氏の城などでは、高さ・幅ともに小さな土塁を積極的に用いて、ラインや堡塁《ほうるい》を形成する築城法が見られるようになる。[*11] これは、鉄炮戦用の胸《きょう》壁《へき》として土塁を用いたものと考えられている。[*12]

当時の鉄炮は先込め式の火縄銃であるので、弾薬を装填するために時間がかかる上に、装填の度ごとに筒を立てなくてはならない。そこで、戦闘中にも安全に装填ができるような遮蔽物が必要になってきたのだ。これを三番目のタイプの土塁としておく。

［*11］典型例として、北条氏の場合は山中城、武田氏の場合は高天神城（静岡県掛川市）を挙げておく。

［*12］田嶌貴久美「足柄城周辺と最末期の後北条氏系城郭」『中世城郭研究』二四・二五（二〇一〇・一一）。

山中城無名曲輪の胸壁土塁
山中城では巨大な障子堀と小さな土塁との組み合わせが多用されている。天正18年（1590）の攻防戦の際には、豊臣軍は城内からの激しい銃撃に苦しめられた。

③胸壁土塁　射撃用の胸壁として利用するための土塁。人の背丈と同程度か、それよりも低い土塁で、幅も最小限しかない。

胸壁土塁が顕著に見られるのは、北条氏や武田氏でも拠点クラスの城である。充分な火力が配備される城では、射線を効果的に組織化するような築城法が追求されたのであろう。

われわれは、構造物の進化というと、小さなものが大きくなってゆくような過程を、ついイメージしてしまいがちだ。しかし、胸壁土塁は、遮蔽土塁が低く小さく進化して生まれたものである。

【土塁のあるなし】

最後に、土塁がないことの意味

を考えてみよう。山城では土塁を築かない例が少なくないし、土塁を局所的にのみ築いている例もある。山城で土塁を築かないのは、山そのものが持っている高さと、障碍としての切岸によって、充分な防禦力を得られているからだ。だとすると、局所的に土塁を築いているのは、特定の場所のみ高さを補完したいか、ないしは遮蔽物が必要だったかの、どちらかということになる。高さを補完したいのは、たとえば導線を制圧するような戦闘の足場がほしい場合であろう。

局所的に遮蔽物が必要な理由としては、たとえば背後の尾根から主郭への見通しや射撃を防ぐ場合などが考えられる。導線を限定して虎口を造りたい場合なども、局所的に土塁が必要になる。

また、山城では主郭だけを土塁で囲んでいる事例がある。[*13] 主郭の守備を固めたいためであろうが、より具体的に考えるならば、主郭を遮蔽物で囲むことによって、戦闘中に矢弾が飛び込むのを防ぎたいのであろう。主郭に矢弾が飛来して城主・城将が死傷すると指揮機能を喪失するし、最悪の場合、守備隊そのものが崩壊しかねないからだ。土塁を伴わずに

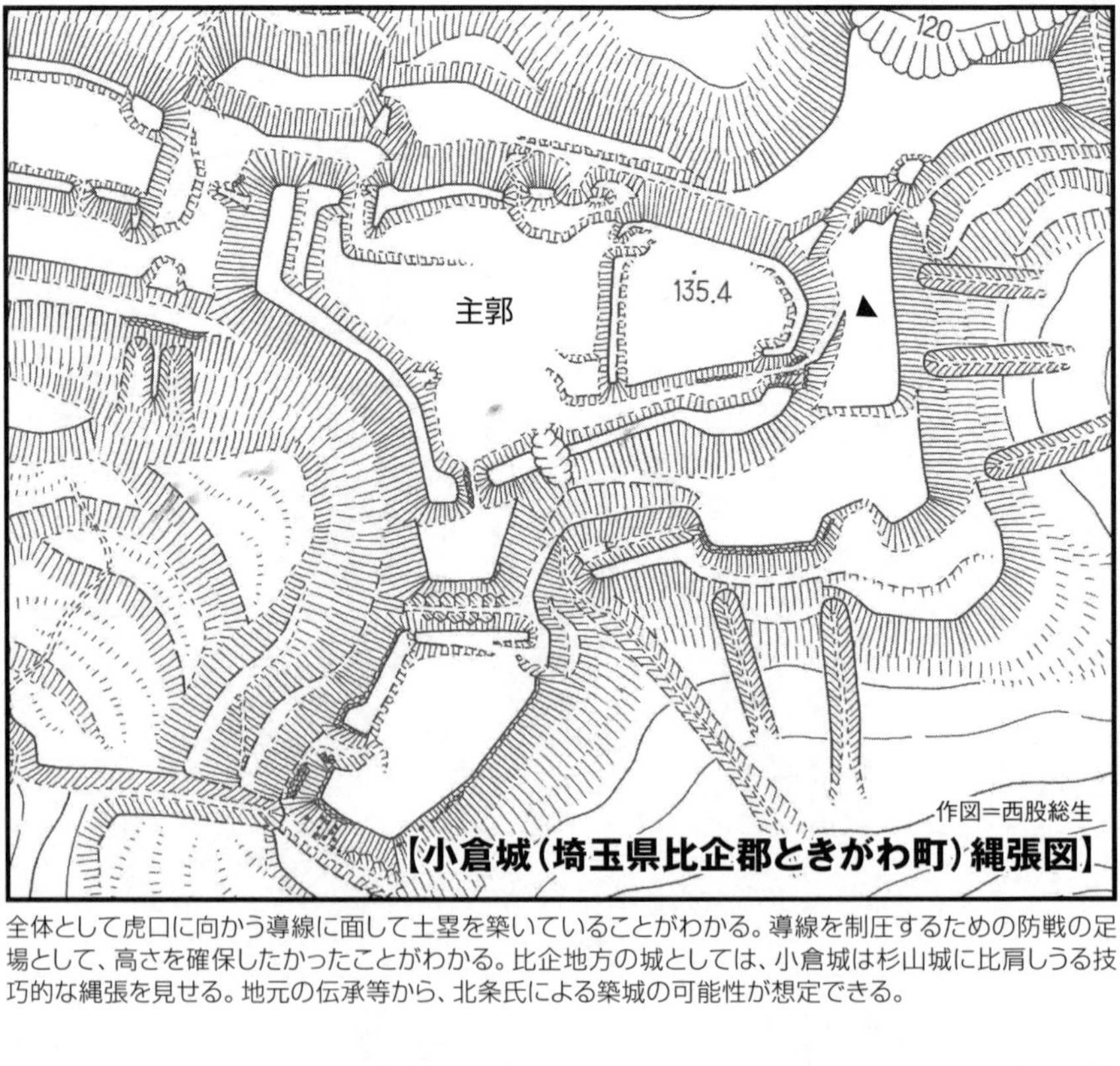

【小倉城（埼玉県比企郡ときがわ町）縄張図】

全体として虎口に向かう導線に面して土塁を築いていることがわかる。導線を制圧するための防戦の足場として、高さを確保したかったことがわかる。比企地方の城としては、小倉城は杉山城に比肩しうる技巧的な縄張を見せる。地元の伝承等から、北条氏による築城の可能性が想定できる。

小倉城の虎口

主郭東側の虎口（画面上）を下から見上げたところ（前頁図中▲印から撮影）。切岸を斜めに上がる通路が画面奥の虎口に向かっており、この通路を制圧するとともに虎口を明確化するために、土塁を築いて切岸の高さを補完していることがわかる。

堀と切岸だけで守る山城と、土塁を積極的に築いている城では、どうやら想定している戦闘の形態に違いがありそうだ。

材料を現地調達して短時間で構築できる土塁は、きわめて汎用性の高い防禦構造物であるから、戦国期城郭では当たり前のように、随所に存在している。しかし、あらためて原理から考え直してみると、土塁には意外なほど具体的な存在理由が隠されている。

「どこにでもある、つまらないもの」ではなく、築城者が具体的な意図をもって設置した防禦構造物として、土塁を見直してみてもよいのではなかろうか。

［＊13］主郭だけ土塁を全周させる山城は、私見では長野県下に事例が多い。

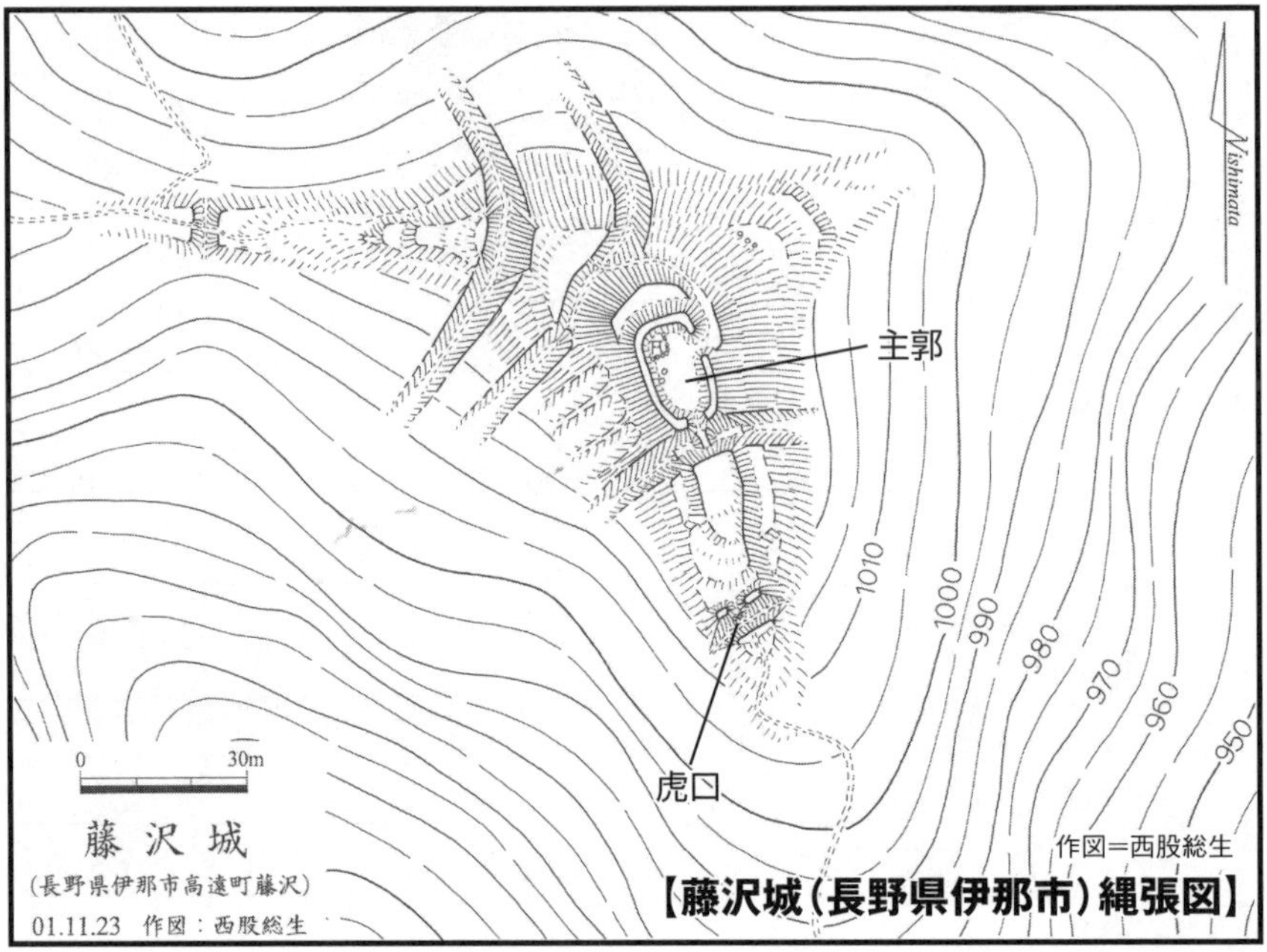

【藤沢城（長野県伊那市）縄張図】

高遠城と杖突峠の中間に位置する極小の山城。土塁は主郭に全周するほか、城域南端の堀切に面した箇所にのみ築かれている。城域南端の土塁は虎口を明確化するためだろう。築城者は堀の掘削には労力を割いているが、土塁の構築には熱心でない。このような小さな山城でも、土塁は具体的な意図をもって築かれることがわかる。

弘前城（青森県弘前市）二ノ丸の土塁と未申櫓

実用的でコストパフォーマンスにすぐれている土塁は、近世城郭にも受け継がれた。戦国の城＝土の城、近世の城＝石垣の城という理解は一面的にすぎる。

観察の極意【土塁と切岸】

■スルーしがちなパーツ

切岸は、堀や土塁のように、はっきりと凹んだり盛り上がったりしているわけではないので、意識して見るようにしないとわかりにくい。では、見るときに何を意識すればよいかというと、自然地形の斜面と、人工的に削り立てた斜面との違いである。

曲輪が段状に連なっている場合は、上段の曲輪と下段の曲輪との間の斜面が、周囲の山腹より明らかに急峻になっているのがわかる。こうして切岸を認識できるようになったら、今度は曲輪の縁を注意深く歩いてみる。曲輪の縁から数メートル下で、カクンと傾斜が緩むポイントを見つけられたら、そこが切岸と自然の斜面との境目だ。このようにして、切岸を削り立てた範囲を確認しながら、目を慣らしてゆくとよい。

一方の土塁は、城歩きを始めればすぐに視認できるようになるし、土の城ではありふれたパーツなので、あまり注意を払わずに

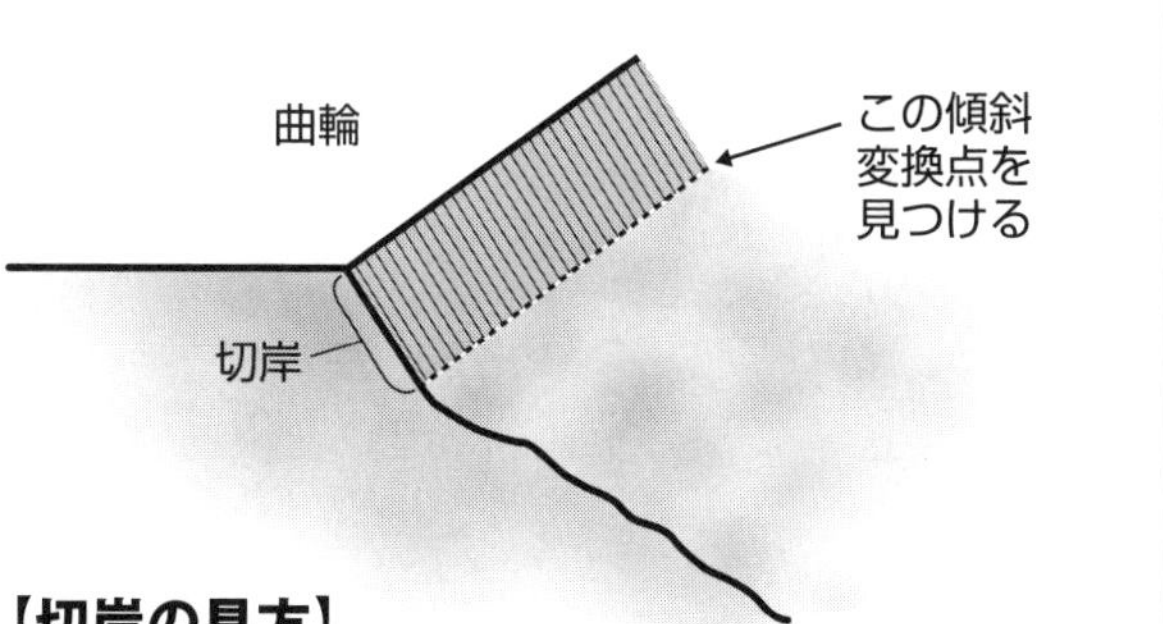

【切岸の見方】

曲輪の縁に立って見通すか、または下から曲輪の縁を見上げるようにすると、切岸として削り落とした範囲と自然地形の斜面との傾斜変換点が見つかることがある。こうした経験を積み重ねてゆくと、城郭遺構を立体構造物として認識する「目」が養われる。

滝山城（東京都八王子市）の土塁
後世に道路を拡幅した箇所では土塁の断面形がよくわかる。450年ほどの星霜をへて傾斜は緩やかになり全体に丸みを帯びた形となっている。

スルーしてしまう人が多いと思う。しかし、土塁とはそれぞれに具体的な存在理由があって築かれるものであるから、見過ごしてしまうのはもったいない。

土塁を見るとき、それが①制高土塁なのか、②遮蔽土塁なのか、③胸壁土塁なのか、考えながら歩くと、戦国期城郭の縄張に対する理解が飛躍的に高まるであろう。制高土塁なら上幅が確保されているし、守備兵の昇降のために内法を外法より緩く造るのが普通である。上幅が狭く、内法も外法も同じように急なら遮蔽土塁と考えてよい。

なお、削り込み工法による土塁を、普通の盛土式の土塁と判別するためには、全体の地形と曲輪の形を観察して、築城以前の旧地形をイメージするとよい。旧地形で最高所に当たる範囲が土塁になっていて、城全体の縄張の中でアンバランスなほど幅の広い土塁であれば、削り込み工法である可能性が高い。

■大きさに惑わされない

土塁や切岸を実地に見るときに気をつけたいこと

が、いくつかある。

　まず第一に、自分の視線の高さを意識すること。土塁・切岸の上に立って見下ろすと、目の高さが加算される分、実際より高く感じる。逆に下から見上げる場合は、目の高さが減じられるから、実際より低く見えることが多い。

　第二に、廃城から現代までの経年変化を頭に入れて見ること。戦国期城郭の土塁・切岸は、しばしば耐久性を度外視して急傾斜に築かれる。こうした土塁・切岸は、廃城後に肩から崩れてゆき、裾には崩落土や腐葉土《ふようど》が堆積して、全体としてその土質で安定する斜度になるまで崩落はつづく。

　また、崩落した上に腐葉土や風塵《ふうじん》堆積などが被っているので、現状で見る土塁・切岸の表面はやわらかい。しかし当時は、固くしまった地山がむき出しであったり、硬質な土（ローム層など）を表面に貼り付けたりしていた。しかも、いま見るように表面には草が生えていたり、保

谷戸城（山梨県北杜市）の土塁
かなり崩落が進んでいるが、胸壁土塁と見てよさそうである。天正壬午の乱で北条軍が布陣した可能性の高い城で、射撃戦を前提としなければ理解しにくい縄張となっている。

存整備のために芝が貼ってあったりしたわけではないので、実際の「生きた」土塁・切岸はきわめて登りにくいものであった。

第三として、土塁は大きいからエライわけではないことを覚えておこう。われわれは人工の構造物（とくに軍事的構造物）を見るとき、大きいほどスゴイ、威力が大きい、という価値観に囚われがちだ。なぜなら、同種の構造物であれば、サイズの大きいものほど、大きな労力やコストがかかっているからである。

しかし、築城者たちは、別に大きさを競い合っていたわけではないので、防禦構造物としての価値が高いのは、より目的に合致している方ということになる。とくに、削り込み工法でできている土塁は、元の地形から曲輪をくり抜いた「余り」を有効利用しているようなものだから、曲輪を造成する土木量を節約した結果、異様に幅の大きな土塁となっているだけ、という場合もある。

胸壁土塁も、戦国後期における射撃戦の激化に対応して、土塁が低く小さく進化した結果だから、大きいほどスゴイ式の価値観では理解できない。実際、胸壁土塁は崩落のために膝下くらいの高さでしか残っていないケースも珍しくない。風化の激しい胸壁土塁は、注意していないと見落としがちだ。

本稿の最後に、史跡公園等として整備されている城の土塁は、復元が必ずしも正確でないことを指摘しておく。堀の場合は、発掘調査によって本来の深さや形状を知ることができるが、土塁は崩落してしまうので、本来のサイズや形状を正確に知ることができない。しかも、出土した土塁をそのまま露出させておくと風化が進んでしまうので、整備の際は土で被覆した上から、芝や樹脂を貼ることになる。

加えていうなら、発掘調査や整備事業を担当する考古学研究者が、制高土塁・遮蔽土塁・胸壁土塁といった機能の違いを意識せずに、「土塁」としてひとくくりに考えていると、正しい復元は望めなくなる。

【第三章】

竪堀《たてぼり》

斜面に刻まれ、敵の横方向の動きを阻む

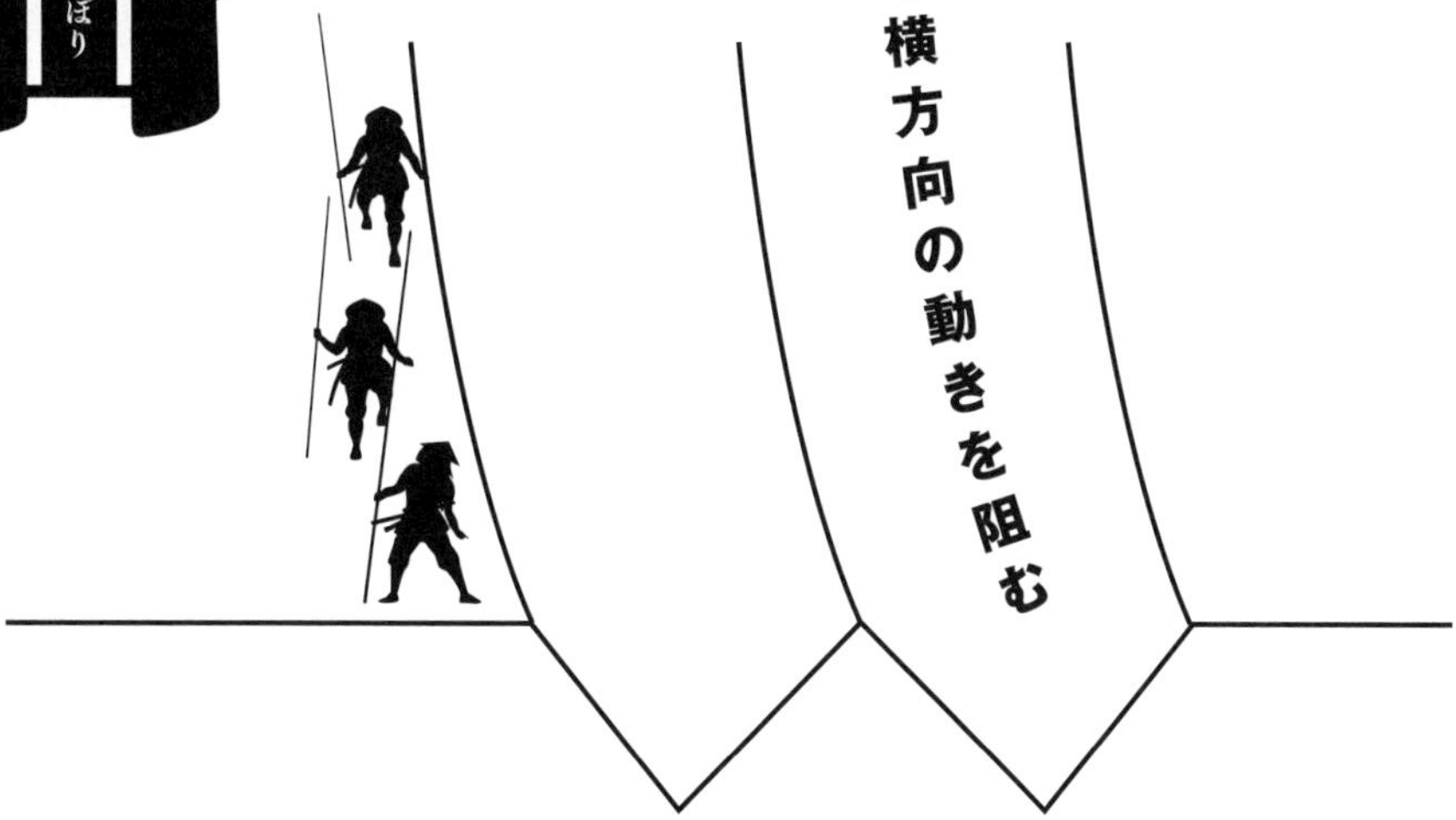

- 竪堀は戦国乱世特有の防禦構造物
- 竪堀の長さは想定する戦闘のタイムスケールに比例する
- 畝状竪堀群は弱者の防禦システム

1. 竪堀という防禦施設

【竪堀のイメージ】

竪堀とは、かいつまんでいうなら、斜面に縦方向に設置した堀のことである。曲輪を囲む横堀が、おおむね等高線に平行して掘られるのに対し、等高線に直交するように掘られるのが竪堀、ともいえる。

増山城（富山県栃波市）の竪堀
手持ちの写真の中から比較的わかりやすいカットを選んでみたが、堀が斜面を下っていく様子を読み取れるだろうか。北陸や東北などの積雪地では、空堀は薬研堀（断面がV字になっている堀）の形状を比較的よく保っている場合が多い。

竪堀は、戦国期の山城や丘城では多用されているが、実物を見たことがない人には、ピンとこない構造物である。前述のような説明を言葉で伝えるだけでは、具体的なイメージがわかないのだ。いや、それどころか、現地を案内して「ここに竪堀があります」と指差してさえ、怪訝な顔をされることがある。[*1]

おまけに、筆者の経験からすると、竪堀は写真の被写体としても難物である。山城へ行って、竪堀を撮ろうとシャッターを切っても、たいがいの場合、ただの藪にしか写らない。なぜ、竪堀とは、か

［＊1］ 上からのぞき込んで、斜面が崩れているだけと思う人が多いようだ。竪堀は、実際に中に入り込み末端まで下って確認する経験を重ねないと、防禦施設としてのイメージがつかみにくいのであろう。

くもイメージするのが難しい構造物なのだろうか。

理由の一つは、近世城郭ではまず見かけないパーツだ、という点にあるだろう。城歩き経験の乏しい人が、戦国の山城をイメージする場合、近世の城から天守などの建物を取り去り、石垣を剥ぎ取った構造物が、山の上にあるといった遡及《そきゅう》的な手順で、頭の中にイメージを結ぼうとすることが多い。ゆえに、近世城郭に存在しない竪堀は、遡及的にイメージしにくい。

もう一つの理由として、竪堀が斜面、つまり山腹や丘腹に設置されていることが挙げられる。天守や石垣、曲輪といった近世城郭の主要な構成要素は、垂直と水平の面で構成される人工物だ。ところが竪堀は、山腹や丘腹に設置されているから、山腹や丘腹を含めた城地全体の地形を立体的にイメージできないと、理解しにくい。

しかも、山腹や丘腹にある竪堀は、曲輪の内部や登城路のように、刈り払われていない場合が多い。つまり、そもそも山城の形態的イメージが頭の中にないと理解しにくい構造物が、薮に覆われているのである。これでは、わかりにくいのも致し方ない。

【竪堀の基本的性質】

少々回りくどく、理屈っぽい前置きだっただろうか。しかし筆者は、この竪堀特有の「わかりにくさ」の中にこそ、戦国期城郭の本質というか、戦国期城郭と近世城郭との本質的差異が反映されている、と考えている。

杉山城（埼玉県比企郡嵐山町）の竪堀

この写真をパッと見て、矢印の位置に竪堀があるとわかる読者がどのくらいいるだろう。杉山城は現在、過剰なほど刈り払いが進んでいるが、竪堀はこの通り。ただし、遺構の保全を考えるなら、このくらいの状態の方が望ましいともいえる。

つまり、近世城郭とは基本的に人工物によって構成される防禦システムである。正確にいうなら、城の周囲に広がる地形——というか城の乗っている地形——も、防禦システムの一翼を成してはいる。けれども、われわれが城に足を踏み入れるなら、そこは人工物によって構成される世界である。

これに対し、戦国の山城や丘城では、曲輪や土塁・切岸の周囲に広がっている自然地形（山腹や丘腹）も、防禦システムの中に含み込まれている。自然地形と人工物とが渾然一体となって防禦力を構成するのが戦国期城郭なのであり、それゆえに山腹・丘腹に切り込む竪堀が威力を発揮するのだ。

さて、堀の本質は、敵を足止めするための障碍だ。横堀や堀切は、敵の攻撃のうち曲輪に向かう求心的なベクトルを阻止する障碍である。これに対し竪堀は、斜面における敵の横方向のベクトルを阻止するための障碍、ということになる。

竪堀のサイズ——幅や長短——はさまざまである。形態としては、単体で設置されているもののほか、堀切と連続しているものや、横堀と組み合わさっているものもある。

同様の性質をもった防禦施設には、土塁や石垣（石塁）を用いたものもあって、前者は竪土塁、後者は登《のぼ》り石垣《いしがき》と呼び慣わされている。竪土塁は竪堀に併設されている場合が多いが、これは竪堀を施工する際、掘削残土を傍らに積み上げていった方が作業効

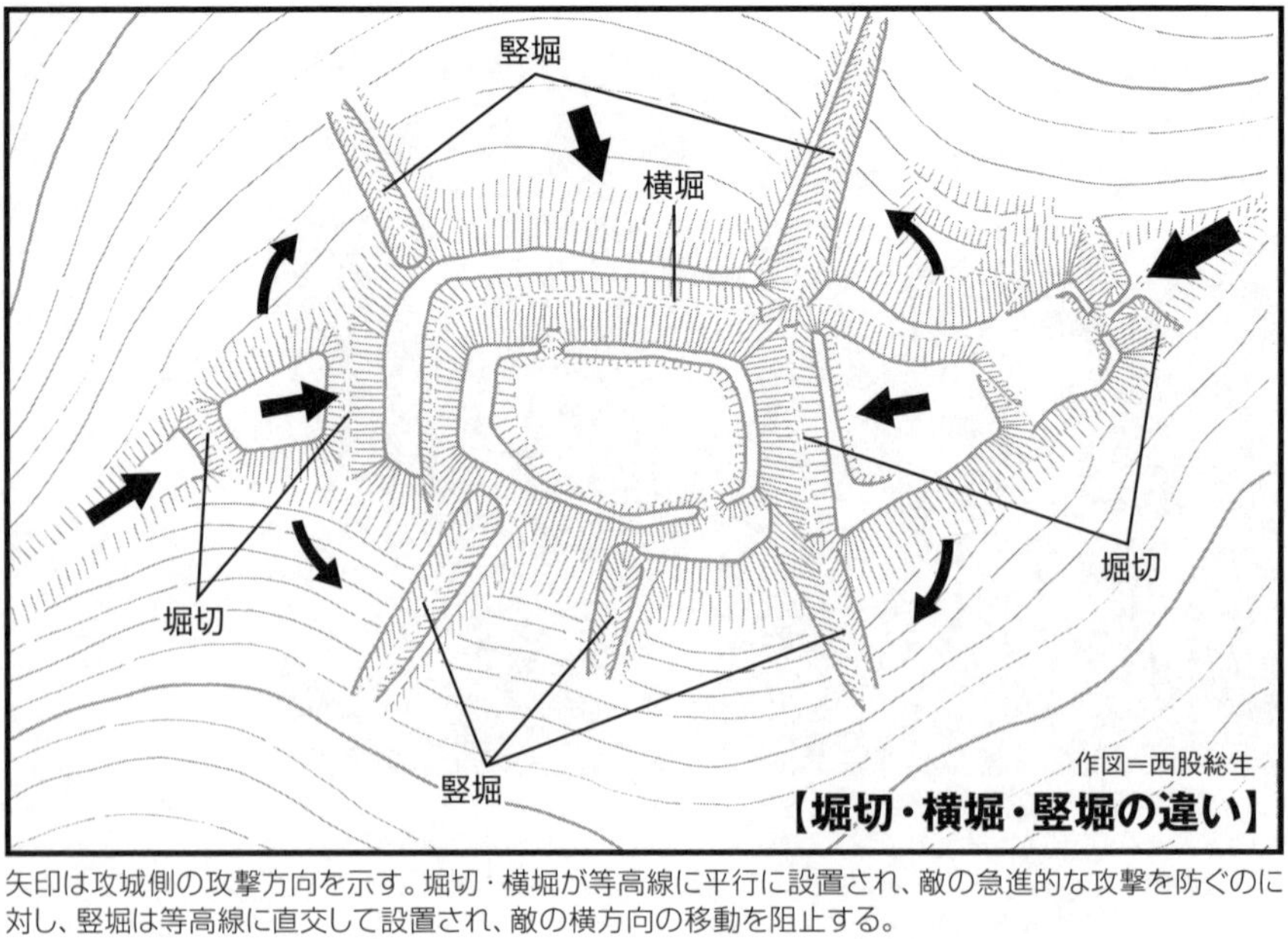

矢印は攻城側の攻撃方向を示す。堀切・横堀が等高線に平行に設置され、敵の急進的な攻撃を防ぐのに対し、竪堀は等高線に直交して設置され、敵の横方向の移動を阻止する。

率がよいためだ。

しかも、竪土塁を併設した方が障碍としての効果は高まるから、あり合わせのマテリアルで、短時間に防禦効果を得たい戦国期城郭では、一石二鳥の工法であったろう。ただし、竪土塁や登り石垣を単体で用いている例は、竪堀に比べるとごく少ない。

では、なぜ敵の横移動を阻止する必要があるのだろう。

2. 竪堀の機能と用法

【竪堀のタイムスケール】


さまざまな竪堀のうち、形態と機能との関係がもっとも理解しやすいのは、堀切から連続する竪堀であろう。すなわち、堀切の端がそのまま竪堀となって、斜面を下るタイプである。堀切とは尾根伝いの侵入を阻止する障碍であるから、その端を延長するのは、尾根側面へ回り込む敵を阻止するため、ということになる。

堀切の端を竪堀として落とす形態は、全国的に広く見られるから、堀切に行く手を阻まれた攻城側が、尾根側面への迂回を試みるのは、ごく自然な動作だったのだろう。このタイプの竪堀は、堀切の遮断機能を補完する施設、と考えることができる。

ただし、実例を観察すると、堀切の両端を竪堀とする場合と、片側だけを竪堀とする場合とがある。尾根の側面が比較的緩傾斜で、迂回の怖れがある場合に竪堀を落としたことがわかる。

賤機山城（静岡県静岡市）の堀切と竪堀
74頁縄張図のaを▲印から見たところで、画面右手が城内側。画面奥に向かって竪堀が下っているのがおわかりいただけるだろうか。

また、竪堀部分を短く済ませている例もあれば、長く落としている例もある。竪堀を長く落とすということは、敵が執拗に迂回を試みる怖れがあるか、ないしは執拗に迂回を試みられると困るかの、どちらかであろう。

つまり、堀切という障碍に拠って抵抗する時間を短く見積もっているか、長く見積もっているかの差と考えることができる。このロジックを敷衍するなら、竪堀を概して短く済ませている城は、想定している戦闘時間が短く、長大な竪堀を何本も落としている城は、長時間の戦闘＝徹底抗戦を念頭において縄張された城、と評価できることになる。

そもそも、短小な竪堀は掘削に要する労力も小さいわけであるから、局地的戦闘に備えた戦術次元での築城、といえる。また、一つの城で長短の竪堀を使い分けている場合は、堀切から長大な竪堀を落としている箇所が主抵抗線と判断できる。

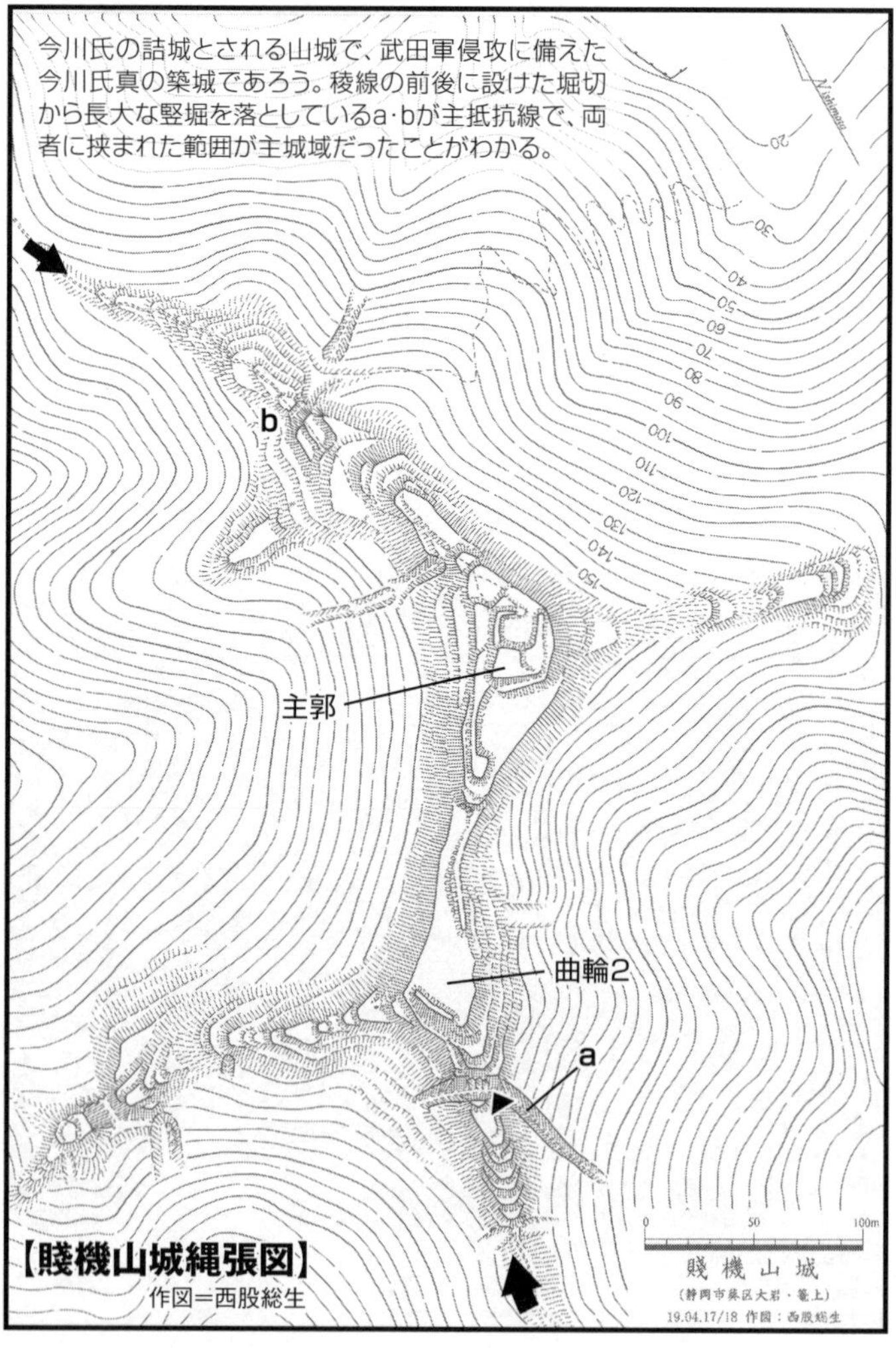

今川氏の詰城とされる山城で、武田軍侵攻に備えた今川氏真の築城であろう。稜線の前後に設けた堀切から長大な竪堀を落としているa·bが主抵抗線で、両者に挟まれた範囲が主城域だったことがわかる。

【賤機山城縄張図】
作図＝西股総生

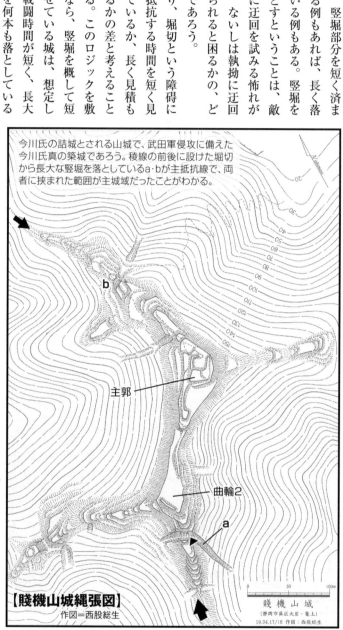

こうした認識は、縄張から築城者の意図や築城の背景を読み取る上で、一つの有効な指標となるものだ。

【竪堀のケーススタディ】

一方、単独で竪堀を設置する理由としては、地形的に迂回の怖れがあるか、ないしは迂回されると不都合な事情があるかの、いずれかを挙げることができる。ここからは、具体例に即して考えてゆこう。

下の図に示した金《かな》尾《お》要害《ようがい》山《ざん》城＊2の例では、a・b・cの三箇所に竪堀が設置されている。このうち、aとcは堀切から連続する竪堀で、尾根伝いの侵入を確実に阻止するためのものだ。bは単体の竪堀であるが、位置から見て、主郭背後への迂回を防ぐために設置されたことがわかる。

こう考えると、cが北側（城の背面側）のみに竪堀を落としている理由も読み解ける。すなわち、東の尾根筋か

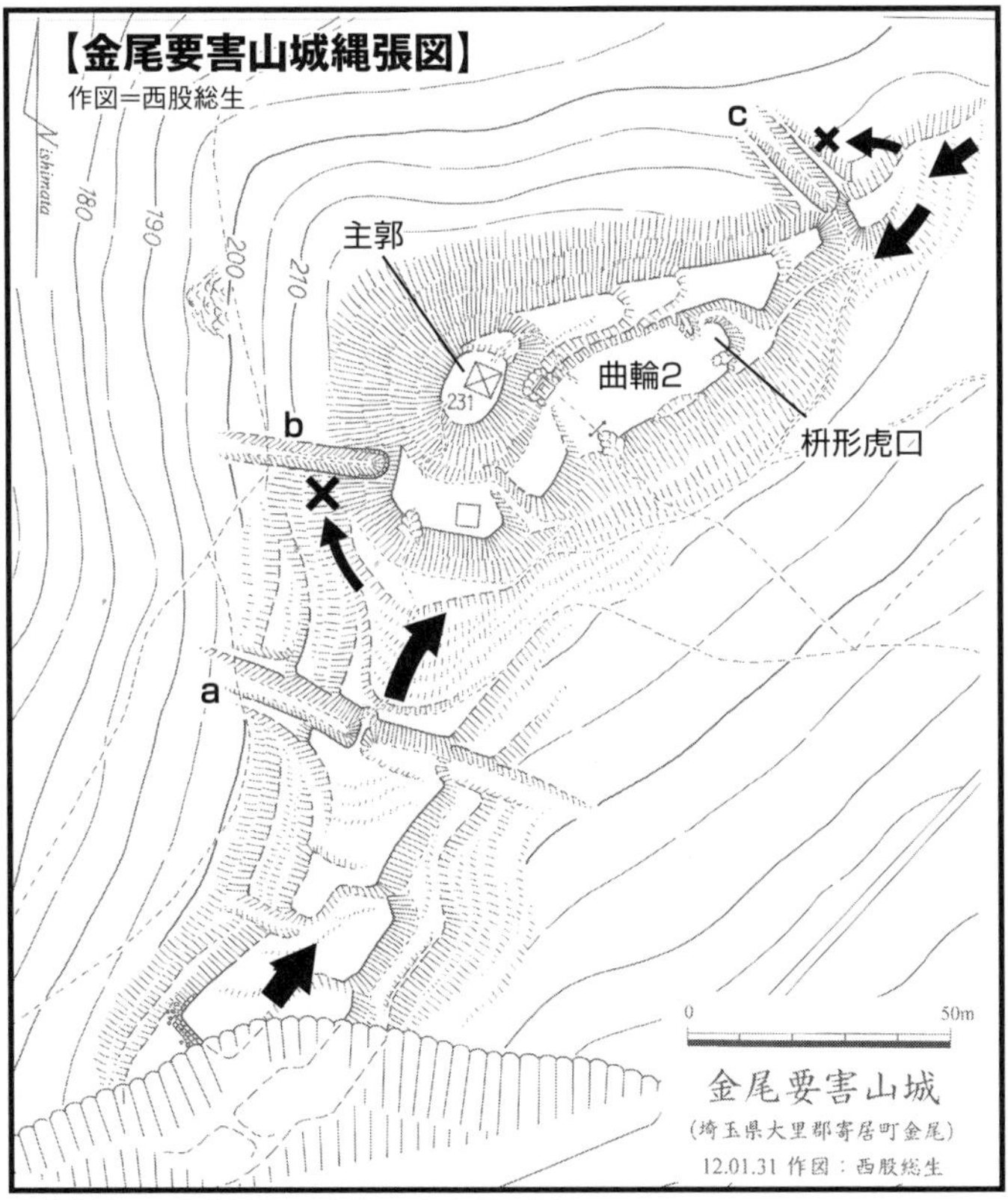

秩父盆地に入る峠越えのサブルートを押さえる位置にある小さな山城で、築城者や築城時期は不明だが、北条氏邦によって築かれた鉢形城防衛の一環として築かれた可能性が高い。

［＊2］埼玉県大里郡寄居町。堀や土塁などの遺構が残る。

らの侵入者を曲輪2の枡形《ますがた》虎口《こぐち》に誘導して、確実に封殺するためである。敵が主郭背後に回り込んだり、枡形虎口をスルーするのは、守備側にとって不都合な事情に他ならない。

次に、大倉砦《おおくらとりで》＊3の事例を考えてみよう。竪堀dは、金尾要害山城のbと同様、主郭背後への敵の迂回を阻止する目的とわかる。面白いのは竪堀eで、この場所は城域の東端であるから、本来なら堀切で尾根を切断してもよい位置だ。にもかかわらず、北側だけに竪堀を落として、尾根の南側を土橋状に掘り残している。

この土橋を渡った内側に枡形虎口があることを見ると、eは侵入者を確実に枡形虎口に誘導するために、通路幅を限定する目的で設置されたと考えてよい。この場合、竪堀を落とす方向は南側でもよいのだが、北側に落とすことによって、主郭背

［＊3］山梨県上野原市。比高三四〇メートルを超える山上に築かれているが、登山道はハイキングコースとして整備されている。

【大倉砦縄張図】
作図＝西股総生

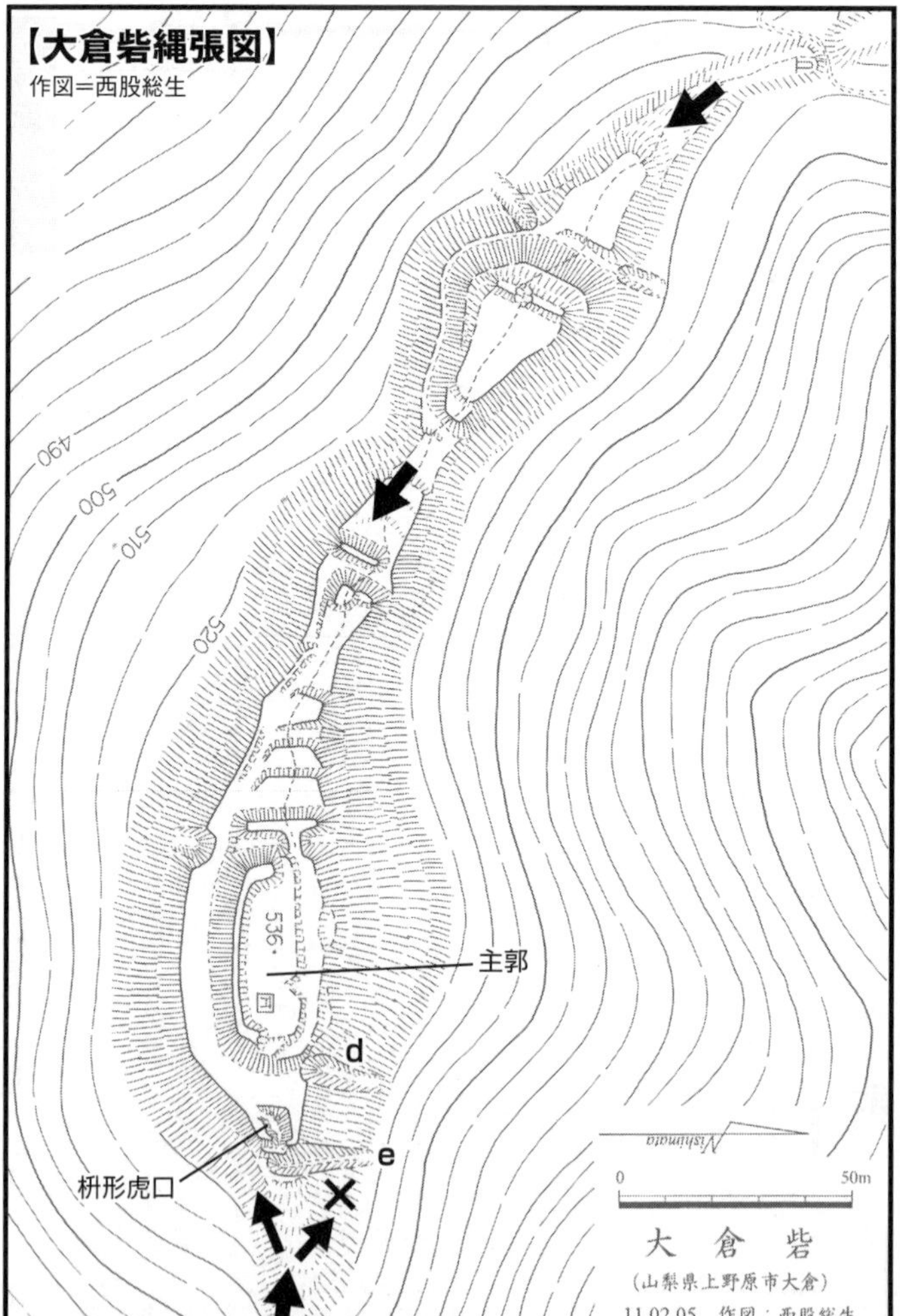

郡内地方（山梨県東部）には小さな山城が点在するが、大倉砦はその中でも洗練された縄張を見せる。築城者や築城時期は不明だが、天正壬午の乱に伴う築城である可能性が高い。

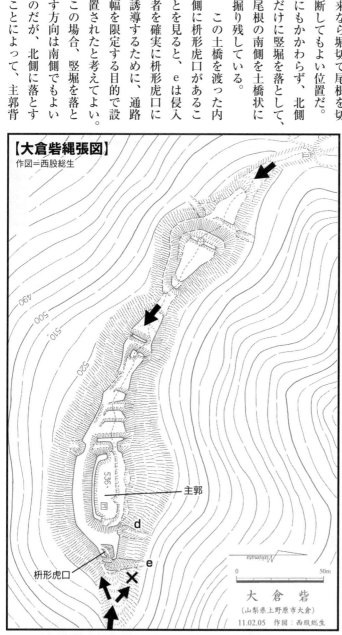

後への迂回阻止機能も併せ持たせている。

【迂回阻止と誘導】

全体としてみると大倉砦は、防禦正面を西の尾根続きと想定し、そちらに曲輪を並べて、順次後退しながら抗戦を続ける縄張となっている。したがって、東の尾根続きは退路を兼ねた後方連絡線に設定されていることになるが、万一、敵の別働隊が東の尾根に回り込んだ場合に備え、少数の守備兵でも何とか侵入を阻止できるよう、縄張を工夫しているのだ。

城の攻防戦では、守備側は攻撃側より兵力が少ないのが常である。ならば、できるだけ防禦正面を限定して、守備兵力を集中させたい。そのためには、敵が曲輪の側背に迂回するのを阻止したり、侵入路を限定してトラップに誘い込んだりする必要がある。そうした効率的な防戦を実現するための装置として、竪堀は有効だったのである。

なお、山城の復元イラストなどでは、山腹を裸地のように描いている場合が少なくないが、実際の山城では、伐採は城域内の最低限にとどめられており、山腹は樹木に覆われていたと考えた方がよい。山腹を全面的に伐採してしまうと、山全体での保水力が失われて、大雨が降った際に大規模な崩落を起こす怖れがあるからだ。

城内の様子が山麓から丸見えになってしまう、という意味でも軍事施設としては不利で、戦国大名が国境地帯や軍用地を無闇に伐採しないよう、命じている文書もある。ただし、復元イラストでは遺構を見やすく表現するため、伐採された状態に描くことが多くなる。[*4]

このように、山城の斜面が樹木に覆われていたのだとすると、竪堀の実戦的効果を再認識することができる。竪堀は斜面に縦方向に設置された伐採帯でもあるから、山腹を横移動する敵を発見するためにも有効だからだ。

［＊4］ 実際の山城で、どの範囲が伐採されていたのかについては、研究者によって見解が異なる。伐採範囲については、発掘調査を含めて実証する手段がないので、研究者各人の山城に対する理解に委ねるしかないのが現状である。

このように、自然地形と人工物とが渾然一体となって防禦力を構成するのが、戦国期城郭の特質なのである。

【放射状竪堀】

次に、静岡県にある丸子《まりこ》城[*5]の事例を検討してみよう。城郭研究者や山城マニアの間では、東海地方屈指の優れた縄張として知られる城である。下の図に示したように、この山城には大小・長短合わせて多数の竪堀がある。形態も、単体のもの、堀切と連続するもの、横堀と組み合わさったものなど、さまざまである。

丸子城の竪堀でまず目を引くのは、aとbであろう。とくに、bは山麓近くまで達する長大な竪堀だ。ここで注意すべきは、cとdが、

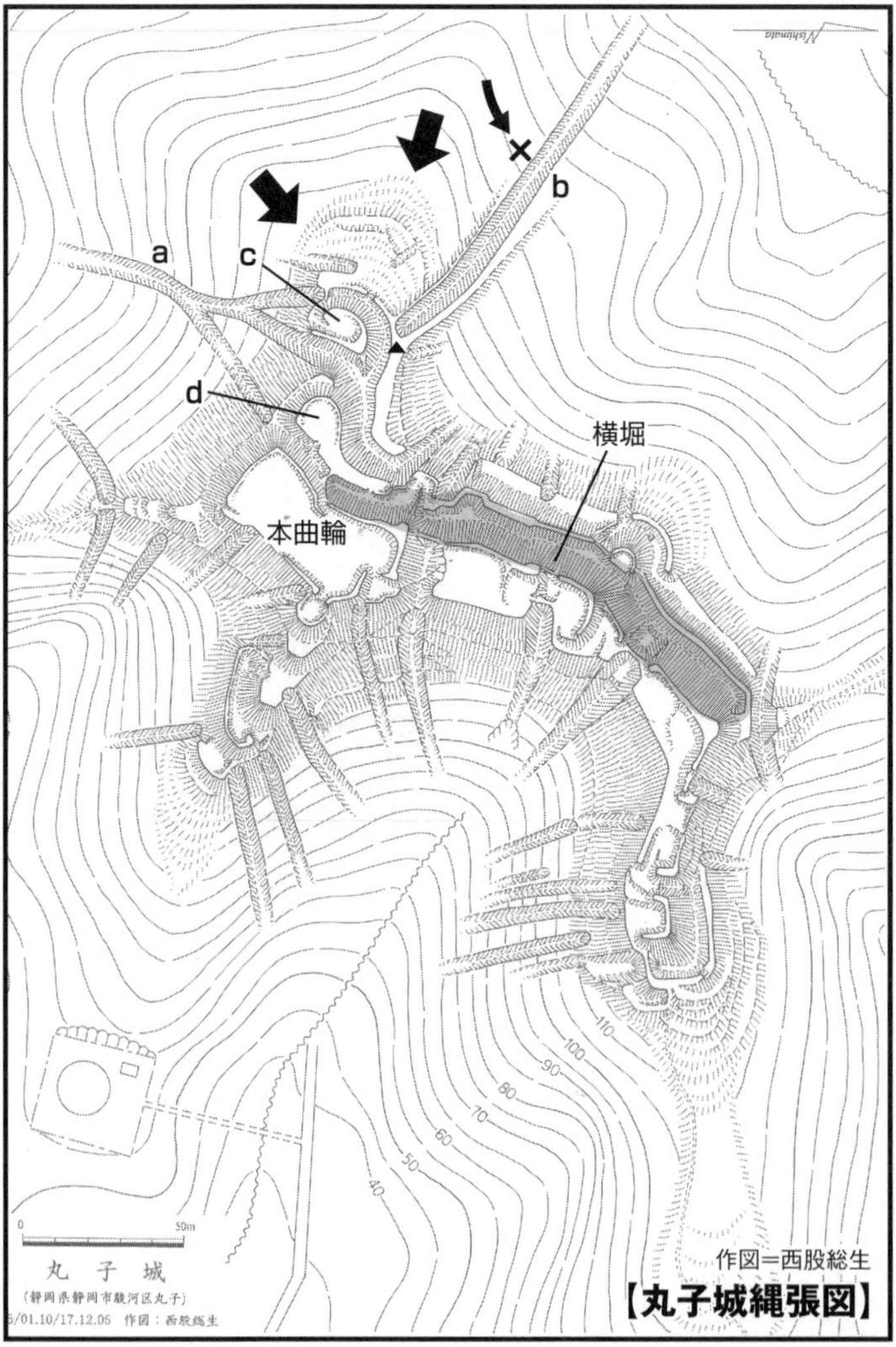

作図＝西股総生

【丸子城縄張図】

馬出《うまだし》を前後にダブルで重ねた、いわゆる「重ね馬出」となっていることだ（馬出については第四章で詳述）。この重ね馬出を、西側に緩やかに下る尾根に対して構えられた二重の堡塁と見なすと、竪堀a・bの機能が理解できる。

すなわち、攻城軍は竪堀a・bによって左右への迂回・展開を阻まれ、待ち構える堡塁に向かって収斂するように、尾根を上ってゆかざるをえなくなる。しかも、bが長大であるため、攻城軍は尾根に取り付いた直後から動きを制約され、長時間にわたって堡塁からの射撃にさらされる。

とはいえ、全体としてみると、長さ三〇〜五〇メートルほどの竪堀が、東側（前頁図の中央）の山腹に集中しているのが、この城の特徴でもある。注意してほしいのは、反対側（同図のアミカケ部分）の斜面が、長大な横堀によって防禦されていることだ。

つまり、斜面が比較的緩やかな側は、横堀で曲輪群を囲い込むように防禦するが、横堀を掘削できない急傾斜側は、竪堀を多数設置することで防禦する、という発想が見て取れる。斜面を刻み込むこ

丸子城（静岡県静岡市）の竪堀

画面左手に弧状に見えるのが丸馬出前面の三日月堀で、右手奥に向かって竪堀が下ってゆくのが見える（右頁縄張図の▲印が撮影位置）。

［＊5］ 拙稿「戦国の城・駿河丸子城」『歴史群像』七六号（二〇〇六）を参照。駿河を領した武田氏が駿府防衛の要として、天正年間に強化した縄張を示す。障碍として横堀・堀切・竪堀を自在に組み合わせ、丸馬出や枡形虎口を駆使して、論理的な縄張を達成している。

とによって、敵の迂回や展開を徹底的に阻止しようとしているのだ。

丸子城は、駿河《するが》を領した武田氏が天正《てんしょう》年間に再築城した城であるが、武田氏の山城ではしばしば、このように等間隔に竪堀を落とす事例が見られる。研究者の間で「放射状竪堀」と呼ばれている遺構だ。

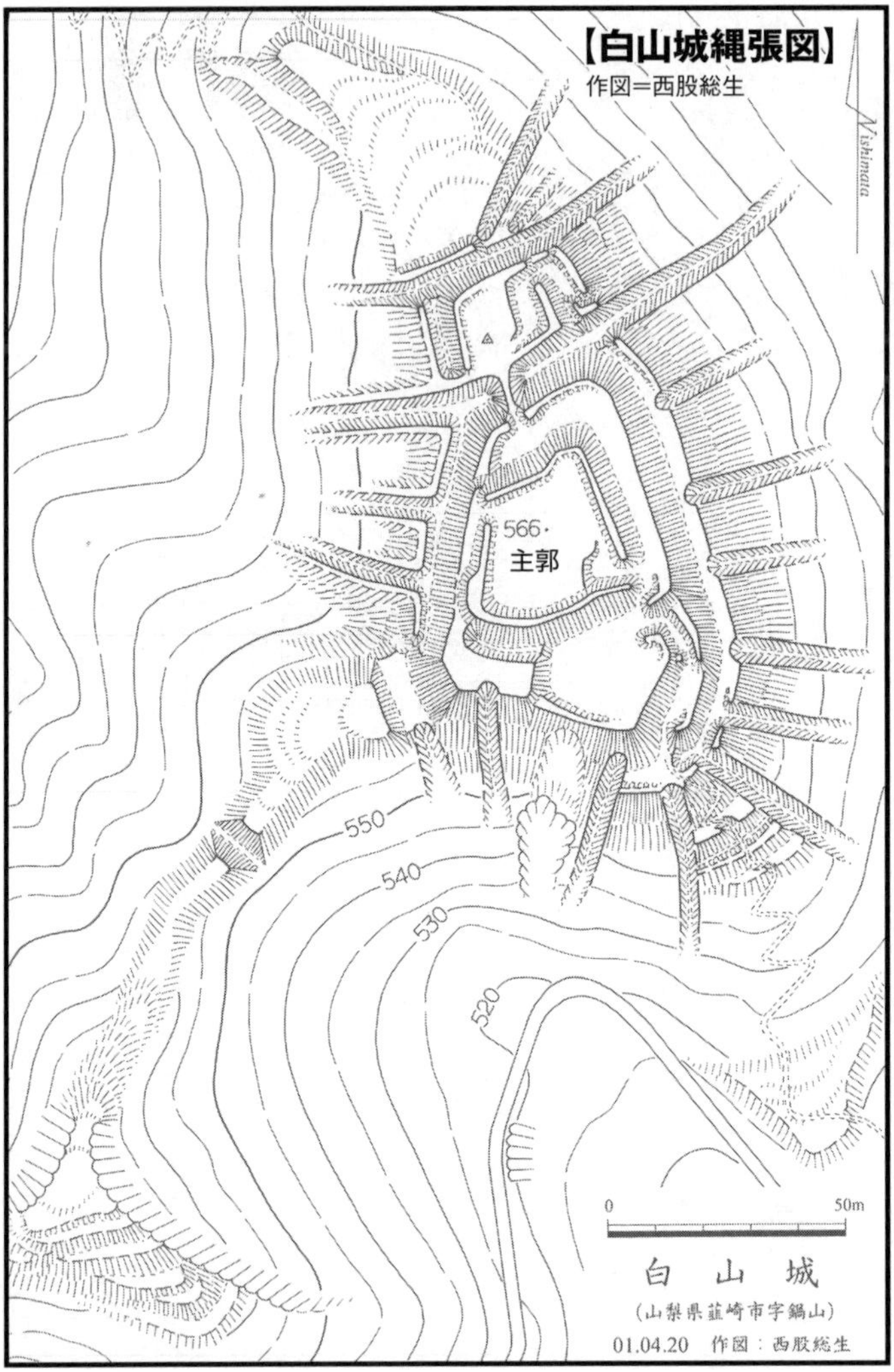

【白山城縄張図】
作図＝西股総生

［＊6］山梨県韮崎市所在の小さな山城で、築城者や築城時期は不明だが、武田勝頼によって新府城（山梨県韮崎市）の支城として築かれた可能性が高い。武田氏系と目される山城では的場城・三日市場城（長野県北安曇郡白馬村）、葛山城（静岡県裾野市）などにも放射状竪堀が見られる。

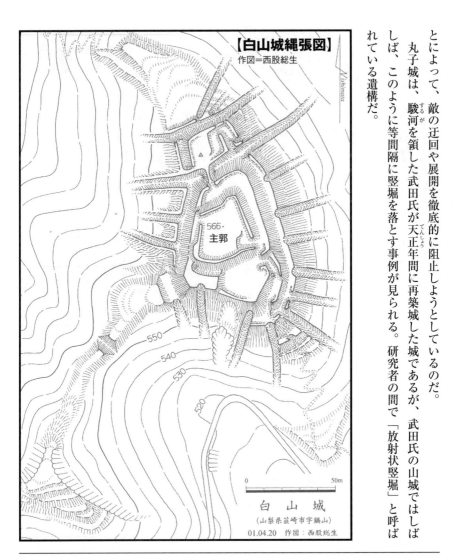

その代表例が山梨県の白山城《はくさん》*6で、コンパクトにまとめられた城域のほぼ全周を、等間隔の竪堀で刻んでいる。竪堀の長さがおおむね揃っているのは、曲輪の上から射撃した場合の有効射程を考慮しているのかもしれない。

この、「斜面を刻むことによって敵の迂回・展開を阻止する」という考え方を徹底的に具現化した、戦国期城郭特有の防禦施設が、次に述べる畝状竪堀群（畝形《うねがた》阻障《そしょう》）である。

3. 畝状竪堀群の世界

【心を奪われる難物】

畝状竪堀群は、普通の竪堀以上に、実物を見たことがない人にイメージしてもらうのが難しい構造物である。それでいて、いったん実物を見るや、その異様な迫力に心を奪われる人は多い。

ひとことで説明するなら、畝状竪堀群とは、竪堀を隙間なく並べて斜面を洗濯板のように刻んでしまった防禦遺構である。現状では斜面が波打っている程度に見えるものも多いが、これは崩落や埋没

【畝状竪堀群模式図】

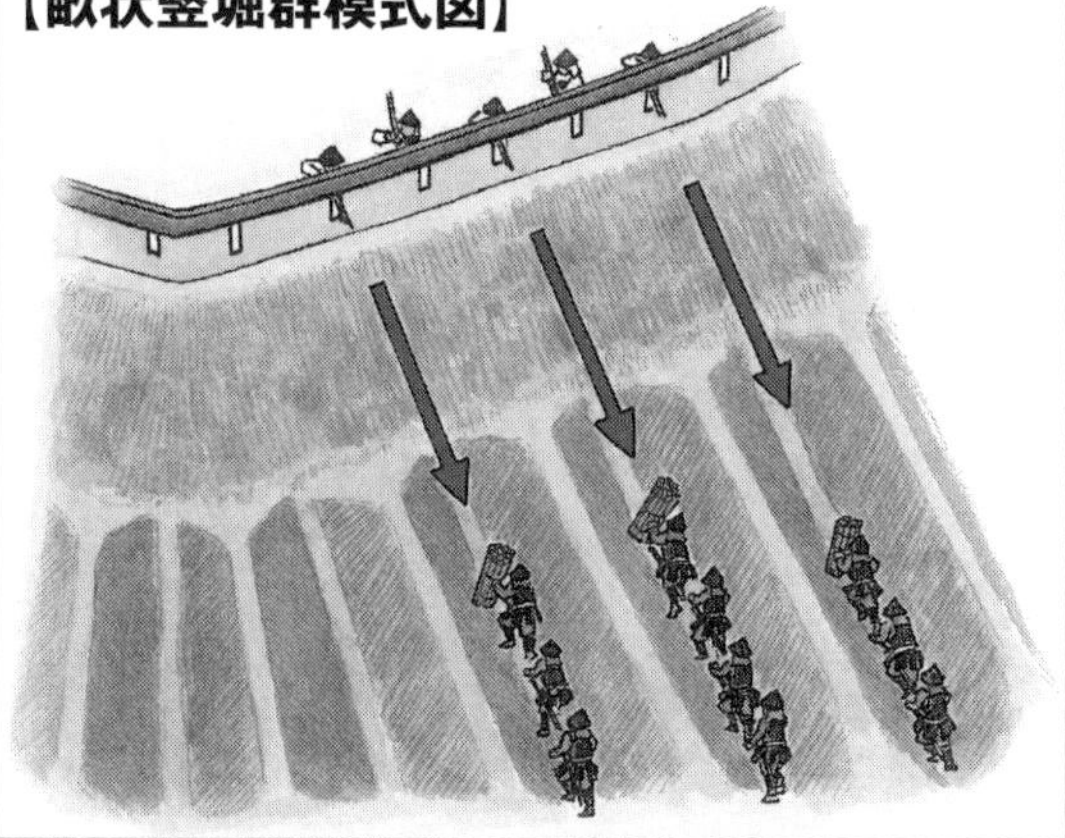

1本1本の畝は幅数m程度で、深さも人の背丈程度のものが多いが、連続的に敷設することで侵入者の行動を著しく制約できる。長さは30m未満の例がほとんどだ（イラスト＝香川元太郎）。

鳥坂山城（新潟県妙高市）の畝状竪堀群

画面手前と奥は堀切から連続する竪堀で、その間の緩斜面を3本の畝状竪堀群で刻んでいるのがわかる。

が進んでいるためで、本来はギザギザに切り立った形をしていた。迷い込んだ侵入者が行動の自由を奪われるのは、明らかである。

名称に、畝状竪堀群と「群」の字がつくのは、竪堀が畑の畝のような形状を呈しているのではなく、密集した竪堀群が全体として畝状を呈するからだ。ただし、名称は研究者によって一定しておらず、現状では連続竪堀、畝状空堀群、畝形阻障なども用いられている。なぜ、名称が非統一かというと、この斜面防禦遺構が発見され、認知され、研究が深化していったプロセスが存在しているからである。

斜面を洗濯板状に施工した遺構の存在については、新潟県の郷土史家などには比較的早くから知られていたようだ。しかし、一九七〇年代以前は中世・戦国期城郭の研究そのものが地方史研究の枠を出ることがなく、全国的な情報交換や議論の場も乏しかったために、認知度は低かった。

この特異な防禦施設が全国的に知られるようになったきっかけの一つは、『日本城郭大系』（以下『大系』と略記）の刊行である。その第七巻新潟編[*7]に収載された縄張図に、この遺構が多く示されていた。また、同編執筆の中心となった伊藤正一《いとうしょういち》氏が「戦国期山城跡の畝形施設について」と題する考察を載せていたことにより、この遺構の存在が広く研究者の注目を集めることとなったのだ。

【解明が進む畝状竪堀群】

『大系』の時点で伊藤氏は、畝形施設を主として新潟県下（越後）に分布する特異な遺構と見なし、畝状阻塞《そさい》または畝形阻障と呼ぶべきことを提唱していた。竪堀を何本も並べた施設ではなく、斜面を洗濯板状に施工している点を重視したためである。その機能については、攻城軍

［＊7］『日本城郭大系・第七巻（新潟・富山・石川）』（新人物往来社 一九八〇）。

の行動の自由を奪い、曲輪から射撃や投石を浴びせて殲滅するための施設と評価していた。

一方、『大系』の刊行を契機として、中世・戦国期城郭の縄張研究が進んだことによって、畝形施設についても、さまざまな知見が得られるようになった[*8]。まず、この遺構は決して新潟地方に特有なものではなく、日本海側を中心としつつも全国に広く分布していることがわかった。ただし、分布には濃淡があり、地域によってはほとんど存在しないこともわかってきた。とくに、関東から甲信南部・東海地方――北条氏・武田氏の勢力圏と重なる――には概して事例が乏しい。

このうち、武田氏勢力圏では、要害山《ようがいやま》城[*9]の支砦である熊《くま》城（山梨県甲府市）のほか、真篠《まじの》城（山梨県南巨摩郡南部町）や北信濃の一部の城で畝状竪堀群が確認されている。ただし、北信濃の事例は武田氏麾下の在地勢力による築城の可能性もある。

北条氏勢力圏の事例では、津久井《つくい》城[*10]・浄福寺《じょうふくじ》城[*11]・松山《まつやま》城[*12]・松井田《まついだ》城[*13]などで確認できる。いずれも、対豊臣戦に備えて改修したことが確認できる城や、その可能性の高い城だ。北条氏は、最末期に至って畝状竪堀群を局所的に採用した可能性がある。どうやら武田氏や北条氏は、畝状竪堀群をまったく使わなかったわけではなさそうだが、有力な使い手ではなかったようだ。

一方、越後《えちご》の畝状竪堀群については、永正《えいしょう》年間に発生して天文《てんぶん》年間に盛行し、上杉謙信の外征が盛んになる永禄《えいろく》年間以降の築城では、あまり用いられなくなることを、伊藤正一氏が指摘している。越後では、守護代である長尾為景《ながおためかげ》が権力を簒奪する過程で、越後永正の乱（一五一三～一四）、越後天文の乱（一五三三～三六）などの大規模な内乱が生じているが、畝状竪堀群の事例は、これら一連の内乱で使用された城に集中しているのである。

ただし、謙信の死後に起きた御館《おたて》の乱《らん》（一五七八～七九）に際して使用された城には、畝状竪堀群の事例が確認できる。

[*8]『第三三回全国城郭研究者セミナー・「連続空堀群再考」』資料集（全国城郭研究者セミナー実行委員会 二〇一六）。

[*9] 山梨県甲府市。武田氏の居城・躑躅ヶ崎館の背後にそびえる詰城。

[*10] 神奈川県相模原市。武田氏と北条氏の国境に位置する。現在は、津久井湖城山公園となっている。

[*11] 東京都八王子市。尾根上に曲輪や虎口などの遺構が残る。

[*12] 埼玉県東松山市。北武蔵の要衝として重要視された。

[*13] 群馬県松井田町。中山道を抑える交通の要地で、北条氏末期の遺構が残る。

【形態・機能・呼称】

畝状竪堀群の形態については、遮断機能を高めるために竪堀を二重・三重とした事例と明確に区別できないという指摘がなされ、あくまで竪堀のバリエーションの中で理解すべきだという意見が出された。畝状竪堀群や連続竪堀という呼称は、こうした認識に立ったものなのだ。また、堀切を多重化して尾根を刻んだ事例が注目され、多重堀切と斜面の畝形施設は、機能的には共通するのではないか、という指摘がなされ、多重堀切とも竪堀群とも断定しかねる、中間的形態の存在も報告されている。畝状空堀群という呼称は、多重堀切と畝状竪堀群とを包括的に理解しよう、という議論から出てきた呼称なのだ。

こうして、全国的な事例の検討が重ねられた結果、多重堀切や畝形施設は敵を積極的に誘因殲滅するためというより、尾根筋や斜面の一画を、地雷原のようなデッドスペースとする目的で敷設されるのではないか、という仮説が提起された。

つまり、もっとも決定的な戦闘は、多重堀切や畝形施設をめぐってではなく、むしろその外側で起きる、という考え方だ。城側が設定したキル・ゾーン（虎口など）に、侵入者を確実に誘引するための工夫が、多重堀切や畝形施設だったということになる。

畝形施設の呼称が統一できない背景には、形態比較や機能をめぐるこのような議論が存在していることを、おわかりいただけたものと思う。遺構の呼称をどうするか、といった種類の議論は、AかBと単純に割り切って決着する性質のものではない。研究の各段階で研究者たちが、どの考え方にもっとも妥当性を見出すかによっているのである。

現状では、畝状竪堀群の語がもっとも通りがよく、一般の方にも説明しやすいので、筆者もこの語を使うことが多い。ただし、近年の研究では、竪堀を並べて斜面を畝形に施工したタイプと、竪堀と竪堀の間に土塁を積極的に盛って畝形にしたタイプとがあることもわかってきており、単純に竪堀の密集形ともいえなくなっている。

だとすると、振り出しに戻る感はあるものの、伊藤正一氏の提唱した畝形阻障の語に妥当性があったように愚考する。

【弱者の防御システム】

こうした研究の進展によって、畝状竪堀群に関するいくつかの共通認識が得られた。

まず第一に、畝状竪堀群は緩斜面に敷設されるのが基本である。実際、緩斜面から急斜面へと傾斜が変わる地点が、畝状竪堀群の末端と一致しているケースが多い。この特徴は、敵が侵入・移動しやすい緩斜面を処理する方法として、畝状竪堀群が生まれたことを示している。その意味では、確かに竪堀の発展型と捉える余地がある。

第二に、畝状竪堀群の中には、斜面を下って行く途中で枝分かれするものや、合流するものが見られる。これは、敷設する斜面が不規則な三次局面であることに起因している。畝状竪堀群の施工は厳密な設計図に基づくものではなく、構築に際しては人員を等間隔で横に並べ、一斉に下に掘り進めるような工法がとられた、と考えることができる。

第三に、畝状竪堀群の分布は、特定の大名・領主の勢力範囲とは符合しない。畝状竪堀群を用いているから何々氏の築城、という指標にはならないのだ。ただし、北条氏や武田氏のように、畝状竪堀群をほとんど（全くではない）使用しなかった勢力があるのも間違いない。

第四として、畝状竪堀群が盛行する時期は地域によって異なること。たとえ、中世城郭から近世城郭へと斉一的に進む進化の道筋があったとしても、畝状竪堀群はそこには当てはまらないらしい。したがって畝状竪堀群は、築城年代を判定する指標にもなりえない。

以上を総合すると、畝状竪堀群の正体が見えてくる。この防御施設は、斜面の伐採・抜根さえ済ませてしまえば、比較的簡便に施工できるのである。しかも、目的がデッドスペース化であれ誘因殲滅であれ、敵の行動を阻止する効果は高い。

つまり、緩斜面を処理する防禦施設としては、畝状竪堀群は非常にコストパフォーマンスのよいアイテムなのであり、敷設に要するマンパワーは横堀よりはるかに小さい。これで、北条氏や武田氏が畝状竪堀群を積極的に用いなかった理由がわかる。組織的な動員によって緩斜面を横堀で防禦する方向を選んだ北条氏や武田氏は、畝状竪堀群を必要としなかったのである。と同時に畝状竪堀群は、特定の勢力や年代と必ずしも結びつかない。逆にいえば、地域や年代を問わず、ある一定の要件が満たされた状況下で、選択されるパーツだったということだ。

では、「一定の要件」とは何か。前述した越後――畝状竪堀群がもっとも盛行した地域の一つ――の事例を整理するならば、内乱の中で国衆らが局地戦を繰り返すに際して、畝状竪堀群が多用された状況が浮かび上がってくる。これは、小さなマンパワーで大きな阻止効果を求める、という「要件」そのものではないか。

どうやら畝状竪堀群は、現在の紛争における地雷と同じく、強度の軍事的緊張下で用いられる、弱者の防禦兵器だったようだ。

【竪堀の終焉】

斜面を刻み込む畝状竪堀群は、基本的には土の城特有のアイテムである。実戦用の防禦施設としてはコスパがよかったであろうが、形態や工法からして経年劣化が著しいのは間違いないから、永久築城を指向する近世城郭には不向きだった。

近世城郭で畝状竪堀群を伴う事例は、元和偃武《げんなえんぶ》以前に用いられた支城クラスの山城に限られる。というより、冒頭に述べたように、近世城郭では竪堀そのものが、ほとんど存在していな

[＊14] 篠脇城は岐阜県郡上市の山城で、山頂の曲輪の周囲に畝状竪堀群を徹底的に敷設し、背後の尾根も二重堀切と櫓台で厳重に防備する。この縄張だと、曲輪への侵入経路が局限されるので、比較的少数の兵でも守備が可能であろう。

【篠脇城縄張図[*14]】

作図＝西股総生

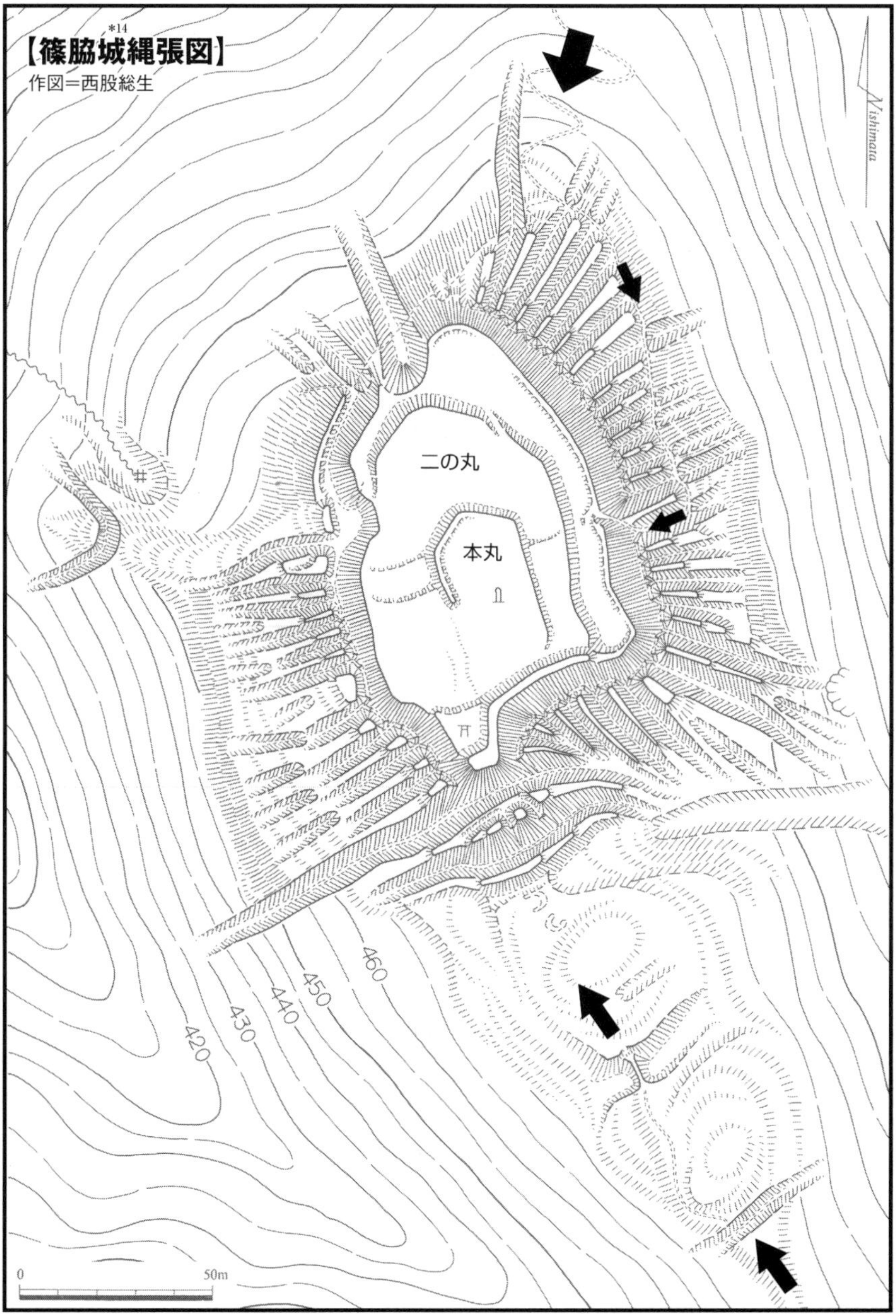

彦根城の登り石垣
大手門から西の丸へ伸びる登り石垣。彦根城は、斜面を区画し本丸に続く登城道を守るように登り石垣を築いている。

いのだ。

　竪堀が消滅する理由の一つは、織豊系の山城では障碍の主体が堀から石垣に移行する、という現象に求められよう。そもそも堀を掘らなくなるのなら、竪堀も用いなくなる。障碍の主体が石垣になるのであれば、斜面の防禦には登り石垣を用いるのが自然な成り行きだ。

　実際、大坂の陣以前に築かれた洲本《すもと》城・村上《むらかみ》城・伊予松山《いよまつやま》城・彦根《ひこね》城[*15]などの山城や平山城では登り石垣を築いているし[*16]、倭《わ》城《じょう》[*17]でも登り石垣を積極的に用いて、山麓の曲輪と山上の曲輪とを一体化する縄張が多いことが指摘されている。これらの城は、山上（丘陵上）の主郭部と山麓の曲輪群が分離している縄張であるため、城域内に残っている

〔＊15〕洲本城は兵庫県洲本市、村上城は新潟県村上市、伊予松山城は愛媛県松山市、彦根城は滋賀県彦根市に所在する。

〔＊16〕洲本城・村上城では登り石垣と竪堀を併用している。

〔＊17〕文禄・慶長の役に際して日本軍が朝鮮半島に築いた織豊系城郭。

姫路城（兵庫県姫路市）
小高い丘を何段にも造成して曲輪群を造り出し、エッジを高石垣で固めるタイプの永久築城においては、もはや竪堀の出番はない。

自然地形の斜面を処理する必要があったのだ。

しかし、姫路《ひめじ》城や福山《ふくやま》城のように、丘陵全体を雛壇状の石垣と曲輪で覆うタイプの平山城[*18]では、竪堀や登り石垣そのものが不要になる。そして、時代の趨勢は、こちらのタイプの平山城や平城に移っていった。竪堀を必要とする自然地形の斜面が、城域内に存在しなくなったこと――これも冒頭で触れたことだが――が、竪堀が消滅したもう一つの理由である。

もし仮に、大坂夏の陣ののちに再び国内が乱れて、大名たちが境目の築城や戦術的築城を行うようになったとしたら、おそらく竪堀や畝状竪堀群は復活しただろう。しかし、現実にはそのような事態は起きず、乱世の築城をひととき賑わせた竪堀たちは、人知れず藪に埋もれていったのである。

［*18］近世城郭は、平野や大きな盆地の中にある小丘に占地する事例が多いので、必然的にこのタイプの平山城が増える。大名麾下の軍団を統一政権の戦略単位として運用するためには、兵員や物資の集散に適した場所に拠点城郭を設ける必要があるためだ。

■竪堀は難敵

縄張研究者にとって、竪堀は難物である。読者の皆さんが実際に竪堀を見る場合の参考になると思うので、どう難物なのかを書き記しておくことにする。

まず、一つの城の中でも、竪堀は一本一本、幅や長さが違う。したがって、縄張図を描くためには一本一本、末端まで下りて確かめてみなくてはならない。実際、下りて確かめてみると、末端の形状が違っていたり、途中で隣の竪堀と合流したり、はたまた枝分かれしていたりと、発見がある。なので、下りざるをえないのだ。

そうして作図のために下りるということは、また登り返さなくてはならないことを意味する。しかも、本編に書いたように、竪堀は薮に覆われているのが普通だ。竪堀は疲れるのだ。また、薮をこいで斜面を上り下りするのは、危険でもある。なので、長大な竪堀が何本も落ちている城を作図していると、何の罰ゲームかと思う。

さらに厄介なことに、竪堀は終わったと思っても、延長上を下ってゆくと、下の方で復活していることがある。これは、山腹の傾斜が変わる場所で、滑落土の堆積や崩落が集中する

鳥坂山城（新潟県妙高市）の竪堀
急峻かつ薮に覆われた竪堀は非常に滑りやすい。竪堀を確認する際は、充分に気をつけよう。

ために起きる現象で、筆者は「竪堀の中抜け」と呼んでいる。竪堀は、苦労して倒したと思っても実は生きている敵キャラのようで、気が抜けないのだ。

戦国期城郭を構成するパーツの中で、遺構としての判断がもっともむつかしいのも竪堀である。自然の崩落や、斜面を水が走ってできた凹みとの見分けが、つきにくいのだ。

筆者が縄張図を描く場合、判断に迷う竪堀状の地物は、取りあえず破線や薄い線で描きとめておき、最終的な判断は、一城全部を描き終わってから下すことにしている。全山を踏査してみると、地形・地質や植生から生じる、その山特有の崩れ方の傾向が見えてくるからだ。

また、全体の縄張の中で、竪堀を落とす意味のある場所か、そうでないかを判断する場合もある。一城を描きあげた上で、あらためて縄張を検討すると、築城者が何に脅威を感じていたかが浮かび上がってくるからだ。なので、竪堀に興味をもった方は、一本一歩の竪堀について、「敵のどのような動きを阻止したいのか」を考えながら見てゆくとよい。

■畝状竪堀群の怪異

竪堀が縄張研究者にとって難敵であるのだから、その集合体たる畝状竪堀群は、さらに難敵である。畝状竪堀群を作図しようとする者は、まず最初に、上から見て本数を数えて描けばよい、と思いたつ。しかし、実際に作図してみると、一本一本の長さや形状が違っていることに気づく。

そこで、上端と末端をそれぞれ横に歩きながら、本数を数えて描こうと企てる。ところが、実際に作図してみると数が合わない。竪堀の中に、妖怪がひそんでいるのかと思うくらいだ。そして結局は、ずらりと並んだ竪堀を一本一本、愚直に作図するしかなくなる。

笹の丸城（兵庫県宍粟市）の畝状竪堀群
斜面に刻まれた竪堀（矢印）は一見すると同じ形に見えるが、実は1本1本の長さや幅は異なる。

筆者の知己の縄張研究者はみな「一本一本描くしかない」といっているから、別に筆者だけ要領が悪いとか、妖怪に取り憑かれやすい体質ではないらしい。なので、畝状竪堀群のすごい縄張図を見た城マニアから「この城カッコいい、こういう縄張図もっと見たい！」などと絶賛されると、複雑な気持ちになる。描く側はそれほど楽しくはないからだ。

さて、土の城が好きな人はたいがいの場合、畝状竪堀群の実物を見るとテンションが上がる。ただし、本編でも説明したように、畝状竪堀群は弱者の防御兵器だということを、忘れないようにしたい。斜面にびっしりと畝状竪堀群が敷設されている様は壮観ではあるが、だからといって築城者の軍事的実力が卓越しているわけではないのだ。

なので、畝状竪堀群のある城は、なぜその範囲に敷設したのかを考えながら、地形や縄張を観察するとよい。築城者の危機感が伝わってきて、切ない気分になる。

このように、竪堀や畝状竪堀群は、縄張研究者にとって難敵である。なので、研究者でない読者が、われわれと同じ苦行をわざわざ追体験する必要はない。要は、信頼性の高い縄張図を見ながら、竪堀が存在している事実を確認して歩けばよいのだ。

では、信頼できる縄張図とはどのような図かというと、一本一本の竪堀をきちんと描き分けている図である。竪堀の長さや幅、末端の形状などをていねいに描き分けている図は、作図者が一本一本、愚直な昇降をくり返しながら観察を続けた証左である。

【第四章】

馬出《うまだし》

虎口における二律背反の解決策

- 馬出は、城側が逆襲によって勝利するために必要なパーツ
- 馬出の発展は戦闘形態の変化とパラレルに進行する
- 北条氏系の角馬出は帯曲輪、武田氏系の丸馬出は堡塁から進化

1．虎口というパーツ

【虎口における二律背反】

戦国期から近世にかけて、城の縄張の中で虎口《こぐち》の形態が発達してゆくことは、よく知られている。言うまでもなく、虎口とは城や曲輪の出入り口を指し、実際には土塁や切岸の切れ目が虎口となる。

城とは、敵の攻撃を防ぐために土塁や切岸、あるいは堀といった障碍を用いて、一定範囲を囲い込むことによって成立する施設だ。したがって、防禦ラインに自ら穴を開ける虎口は、城という施設本来の目的とは矛盾する要素ということになる。

城に虎口が必要な理由として、まず考えられるのは、日常的な通行や外部との連絡、兵粮《ひょうろう》など物資の搬入といった目的だ。ただ、こうした機能を果たすためだけであれば、必ずしも土塁や切岸に切れ目を開けなくてもよい。土塁や切岸に、梯子のような仮設物を置いておき、戦闘時には撤去すれば済む。堀を渡るための橋の場合だと、土橋と木橋が併用されるが、防禦を固める必要のある箇所は木橋にしておいて、戦闘時には撤去するという方法がとられる。

にもかかわらず、防禦ラインにあえて穴を開けて虎口を設けるのは、戦闘時に兵が迅速に出入りする、安定した通路が必要だからだ。戦闘時に、迅速な兵の出入りを要するような局面とは、すなわち逆

佐貫城（千葉県富津市）の虎口

伝本丸虎口から土橋と堀対岸の伝二の丸を見る。戦国期城郭では、曲輪内と外部との出入りにはこうした土橋や木橋が用いられた。土橋の多くは横堀や竪堀を設けた際の掘り残しを利用している。

襲と退却（収容）である。

【城側の勝利条件】

城の攻防戦というと、城兵たちが敵の攻囲を耐え忍び、あるいは城内で敵を迎撃する情景をイメージしがちだ。ただし、そうした戦い方をした場合、城側が勝利するためには、次のいずれかの条件が必要になる。

①攻囲軍が何らかの事情——兵粮不足や士気の阻喪《そそう》、内部分裂、作戦の変更など——によって、攻囲陣の維持が困難になり、撤退する。

②城側の同盟勢力ないしは擁護勢力が救援軍を差し向けたため、攻囲軍側が挟撃を避けて撤退する。

③隣国や上級権力（将軍家など）が調停《ちょうてい》に乗り出して休戦する。

これらはいずれも、城側が主体的に選択できない条件である。城に籠もって戦うかぎり、城側は戦いの主導権を攻囲軍に委ねた状態なのである。早い話、勝てるかどうかは他人任せということだ。

一方、城側が主導権を握って戦いに勝つためには、逆襲によって攻囲軍を撃退する必要がある。逆襲によって敵の攻囲陣を切り崩す方法としては、たとえば夜襲がある。ただし、夜間は敵も事態を把握しにくいが、味方も同じであるので、攻囲陣を一気に崩壊させるような大規模な夜襲は、現実には難しい。夜襲の効果には限界があるのだ。

より確実に効果が見込まれるのは、城に強襲を仕掛けた攻囲軍が攻勢限界に達したところで、城内に待機していた部隊を繰り出して逆襲に転じる方法だ。これは、成功すれば攻囲軍を一気に崩壊に追い込むことができる。

とはいえ、逆襲が絶対に成功するという保証はない。逆襲が失敗した場合や、敵に一定のダメージを与えたものの、攻囲陣の全面崩壊までは追い込めなかった場合、出撃した逆襲部隊は迅速に城内に退却する必要がある。

こうして城の虎口には、敵が出入りしにくく、味方は出入りしやすいという、矛盾したスペックが求められることになる。

【虎口の形態】

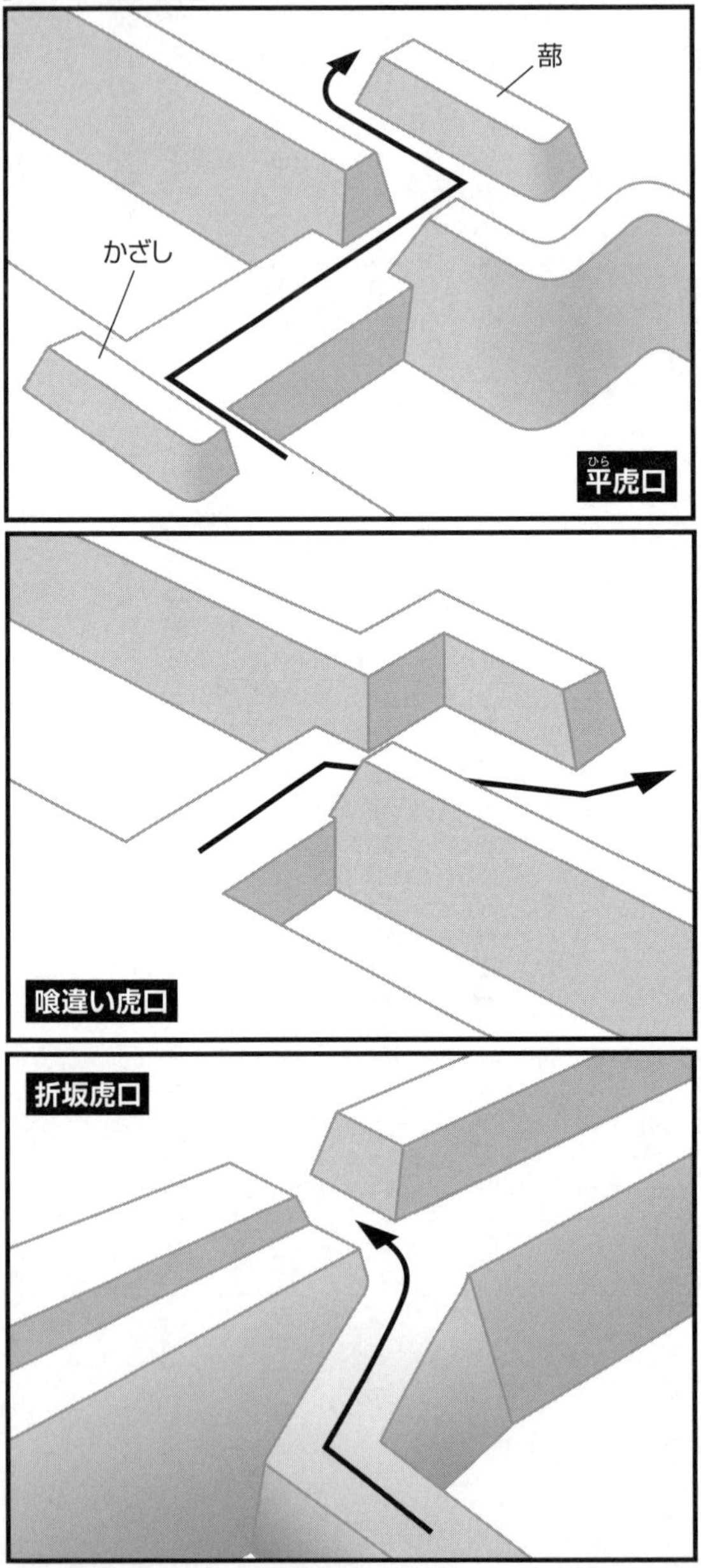

曲輪内に直線的に入る形態の虎口を平虎口、土塁を前後にずらして開口し、曲輪内に折れて入るものを喰違い虎口という。そのほか、導線が坂となった坂虎口や坂を折れて入る折坂虎口もある。

【勝利を呼ぶ虎口】

この侵入阻止・出撃・収容という、一見矛盾した機能を実現するための虎口形態として発達したのが、枡形虎口や馬出である。

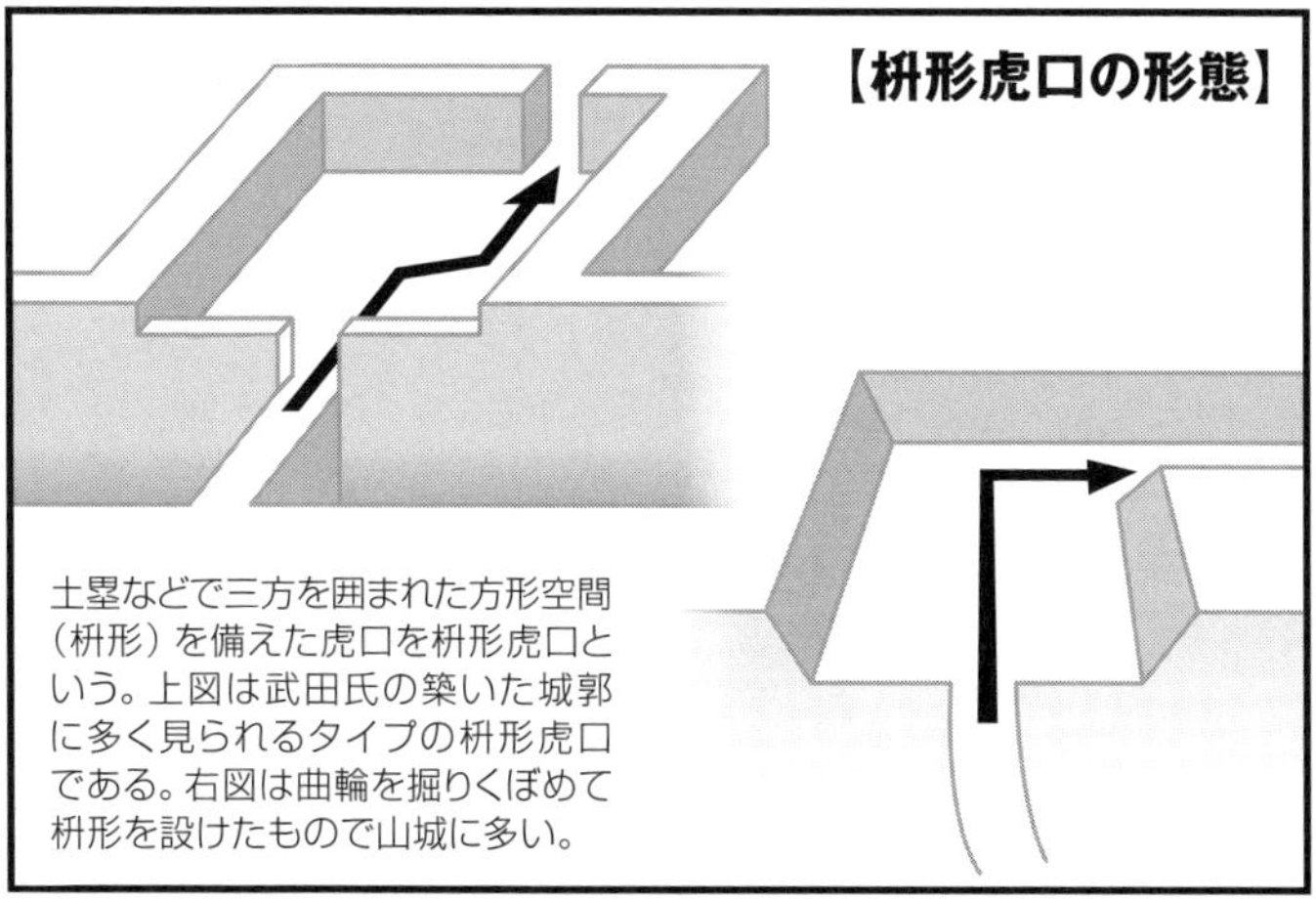

【枡形虎口の形態】

土塁などで三方を囲まれた方形空間（枡形）を備えた虎口を枡形虎口という。上図は武田氏の築いた城郭に多く見られるタイプの枡形虎口である。右図は曲輪を掘りくぼめて枡形を設けたもので山城に多い。

枡形虎口とは、土塁で囲んだり曲輪面を掘りくぼめたりして、四角い空間（＝枡形）を設けた虎口のことだ。この四角い空間が、侵入者を封殺するキル・ゾーンとして機能することによって、強力な侵入阻止効果を発揮する。一方、虎口から堀を渡った対岸に小さな空間を設けたものが馬出である。

　枡形虎口や馬出についてはこれまで、虎口の前後に土塁を置いた「かざし」や「蔀《しとみ》」、あるいは開口部で土塁を互い違いにした喰違《くいちが》い虎口などから、漸進的に発達してきたと説かれたこともある。しかし、戦国時代の実際の築城遺構を観察するかぎり、そのような系譜を見出すことはできない。

　また、枡形虎口や馬出の完成形が近世城郭に見られることから、戦国初期には単純な形態の虎口が中心で、戦国後期になって枡形虎口や馬出が出現した、と考えられることも多かったが、これも誤りである。

　詳しくは、拙著『杉山城の時代』[*1]を参照された

［＊1］拙著『杉山城の時代』（角川選書二〇一七）。

いが、枡形虎口も馬出も十五世紀の後半、すなわち戦国のごく初期には出現していた可能性が高い。

考えてみれば、城をめぐる攻防は戦国期以前から起きていたわけだから、侵入阻止・出撃・収容という機能も、城の虎口には求められていたはずである。だとしたら、戦国の初期に枡形虎口や馬出が使われていたとしても、理論的には何の不思議もない。

むしろ、近世城郭で完成する形態だから戦国後期にならなければ出現しないはずだとか、原初的形態から漸進的に進化して完成形に至ったはずだ、などという前提に立つことの方がおかしいのである。

そうした前提は、城のパーツだけが一人で勝手に進化してゆくイメージに基づくものであって、城と戦いとの関係についての考察を忘れたところで成り立っている。

2. 馬出の諸相

【馬出の機能】

馬出の機能を、具体的に考えてみよう。まず、馬出を設置することによって、虎口前面のスペースを限定できる。攻城軍側は、虎口を突破したくても前面に兵力を集中できなくなるのだ。しかも、城外から馬出に入るためには、必ず橋を渡ることになる。この橋は、城兵側に格好の狙撃ポイントを提供する。

古宮城（愛知県新城市）主郭南正面の枡形虎口
高さと幅のある土塁で枡形を形成。侵入者は坂を登って枡形へ入り、2回折れて曲輪内に入ることになる。

次に、虎口から出撃する場合。馬出が土塁や塀を伴っていれば、城門の開閉を敵に秘匿できる。したがって、開扉した瞬間に城外から射撃される心配がない。また、開扉と同時に弓・銃兵を馬出に展開すれば、周囲の敵を射撃して逆襲部隊の出撃を援護できる。逆襲部隊を城内に収容する場合も、馬出に弓・銃兵を配置しておくことで、退却を援護できる。

　このように、馬出は虎口に求められる侵入阻止・出撃・収容の機能を、高度に実現する形態なのである。虎口の前面に設けた覆い（カバー）のように見える馬出は、機能においても虎口を援護（カバー）する施設でもあるのだ。

【実戦における馬出の運用】

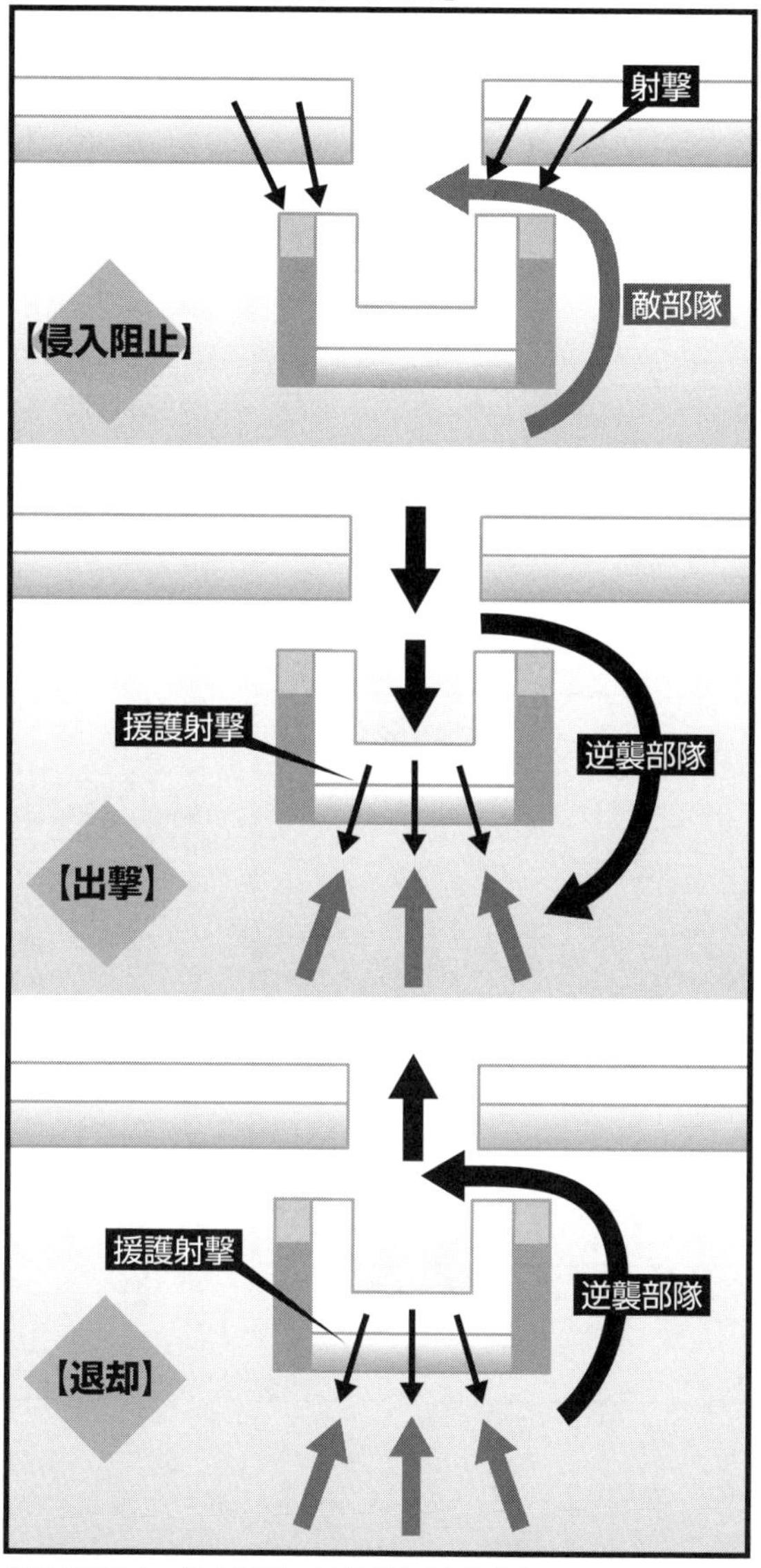

馬出があると、虎口前面に攻城側が兵力を集中できないうえ、馬出内部へ入るには橋を渡る必要があるが、城兵から見れば絶好の狙撃ポイントとなる（図上）。また馬出が土塁囲みであれば、城門の開扉を秘匿でき、出撃する逆襲部隊が攻城軍からの射撃を受けない（図中）。また逆襲部隊の動きに合わせて弓兵や銃兵を馬出に展開すれば、逆襲部隊の出撃・退却を掩護できる（図中・下）。

一方、枡形虎口は馬出よりも守勢に適した形と評されることが多い。たしかに、厳重な封殺空間を持つ枡形虎口は、侵入阻止効果を最大限に追求した虎口形態、と見なすことができる。ただし、土塁で厳重に囲まれた枡形虎口には、堡塁としての機能を持たせることも可能だ。敵の攻撃は虎口に集中するわけだから、虎口に堡塁機能を併せ持たせれば、弓・銃兵を集約的に運用できて、戦闘効率がよい。

　枡形虎口には、曲輪内に食い込む形で設けられた内枡形虎口や、曲輪の外に突出して設ける外枡形虎口があるが、とくに外枡形虎口は虎口に接近する敵を撃ち払うための堡塁として有効である。そう考えるなら、馬出と外枡形虎口とは、機能上はかなり似通っていることになる。

【角馬出と丸馬出】

　戦国期の城について全国的に見た場合、馬出の分布には疎密がある。関東から甲信・東海地方にかけての地域には、馬出が多く分布している。また、織豊系大名も比較的よく馬出を使っているといえる。

　例として挙げた玄《げん》蕃《ば》尾《お》城＊2では、縄張図に示したとおり、主郭の南北に土塁を伴う馬出を配している。主郭の東側も、前面の空堀が省略され

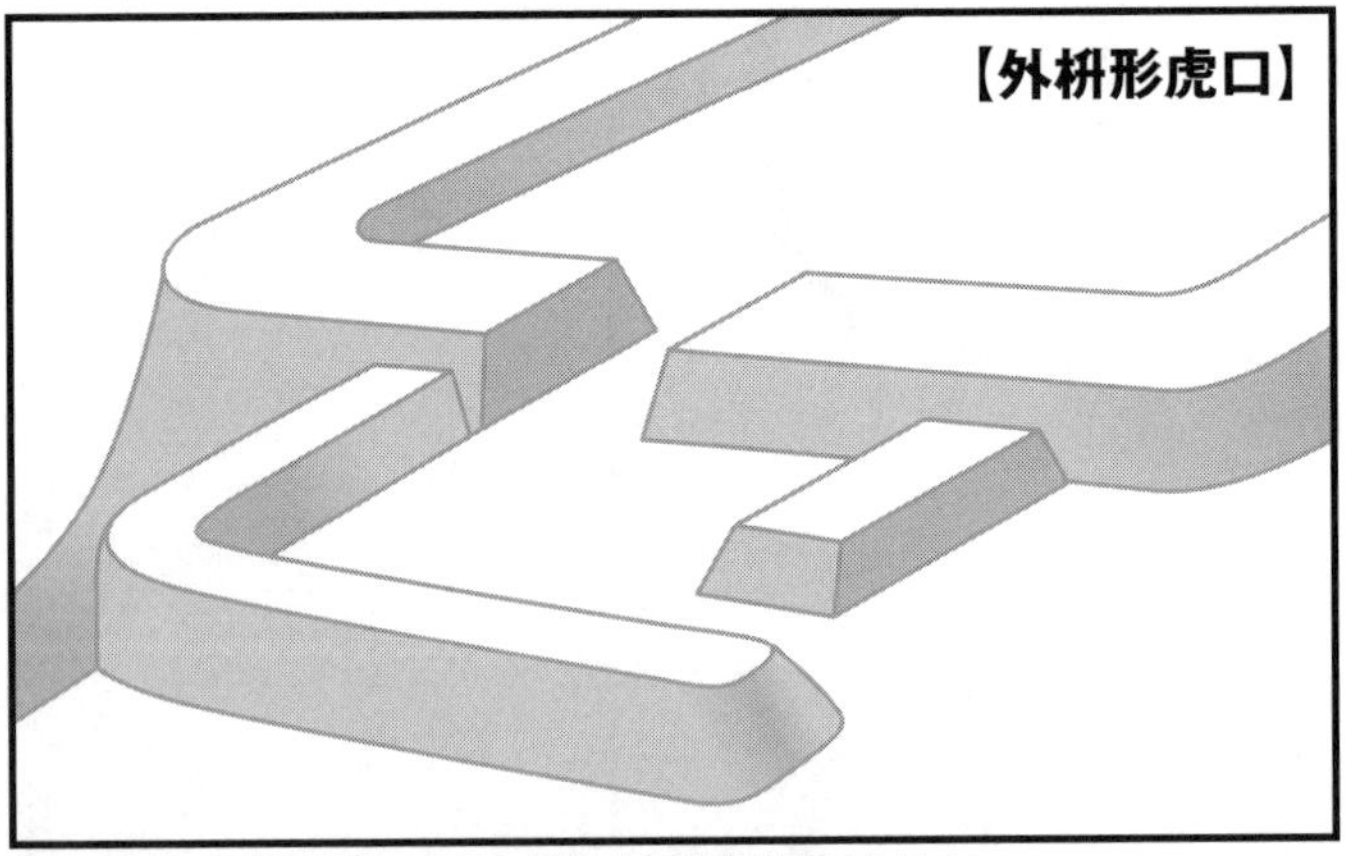

曲輪の外に突出して設けられた枡形虎口を外枡形虎口という。馬出と異なり虎口との間に堀が設けられていないが、堡塁として機能するという点で類似した施設といえる。

[＊2] 滋賀県長浜市・福井県敦賀市。天正十一年（一五八三）の賤ヶ岳合戦に際して、柴田勝家の本営として築かれた城。

[＊3] 千田嘉博『織豊系城郭の形成』（東京大学出版会 二〇〇〇）、木島孝之『城郭の縄張り構造と大名権力』（九州大学出版会 二〇〇一）。

ていてやや変則的ではあるが（未完成か？）、馬出と認めてよい。つまり、主郭の三方を馬出で固めた縄張なのである。

もともと織豊系城郭の虎口は、外枡形虎口を軸に発達したことが千田《せんだ》嘉博《よしひろ》氏や木島《きじま》孝之《たかし》氏によって指摘されてきた。*3 だとしたら、ある時期に外枡形虎口から馬出への進化が生じたことは、想像に難くない。

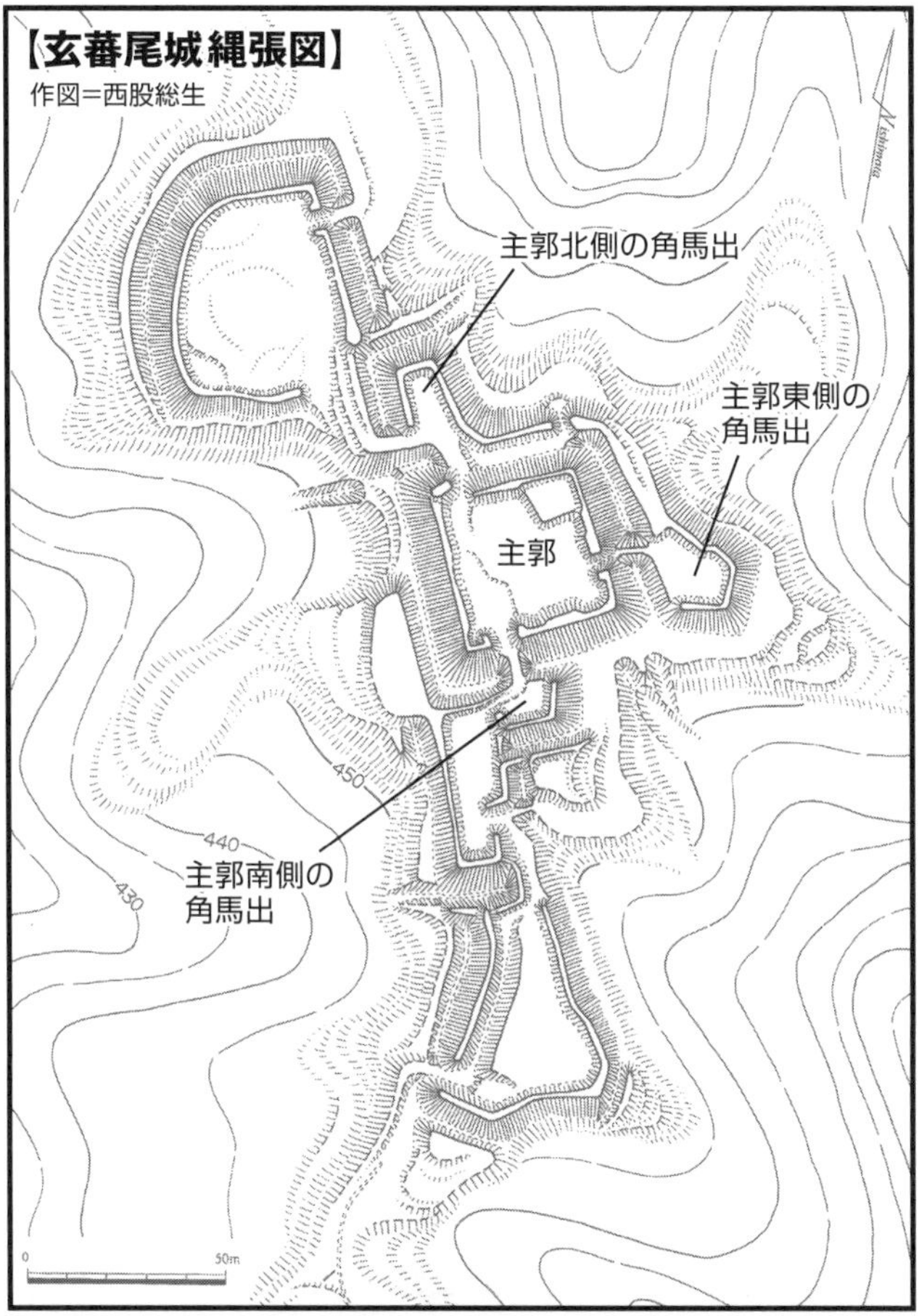

【玄蕃尾城縄張図】
作図＝西股総生

玄蕃尾城の虎口
織豊系城郭では外枡形虎口が発達したが、玄蕃尾城では主郭の南北に土塁を伴った馬出が設けられており、同じく東側にも馬出状の曲輪が確認できる。写真は主郭の南虎口から見た主郭南側の馬出。

近年、齋藤慎一《さいとうしんいち》氏は『歴史家の城歩き』[*4]の中で、聚楽第《じゅらくてい》（京都府京都市）が主郭の三方に馬出を配した縄張であることに着目している。そして、東京都八王子市の滝山城が、伝二ノ丸の三方に馬出を配していることと比較して、滝山城のスタイルが技術交流によって上方に伝播し、聚楽第の縄張に結実したのだ、との見通しを述べている。

しかし、玄蕃尾城の存在を視野に入れるなら、織豊系城郭の縄張の中から聚楽第が成立しうることは、充分に見とおすことができる。織豊系城郭独自の発達に目をつぶり、あえて広域的な技術交流を背景に想定する必然性がどこにあるのか、理解に苦しむ。

さて、戦国期の馬出は、平面がホチキス針のような形をした角馬出《かくうまだし》と、半円形を呈する丸馬出《まるうまだし》とに大別される。織豊系城郭の馬出は角馬出で、全国的に見てもこちらの方が類例は多い。

試みに東国における角馬出の分布を、地図上におおまかにプロットしてみよう。その密集域は、北条氏の勢力圏と重なることがわかる。むろん、北関東や越後な

［*4］中井均・齋藤慎一『歴史家の城歩き』（高志書院 二〇一六）。

【角馬出と丸馬出】

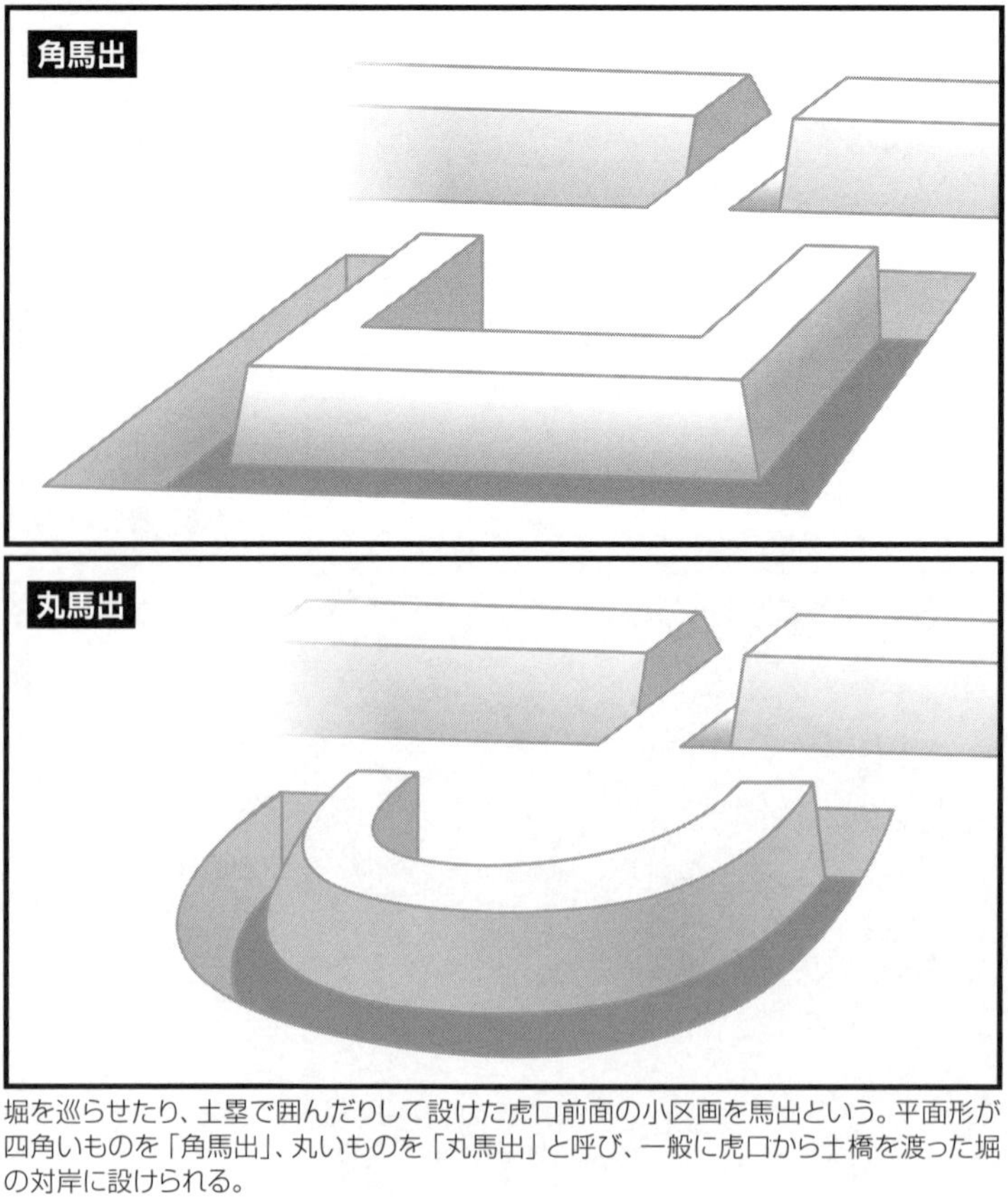

堀を巡らせたり、土塁で囲んだりして設けた虎口前面の小区画を馬出という。平面形が四角いものを「角馬出」、丸いものを「丸馬出」と呼び、一般に虎口から土橋を渡った堀の対岸に設けられる。

ど北条氏の勢力圏外にも角馬出は存在しているし、全国的に見れば東北地方や近畿地方（織豊勢力圏）にも分布している。

したがって、角馬出＝北条氏の特徴と断ずることはできない。しかし、東国で見るかぎり、相対的には北条氏が角馬出の有力な使い手であったことは明らかだ。

一方の丸馬出は、甲信と駿遠に集中し、上野《こうずけ》西部と三河《みかわ》東部に少数が存在している。この分布は、どう見ても武田氏の勢力圏に重なっている。正確にいうと、福島県内に若干例の丸馬出が確認できるが、それ以外の地域における報告例は筆者は知らない。だとしたら、丸馬出は武田氏の築城法と考えるのが妥当ということになる。

【諏訪原城の丸馬出】

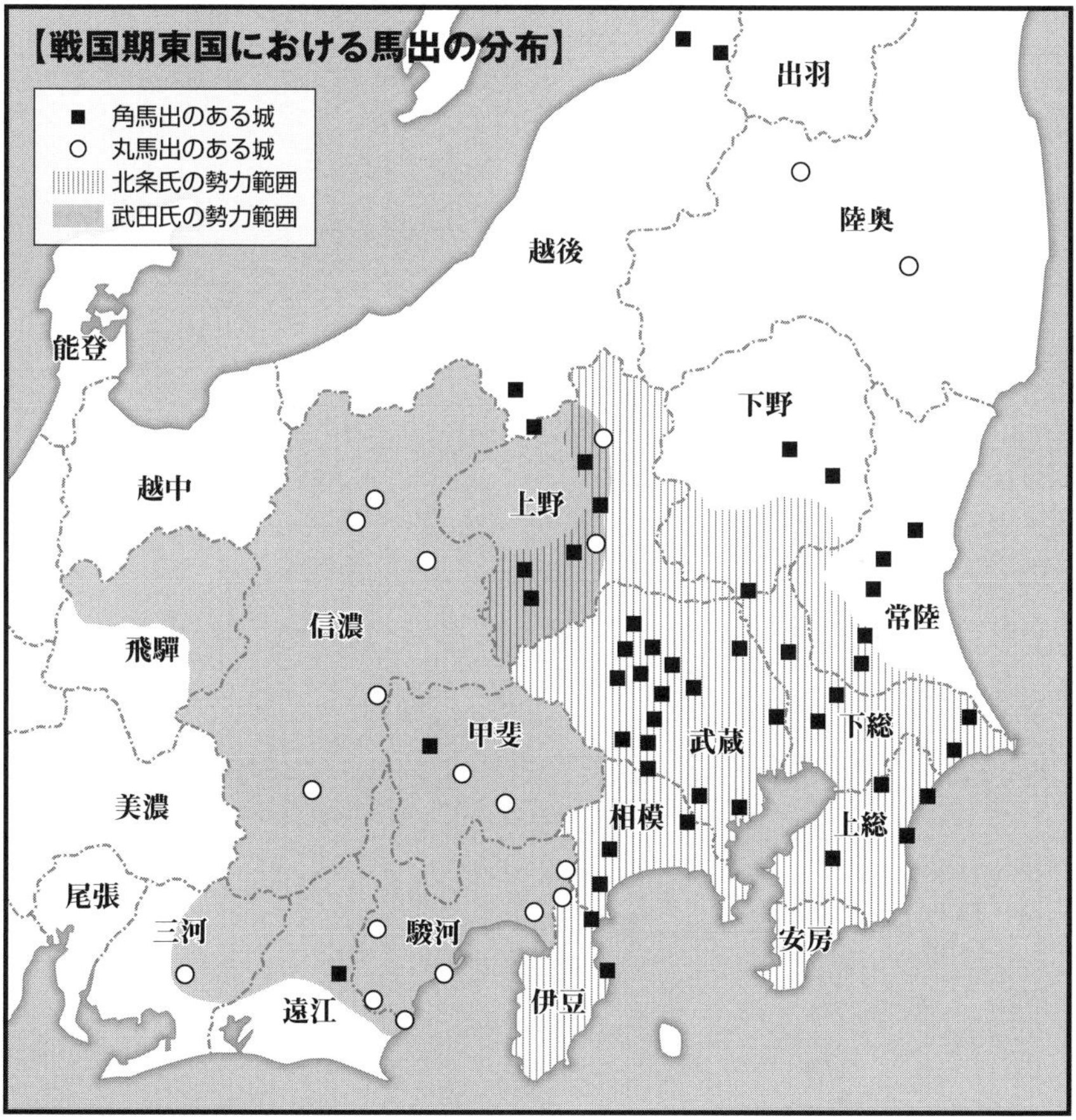

角馬出は北条氏の勢力圏に密集して分布している。一方丸馬出は甲信と駿遠に集中しており、武田氏の勢力範囲と重なっている。

近年、丸馬出は武田氏特有の築城法ではなく、徳川氏も丸馬出を築造していた、という説が一部でとなえられている。城郭ファン・戦国史ファンの中にも、この問題が気になっている人は多いと思う。そこで以下、本章の後半では、この丸馬出＝徳川氏築造説について検討してみたい。

丸馬出の城として名高い静岡県島田市の諏訪原《すわはら》城は、武田氏が遠江侵攻の橋頭堡《きょうとうほ》として築いた城だ。天正三年（一五七五）の長篠合戦ののち反攻に転じた徳川軍は、この城を奪取したのち大がかりな普請《ふしん》を加えたことが史料から判明している。[＊5]

そして、この諏訪原城を発掘調査[＊6]した結果、徳川期における大改修が確認されたことから、諏訪原城に現存する丸馬出は徳川氏の手になるもの、との見通しが示されている。たしかに、諏訪原城が徳川氏によって改修を受けた事実は、信頼できる史料からも確認できるので否定できない。ただし、発掘調査は城域の全体に及ぶものではなく、徳川氏が城を改修した事実と、丸馬出が徳川氏の築造であるかどうかの問題は、分けて考える必要があるのではないか。

たとえば、『歴史群像』一四六号に掲載された、樋口隆晴《ひぐちたかはる》氏の「戦国の城　遠江諏訪原城／牧野城」では、複数の丸馬出を伴う二ノ曲輪を徳川期の拡張によるものと判断して、武田期諏訪原城の推定縄張図を示している。しかし、この推定に疑問が多い。大きな単一の主郭の背後（崖下側）に、土木量を要する横堀を巡らせる一方で、接敵正面となる台地側はごく小さな空堀で済ませるという不思議な縄張で（武田氏系城郭でこのような縄張の類例を知らない）、そこに小さな丸馬出を想定している。

樋口氏は、運用する兵力が小さければ馬出も小さくてよいのだ、と説明している。しかし、遠江侵攻期の武田軍は、兵力量において徳川軍を圧倒していたはずだから、小さな兵力による橋頭堡という想定は、何を根拠としているのだろう。

［＊5］『家忠日記』『増補続史料大成』（臨川書店 一九七九）。同史料は徳川家康の家臣だった松平家忠の日記である。

［＊6］島田市博物館『国指定史跡諏訪原城跡整備基本計画』（二〇一二）、島田市教育委員会『史跡諏訪原城平成二十一年度～平成二十七年度発掘調査報告書』（二〇一八）、中井均・加藤理文編『東海の名城を歩く 静岡編』（吉川弘文館 二〇二〇）。

また、単郭式の小さな城では補給拠点としての機能は果たせないが、物資は金谷周辺に安全に集積できるからかまわないのだ、とも論じている。しかし、そのような論理が通るものなら、そもそも城を兵站《へいたん》基地として運用する意味がないことになる。兵力量で優位に立つ武田軍が、大井川を渡って牧ノ原台地の東端に橋頭堡を構えるのであれば、相応の地積をもち兵站基地としての機能を兼ねそなえた、複郭式の城を築いたと推定するのが合理的ではなかろうか。

樋口氏のロジックは、丸馬出が徳川氏のものという結論を導くために、二ノ曲輪＝徳川期の拡張を前提とし、そこから逆算して辻褄を合わせているように見える。諏訪原城については、どの範囲が徳川期の改修によって成立したものであり、武田時代の縄張がどのようなものであったのか、今後とも慎重に検討を重ねる必要があると考える。

3. 丸馬出をめぐるロジック

【それぞれの必然性】

丸馬出をめぐる論点については、いま一度整理しておきたい。まず、北条氏の角馬出、武田氏の丸馬出という築城技法の問題は、馬出が四角いか丸いかという単純な話ではない。

北条氏の角馬出について言うなら、関東地方の場合は丘陵地に築

諏訪原城二ノ曲輪中馬出
馬出は面積約300坪、二ノ曲輪側の堀幅は15～20mを誇る。これは国内の馬出としては最大規模だ。

城するケースが多くなるため、もともと横堀が発達していた。その結果、横堀の対岸を経由して橋を渡り、虎口に至る導入路が形成され、その一画を区切る形で馬出が成立していった、と考えることができる（左頁図参照）。

このため、馬出は必然的に角形となる。また、戦国初期と目される馬出は前面に土塁を伴っていないが、明らかに天正年間の築造とわかる城では、馬出は土塁を伴う場合がほとんどだ。つまり、城兵の出入りを援護する施設として成立した馬出が、次第に堡塁としての機能を高めていった、と考えられるのである。

これに対し、武田氏の勢力圏においては、土塁の一部を弧状に突出させる技法をもとに、丸馬出が形成されていったことが、髙田徹氏[*7]によって指摘されている。武田氏と目されてきた丸馬出は、最初から堡塁としての性格を強くもっていたわけだ。

この証左となるのが、丸子城[*8]に見られる半円形の堡塁だ（108頁イラスト）。この遺構は、丸馬出とまったく同じ形をしているが、虎口とは無関係な場所に設置されていて、「堡塁」としか形容のしようがない。

新府《しんぷ》城[*9]伝大手口の遺構も、理論的に考えれば不思議な形態である（109頁縄張図・写真参照）。虎口の前面に置かれた半円形のスペースは、前面にいわゆる〝三日月堀〟を伴っていて、一見すると丸馬出の典型のようである。しかし、背後の虎口との間には堀がない。虎口から堀を渡った対岸に設けた空間、という馬出のセオリーに合致しないのである。

形態論を単純に振りかざすなら、新府城の伝大手口は外枡形虎口[*10]ということになる。しかし、新府城においてこのような形態が生じているのは、そもそもこの城が、障碍の主体を堀に求めていない（曲輪を堀で防護していない）ためであって、発想において丸馬出と同じ機能を期待された構造物であることは明らかだ。

［*7］髙田徹「丸馬出に関する一考察」『中世城郭研究』一六（中世城郭研究会 二〇〇二）。

［*8］静岡県静岡市。武田氏によって駿府西方の防備として築かれた。

［*9］山梨県韮崎市。武田勝頼が躑躅ヶ崎館（山梨県甲府市）に替わる本拠として築いた。

［*10］平面が半円形を呈するから、語義論的には「丸外枡形」ということになる。ほとんど冗談のようだが。

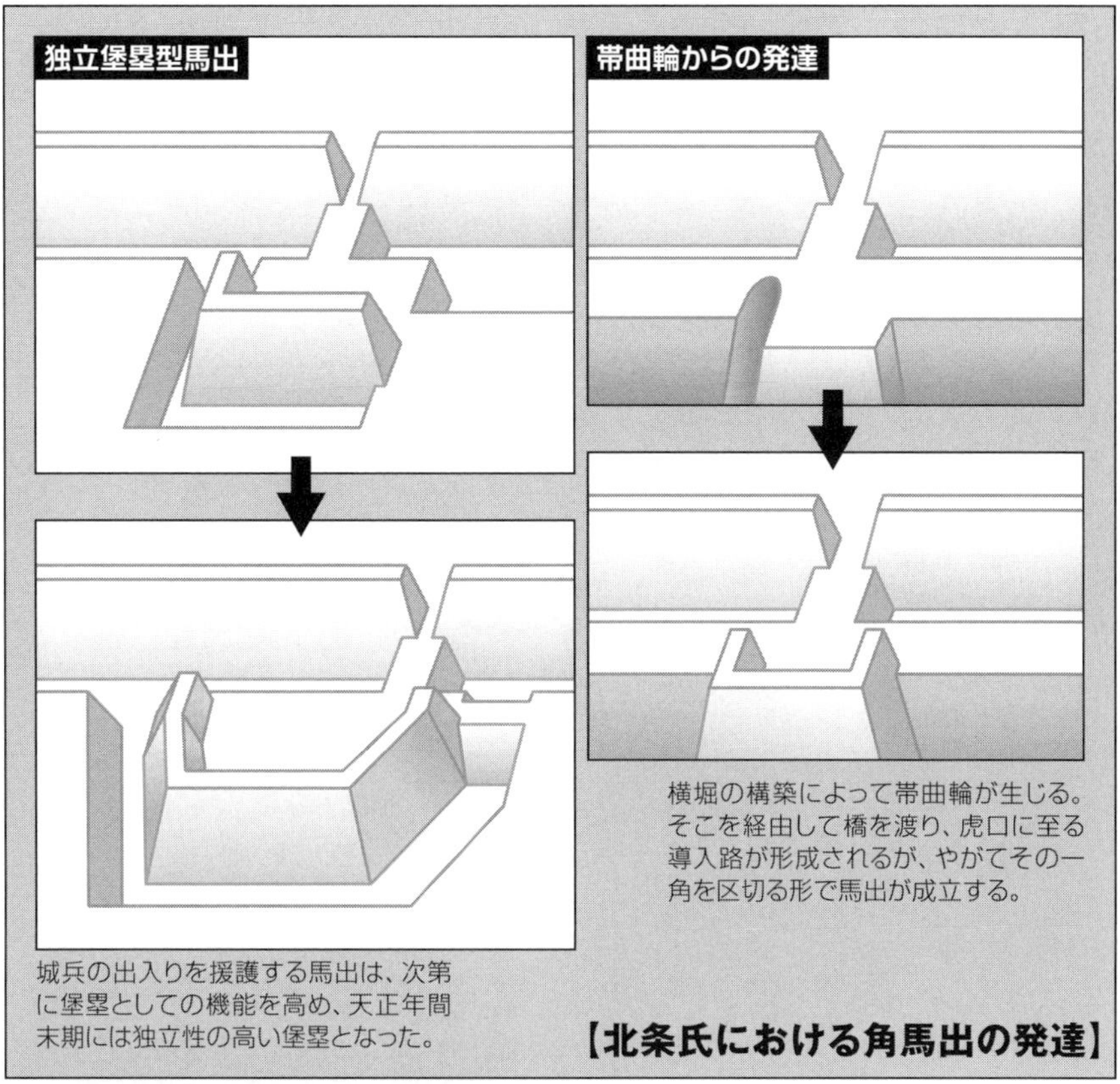

横堀の構築によって帯曲輪が生じる。そこを経由して橋を渡り、虎口に至る導入路が形成されるが、やがてその一角を区切る形で馬出が成立する。
城兵の出入りを援護する馬出は、次第に堡塁としての機能を高め、天正年間末期には独立性の高い堡塁となった。

【北条氏における角馬出の発達】

山中城（静岡県三島市）伝西櫓
西櫓は西ノ丸から突出して配置された巨大な角馬出であり、天正18年（1590）の攻防戦では独立堡塁として機能して、豊臣勢に多大な犠牲を強いた。

というより、丸子城の半円形堡塁や、新府城の伝大手口を含めて、丸馬出のバリエーションの中で理解すべきなのである。

【丸子城復元図】
丸子城には丸馬出状の小曲輪（半円形堡塁）が設けられていたが、虎口とは無関係に配置されていることから純粋な堡塁として機能したと考えられる（イラスト=香川元太郎、監修=著者）。

【馬出のドクトリン】

戦国の城とは、造ってナンボのものではなく、使ってナンボ、守ってナンボのものである。つまり、城の背後には、それを使って戦う人間集団=軍隊が存在しているのだ。だとすれば、織豊勢力が外枡形虎口から角馬出を発展させたこと、北条氏が相対的に角馬出の使い手であったこと、丸馬出の分布が武田氏の勢力圏に重なることは、偶然ではあるまい。

日本を代表するような有力大名の勢力圏内に、特定の形態をもった虎口が、集中的に分布しているということは、その背後に、特定の戦闘法を共有する軍隊が存在していたことを示している。端的に表現するなら、特定の虎口形態は、虎口をめぐるドクトリンと結びついて存在していた、と考えられるのだ。

ここで、関東地方の城と、甲信・駿遠地方の城との縄張を俯瞰してみると、北条氏勢力圏内においては、角馬出は城の内郭部に存在していることが多い。これに対し、甲信・駿遠地方の

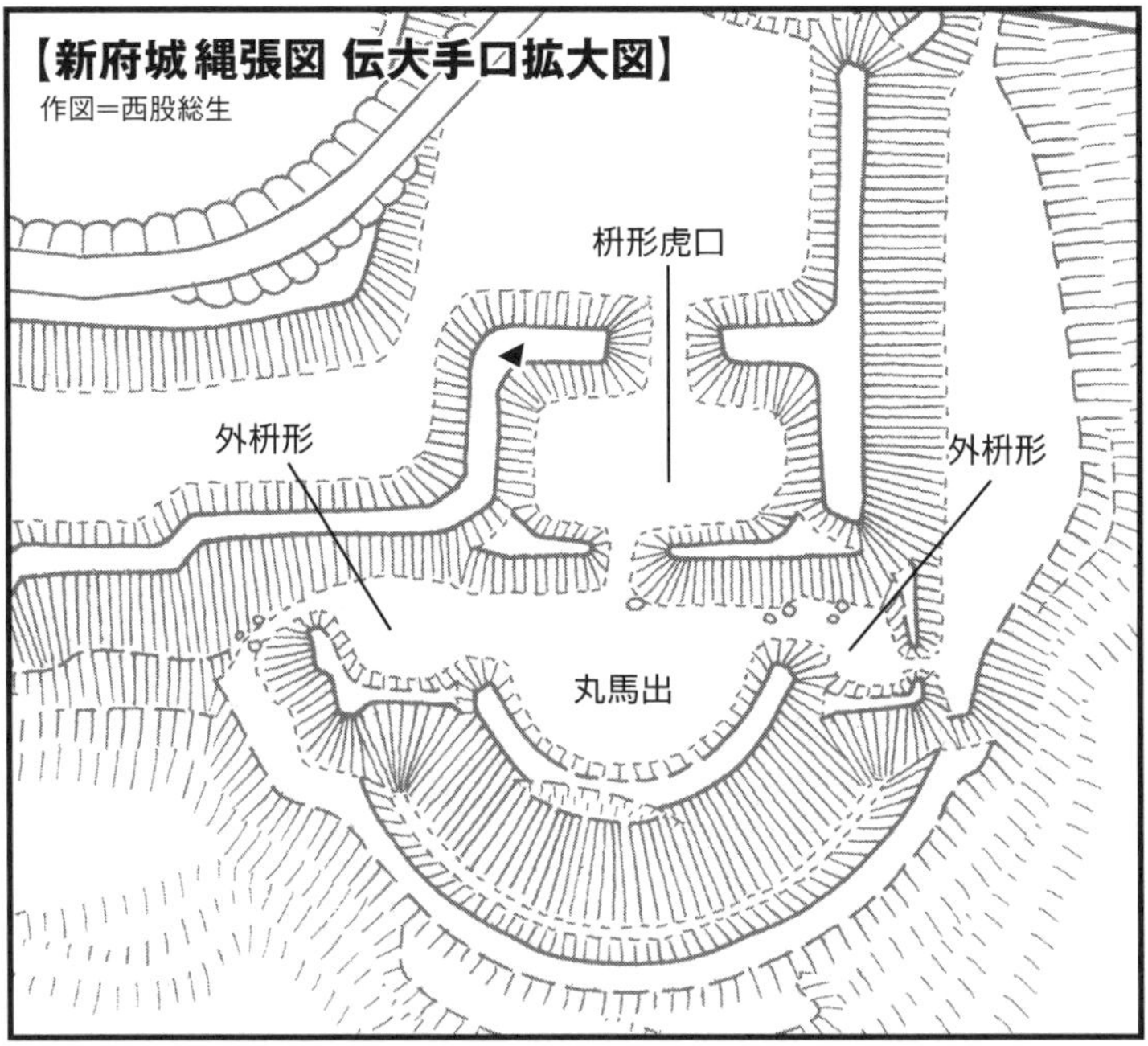

馬出は一般的に虎口から堀を渡ったところに設けられるが、新府城では丸馬出と［ ］型の枡形虎口との間に堀を設けていない。

新府城大手口の丸馬出
上図の▲印から撮影した丸馬出。枡形虎口（画面手前）と馬出（中央奥）の間に堀は確認できない。

城では、丸馬出はほどんどの場合、城の最外周部に付属している。この現象も、角馬出と丸馬出とでは、想定している戦闘のセオリーが同じでないことを予想させる。

さらに、甲信・駿遠地方について見てゆくと丸馬出は、俗に両袖枡形と称される[]型の枡形虎口とセットで出現する例が多い。静岡県の諏訪原城・丸子城・小《こ》長《なが》谷《い》城（榛原郡川原町）、愛知県の古宮《ふるみや》城（新城市）、長野県の伊那大島《いなおおしま》城（伊那郡松川町）・牧之島《まきのしま》城（長野市）・岡《おか》城（上田市）、山梨県の新府城・躑躅《つつじ》ヶ《が》崎館《さきやかた》＊11などである。軍事的観点から考えるなら、こうしたセット関係も単なる様式ではなく、特定のドクトリンの存在を予想させるものだ。

こうした現象が見られるにもかかわらず、他の城の丸馬出は武田だが、諏訪原城の丸馬出は徳川だと説明されても、とうてい納得がゆかない。伊那大島城も古宮城も新府城も、徳川氏が改修したと証明されないかぎり、諏訪原城＝徳川説には反証が存在することになるのだ。

試みに、新府城について検討してみよう。ご存知の通りこの城は、天正壬《てんしょうじん》午《ご》の乱において徳川家康が本陣とした場所である。したがって、徳川氏による改修の可能性はあることになる。だが、家康が本陣を置いた時点で、接敵正面は南側の伝大手口ではなく、北側の伝搦手口方向であった。徳川軍が丸馬出を築くのであれば、接敵正面の北側でなければならないはずである。

また、新府城を全体として見ると、数種類のサイズの土塁を使い分けていたり、虎口から二〇〜三〇メートル離れた場所で、塁線を小刻みに折って横矢を掛けるなど、縄張りの規格性が高いことがわかる。伝大手口など、特定の場所だけを後から改修したようには、とても見えない。現時点で判断するかぎり、新府城の丸馬出は定説通り武田勝頼の築造、と考えざるをえないのである。

【徳川氏の築いた馬出】

［＊11］拙稿「戦国の城・甲斐新府城」『歴史群像』一三五号（二〇一六）、「三河古宮城」同一四三号（二〇一七）、「駿河丸子城」同七六号（二〇〇六）、「遠江小長谷城」同一一六号（二〇一二）、「伊那大島城」同五八号（二〇〇三）。

［＊12］愛知県新城市。徳川方に属した奥平氏の本城。

もう一つ、指摘しておきたいことがある。遠江・三河から尾張の東部にかけて、丸馬出とも角馬出ともつかない、不定形の馬出が分布している。たとえば、下の三河亀山《かめやま》城*12がそうだ。

この城を、すぐ近くにある古宮城（武田氏の築城）と比べると、規模・技巧いずれの面でも明らかに見劣りがする。築城者の軍事的実力の差を、まざまざと見せつけられるような事例といえる。その反面で、この地方の他の城と比べてみると、格段に技巧的でもある。亀山城は、徳川氏のテコ入れを受けた国衆の築城、と評価できるだろう。

その亀山城の主郭前面に構えられた、やや変則的な馬出は半円形とも多角形ともつかない平面形をしている。同様な不整形の馬出は静岡県では犬居《いぬい》城（浜松市）、愛知県では亀山城のほか、岩崎《いわさき》城（日進市）・岩津《いわつ》城（岡崎市）・丸根《まるね》城（豊田市）などで確認できるようだ。おそらく、探せば類例はもっと見つかるだろう。

この不整形タイプの馬出を、仮に「三遠型馬出」と呼んでおきたい。分布から考えて、徳川

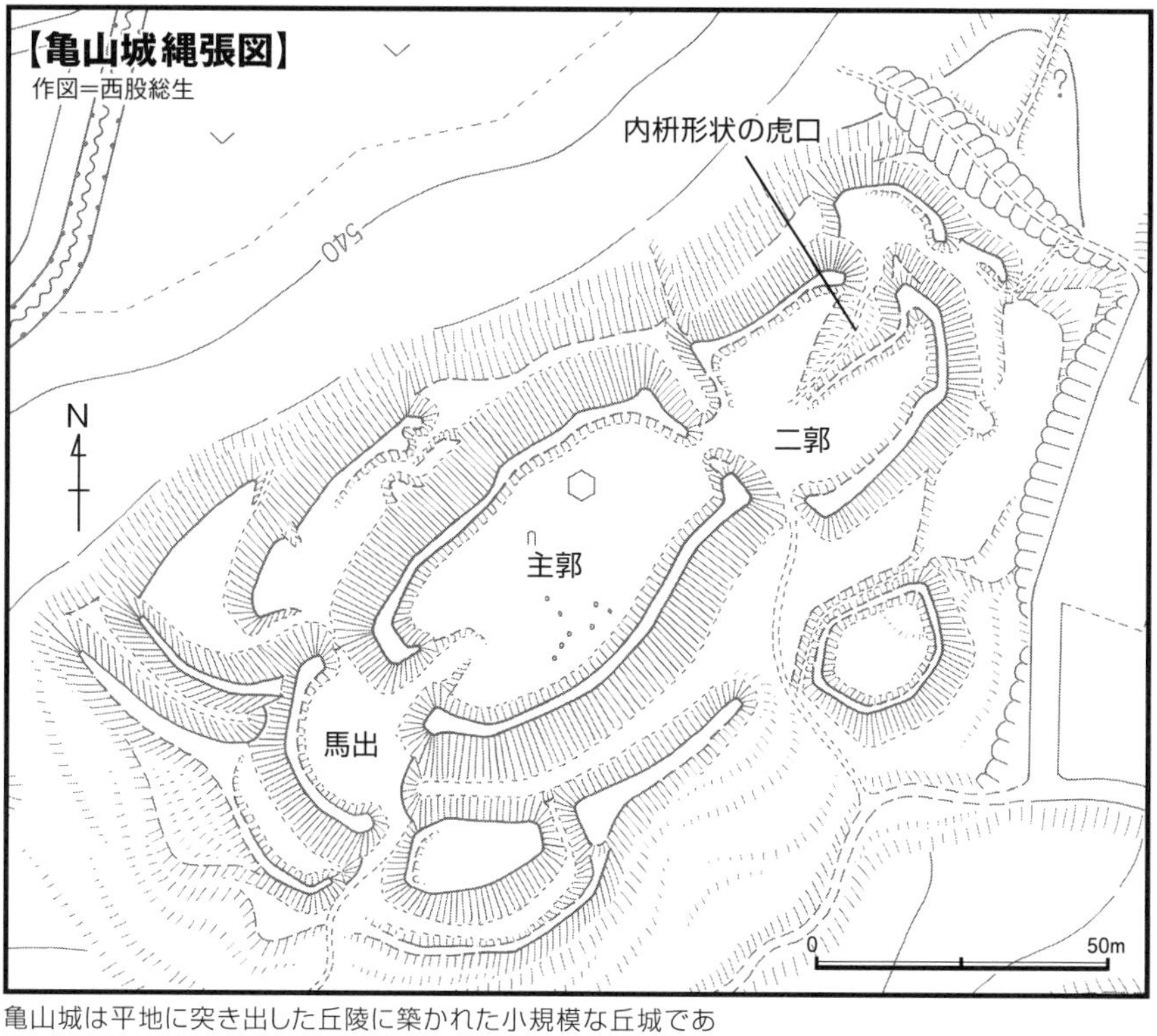

亀山城は平地に突き出した丘陵に築かれた小規模な丘城である。さほど技巧的な縄張ではないものの、二郭には内枡形状の虎口、主郭西虎口の前面には馬出状の小区画を設けている。

氏が主体的に馬出を築いたのだとすれば、甲信・駿遠地方に広く見られる丸馬出ではなく、こちらの三遠型馬出だったと考えた方が妥当ではなかろうか。

付け加えるなら、「戦国の城　遠江諏訪原城／牧野城」の中で樋口氏自身が指摘しているように、徳川氏の譜代大名が入部した関東地方の諸城では、寛永《かんえい》年間頃になって丸馬出を付加している例が多い。

これは、甲州流軍学に基づいて縄張をしている、という一種のハク付けであろう。土屋氏の土浦城《つちうら》（茨城県土浦市）など、山本菅助《やまもとかんすけ》の子孫をわざわざ招聘しているほどだ。もし、徳川氏の築城の中に、丸馬出という技法が最初から組み込まれていたのだとしたら、甲州流軍学によるハク付けなど不要だったはずである。

このように、丸馬出が武田氏の手になるものか、それとも徳川氏に属するのかは、今後も議論を要するテーマであろう。むろん筆者としては、諏訪原城の丸馬出が徳川氏の築造であることが、説得力をもって論証されるなら、それはそれでよいと思う。城郭研究における、一つの有益な前進だからだ。

ただし、現時点においては、丸馬出＝徳川氏築造説には疑問が多すぎる（反証が複数あがる、といった方がよい）。こうした問題を解決するためには、個々の城について論じるだけではなく、戦国大名権力と縄張の関係、大名系城郭とは何か、といった視角から広く論じてゆく必要があるだろう。

【追記】

本書校正中に福島県の垣内和孝《かきうちかずたか》氏から、発表されたばかりの論考「奥州仙道の馬出－類型と分布」を御恵贈いただいた。[*13] 福島県の仙道地方（中通り地方）で確認できる馬出一四例を取り

［＊13］福島考古学会『福島考古』六二号（二〇二〇）。

あげて分析した、すぐれた研究である。対象となっている一四例のうち、丸馬出は一例のみで（曲師館《まごしだて》）、他はすべて角馬出である。[＊14]

垣内氏は類型と分布の傾向を検討した上で、これらの馬出は基本的には外部から導入された技法ではなく、「地域における城館の展開の中に位置づけることができる」技法だと結論づけており、説得力がある。東北地方の馬出や枡形虎口については、従来、ともすれば蒲生氏など外来勢力によって持ち込まれた技法、と見なされる傾向があったことを考えると、今回の垣内氏の指摘は重要な意義をもつ。

東北地方、とりわけ南東北三県（山形・宮城・福島）の戦国期城郭は、概して虎口の技法が発達している。この地方の城郭については、各地の研究者によって調査・作図が進められているので、それらの研究を集積し事例を検討すれば、相当数の馬出を析出できるはずである。この点、本書１０３頁掲載の「戦国期東国における馬出の分布」図は、筆者が関東・甲信・東海地方における傾向を検討するために作成したものであり、東北や北陸地方の事例を充分反映させられていないことをお断りしておく。

関東地方中心に概観した場合、角馬出は北条氏勢力圏に多く、丸馬出の分布は武田氏勢力圏に重なる、という傾向に大過はないはずであるが、全国的な見地からの事例析出と分布傾向の把握は、引きつづき今後の課題となろう。

［＊14］曲師館（福島県郡山市）は筆者も実踏・作図しており、たしかに丸馬出のように見える遺構があるが、丸馬出ではなく三遠型馬出のような不整形馬出だと愚考している。当該遺構以外の箇所では、角馬出としているからである。他に福島県下では、会津地方の柏木城（耶麻郡北塩原村）に一例知られているが、筆者はこちらは未踏なので見解を保留する。

■立体構造物としての馬出

最初に堀の章で書いたように、城を見て理解するときにもっとも大切なのは、「城は立体構造物」という認識である。縄張図や実測図に寄りかかって分析的に考えようとすると、立体構造物としての特徴がかえってつかめなくなる。

また、これも繰り返しになるが、戦国期城郭の遺構は、四〇〇年以上の経年変化を頭に入れて見る必要がある。馬出の場合、経年変化を考慮しつつ、立体構造物としての形の特徴をつかむようにしないと、角馬出と丸馬出の区別がつかなくなる。

たとえば、天端《てんば》（上面のエッジ）のラインだけを追って歩くと、角部分の崩落が進んだ角馬出は丸馬出のように見えてしまう。しかし、正面側から立体構造物として見るならば、角馬出は三枚の平面パネルから構成されていることがわかる。

同じように、天端の崩れている丸馬出を平面投影的に見ると、天端のラインが直線的に見えることがある。

鉢形城（埼玉県大里郡寄居町）の馬出

伝承では御金蔵とされていたが、発掘調査により馬出だと判明。この角度からだと2枚の平面パネルで構成されているように見える。

しかし、全体を見たときに立体構造物として弧を描いていれば丸馬出である。

ところが、天端のラインだけを平面投影的に見て、「縄張図では角馬出に描いてあるが、客観的に観察するかぎり丸馬出である」みたいな発言をする人があとを絶たない。残念なことに、〝客観性〟の意味をはき違えているのだ。

付言しておくと、等高線式の実測図では、こうした立体構造物としての特徴をうまく捉えられない場合が少なくない。世の中には、実測図が等高線で描かれているだけで、個人作図の縄張図よりも科学的で客観的だと信じてしまう人がいるが、これも〝客観性〟の意味をはき違えた妄信でしかない。

ケバ式の縄張図であれ、等高線式の実測図であれ、立体構造物としての特徴をうまく捉えられていないのであれば、城の図としての資料的価値は低い、と評価せざるをえない。

新府城の馬出
伝大手口の丸馬出と前面の三日月堀（109頁縄張図参照）。馬出と堀底の高低差が大きく、斜面を登るのは不可能だ。

■馬出のシミュレーション

馬出は、虎口をめぐる攻防で重要な機能を果たす施設である。なので、実際に馬出の遺構を歩くときは、「攻」「防」それぞれの視点で、戦闘を脳内シミュレーションしながら歩くとよい。

まず、攻城軍の立場で馬出を歩く場合は、自分がどのような動線で馬出から虎口に導かれるのか、その間、どことどこで城側の射撃を受けるのか、確認しながら歩く。次に城兵の立場で観察するときは、どこからどこを撃てるかを確認しながら歩く。つまり、馬出をへて虎口に向かってくる敵を迎撃するには、どの場所に立ったら効果的な射点を得られるのかをシミュレートするわけだ。これができたら、馬出の縁に立って射界を確認してみる。堡塁としての馬出の有効性が実感できるだろう。

ちなみに、以前あるイベントで、実際の城跡にある馬出を使って、逆襲の模擬戦闘を試みたことがある。参加者を城兵と攻城軍とに分けて、攻城軍が押し寄せてきたら、虎口から数人の城兵が馬出に飛び出していって、一斉射撃する。敵がひるんだところを、馬出から出撃した逆襲部隊が側撃する、という寸法だ。もちろんイベントだから、カラーボールを投げて、拾ってきた木の枝でチャンバラをする程度の「お遊び」ではあるが。

このような話を書くと、せっかくなら実際に甲冑を着てとか、シューティングゲームでなどと提案する御仁が現れそうだが、その手の提案には乗らないことにしている。イベントとして企画するのであれば、できるだけいろいろな人に戦国の城を知ってもらいたい、というのが筆者の考え方だからだ。甲冑やシューティングゲームの方に振ると、特定の嗜好の人しか楽しめないイベントになってしまう。

ただ、やってみて実感できたのは、馬出からの「射撃」と、逆襲部隊が出て行くタイミングとをうまく合わせないと効果的な逆襲が成立しない、ということだ。おそらく、戦国時代の実戦でも同じだっただろう。

馬出は、造れば機能する、という性質のパーツではないのだ。馬出を使った戦闘を体得していて、射撃と逆襲発動とのタイミングを合わせられる程度に組織化、ないしは経験を共有している部隊が守備をしないと、馬出は効果的に機能しないのだ。同じようなことは、実際には枡形虎口や横矢掛《よこやが》かりにも当てはまるのであろう。

【第五章】

枡形虎口《ますがたこぐち》

四角く囲まれた攻防の要

・枡形は最初から枡形、喰違いや蔀《しとみ》土塁からの発展型にあらず
・枡形虎口の発展セオリーは掘り込みタイプ→土塁囲みタイプ
・建築物としての門とセットで成立するのが近世城郭の枡形虎口

1. 枡形虎口の出現

【枡形虎口のイメージ】

虎口は、城にあっては攻防の要となる場所であるから、守りやすく攻めにくいようにするための工夫が様々に凝らされる。そうした工夫の代表が、前章で論じた馬出であり、本章で採り上げる枡形虎口である。

枡形とは、「枡のように四角い形」の意味であるから、四角く囲まれた形をした虎口が枡形虎口、ということになる。それは、典型的には13頁に示したような形態——四角く囲まれた空間の中で通路が直角に折れる形態——を指す。とはいえ、実際にはかなり多様な形態のものが、枡形虎口と呼ばれている。

たとえば、通路が直角に折れるだけで明確な空間を伴わない形態でも、平面が四角く区画されていれば、枡形虎口と呼ばれ

【枡形虎口のバリエーション】

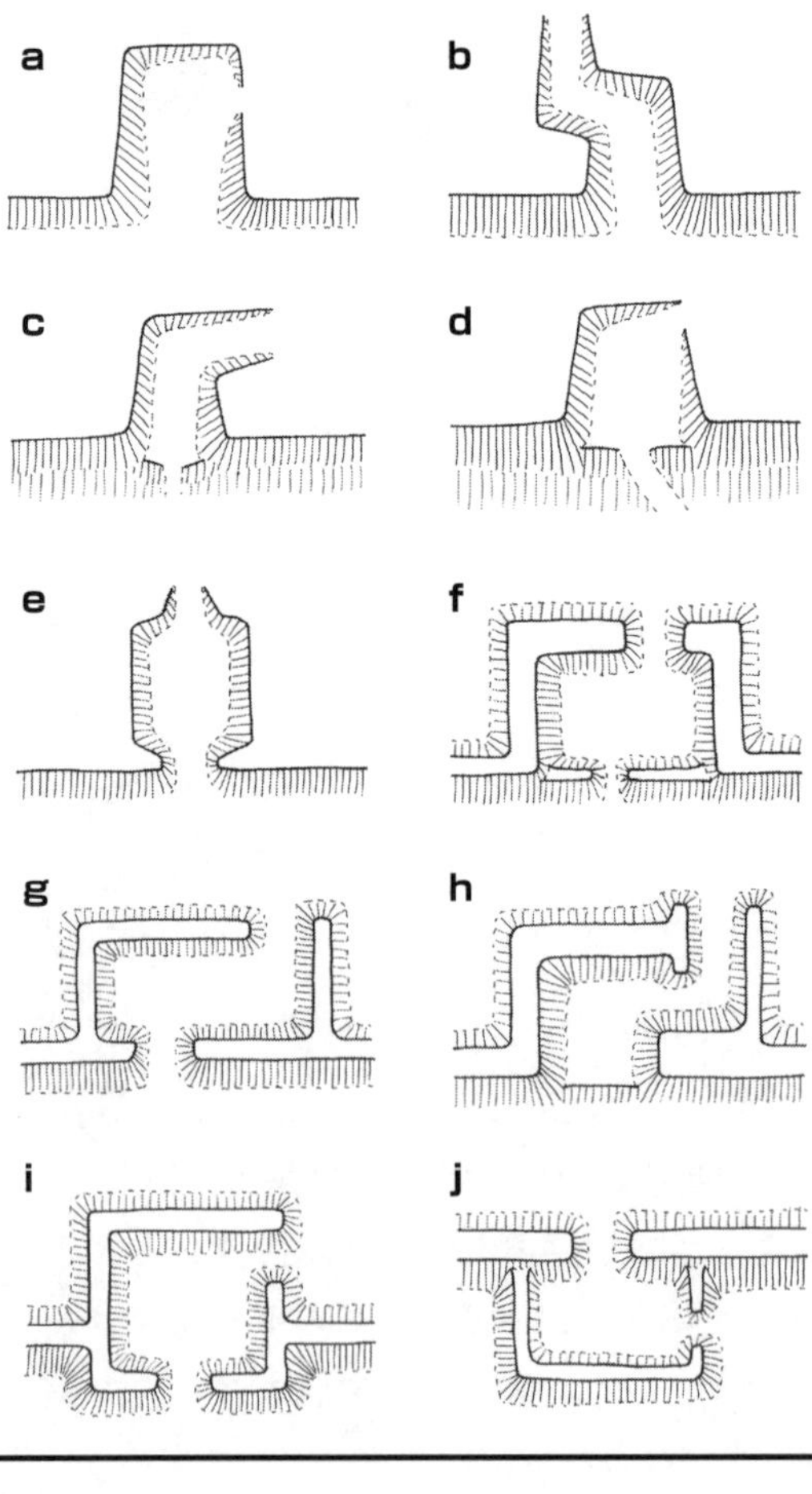

戦国期城郭に見られる様々な枡形虎口を模式的に表したもの(上が内側)。fは武田系の城郭で見られるタイプで、jは外枡形虎口。仮に、この中のどれかを枡形と認めないとしても、認めるか否かの線引きを論理的に説明することは困難。実際は、さらに多様な形態の虎口が存在している。

る場合がある。いまあえて、「明確な空間」と表現したのは、まとまった人数を滞留させられるだけの、通路幅以上のスペース、という意味として了解していただきたい。

通路が直角に折れるだけで明確な空間を伴わない枡形虎口は、近世城郭でも意外に実例が多い。したがって、「四角く囲まれた空間の中で通路が直角に折れる形態」、とあまり厳密に定義してしまうと、枡形虎口に分類できる実例が意外なほど限られてしまう。

【封殺機能をもつ虎口】

逆に、空間は明確に伴っているけれど通路が直進する形態の虎口も存在する。このタイプの虎口は、四角く囲まれているという意味では枡形そのものだ。かといって、このタイプを枡形虎口と見なして、通路が直角に折れるだけのタイプを枡形虎口から除外してしまうと、折れと空間の両方を伴う典型的タイプと、どちらか一方のみを持つタイプとの形態上・機能上の連続性や発展段階を論じるのに、ひどく不便を生じることになる。

この問題は、戦車を「回転砲塔とキャタピラを持つ装甲戦闘車輌」と厳密に定義してしまうと、ドイツの駆逐戦車[*1]やス

府内城（大分県大分市）の西ノ丸の枡形虎口

廊下橋（画面右奥）から入って直角に折れる。通路幅以上の空間はないが、これも枡形虎口である。画面左手に門の礎石が見えている。

【＊1】第二次大戦時のドイツ軍が使用した装甲戦闘車輌。戦車の車体を利用し、回転砲塔を取り付けずに砲だけを装備したもの。本来は歩兵を火力支援するために作られたが、次第に対戦車兵器としても使用されるようになった。

ウェーデンのＳｔｒｖ[*2]を戦車とは呼べなくなってしまう、というジレンマに似ている。
研究の現場では、通路幅しかなかろうが、通路が直進しようが、多くの城郭研究者が枡形虎口と認識できる形態のものを枡形虎口と呼ぶ、という便法がとられている。類型とか範疇というものは所詮は後付けの概念だから、定義ばかり理詰めで厳密にしても、かえって研究が進まなくなってしまう。それは、定義のための定義というものだ。
では、「多くの研究者が枡形虎口と認識できる形態」とは何かといえば、侵入者を封殺できる形態だ。つまり、「侵入者を封殺する機能をもつ虎口」というのが、枡形虎口の現実的定義となるわけだ。「侵入者を封殺できる形態」とは、理論上二箇所以上で閉塞可能な虎口形態を指す。

【スウェーデン陸軍Strv.103】

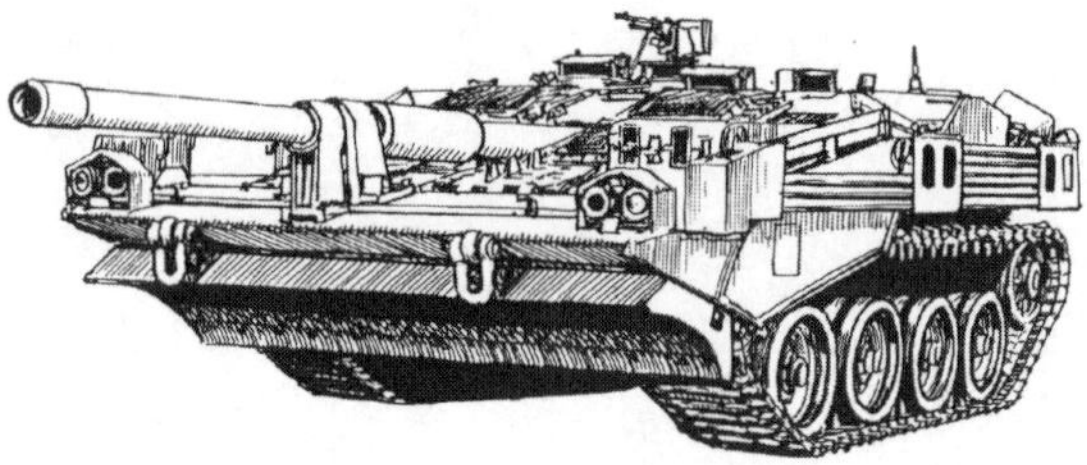

イラスト＝上田信

この場合の「理論上」とは、実際に門や木戸が建っていたかは問わない、という意味だ。土塁や切岸の開口部は、通路幅を絞って侵入者を滞留させる〝ボトルネック〟として機能するから、門・木戸といった固定的な構造物を伴わなくとも、即席のバリケードなどで――極端な話、丸太でもよい――閉塞できるからである[*3]。

【進化モデルは成立するか】

戦国期城郭の虎口としては、枡形虎口の他にも坂虎口や喰違い虎口がある。坂虎口は、坂道を登って曲輪に入る形の虎口で、山城で普遍的に見られる。というより、山城で

［＊2］スウェーデン陸軍のＳｔｒｖ.１０３。主砲を車体に直接搭載して車高を下げ、被弾率を抑える設計。回転砲塔を持たない対戦車自走砲というべき形式だが、同陸軍は一九六〇～九〇年代に本車を「主力戦車」として運用した。

［＊3］戦国期城郭の虎口では、発掘調査で門柱の痕を確認できない事例もある。

は必然的にこの形になってしまう場合が多いのだが、高低差を利用して敵の侵入や見通しを防ぐことができるので、少ない労力で現実的な防禦効果を発揮できる虎口ともいえる。

喰違い虎口は、土塁を開口部で互い違いにしたものだ。この形の虎口は、前後で通路が折れるので、侵入阻止効果に関しては枡形虎口に似た効果を持つ。また、敵の侵入や見通しを防ぐために虎口を入った所に土塁を置く蔀土塁も、枡形虎口の祖形と考えられてきた。

そこで、喰違い虎口や蔀土塁から枡形虎口へと、徐々に形態が変化してゆくような進化モデルが想定された。つまり、単純な形態の虎口（平虎口）に、まず敵の侵入や見通しを防ぐための工夫が加えられ、それが徐々に進化していって、侵入者を封殺する機能をもつ枡形虎口が成立した、という考え方だ。

13頁写真のような、近世城郭で見られる形態が枡形虎口の完成形なのだから、そこに至る漸進的過程が戦国の百年間を通して展開したはずだと考えるなら、この進化モデルは説得力をもつ。ゆえに、漸進的進化モデルは、現在でも一般向けに城の知識を解説した本や雑誌記事などに、しばしば掲載されている。しかし、この漸進的進

【戦国期城郭の虎口】

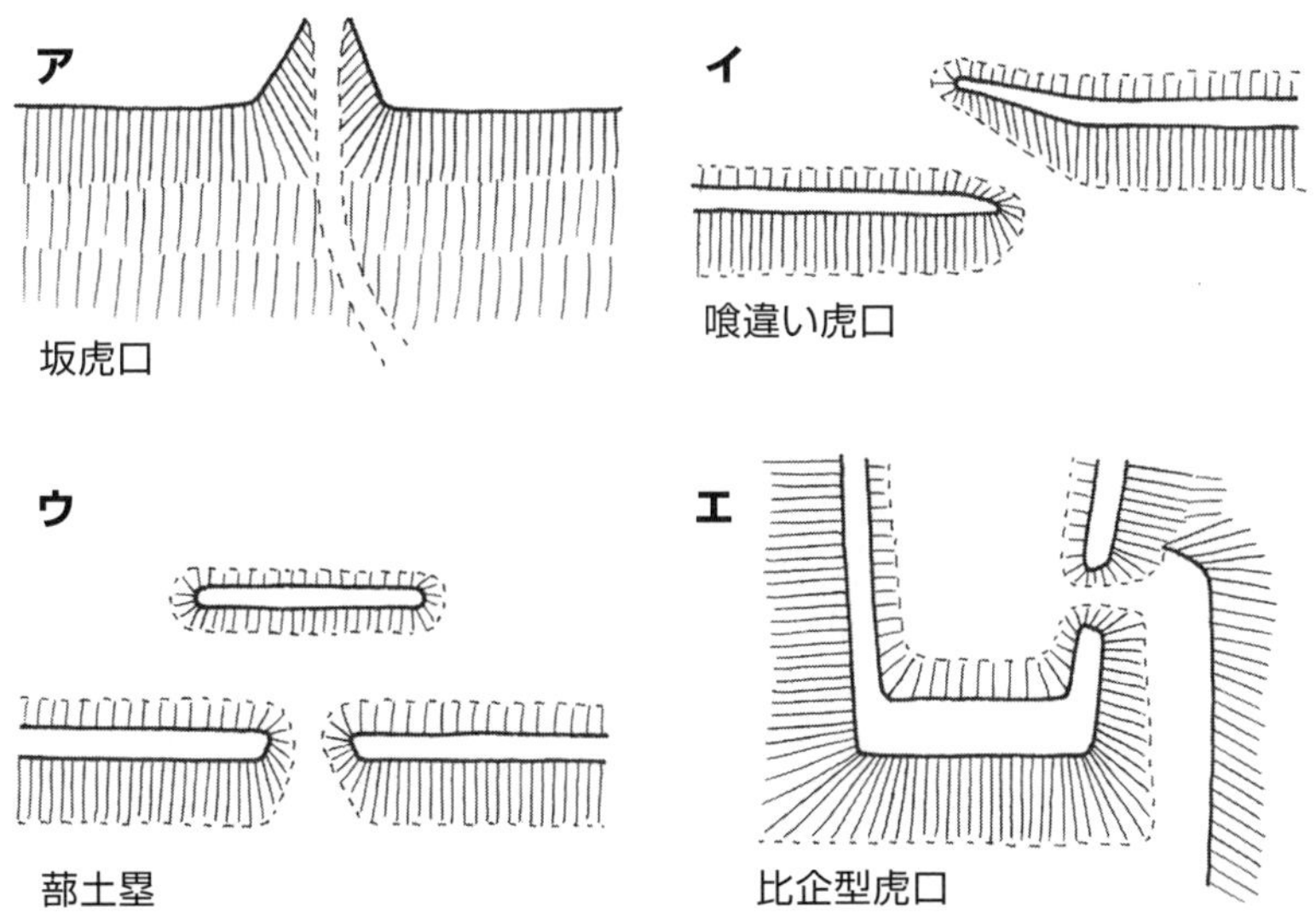

蔀土塁や喰違い虎口は、一見すると枡形虎口の祖型のようにも思えるが、実例は決して多くない。比企型虎口は杉山城や小倉城（ともに埼玉県）など比企郡の城で典型的に見られるが、実例は全国的に分布している。

化モデルは、現実には成立しそうもない。どういうことだろうか。

もし、漸進的進化モデルが正しいのだとすると、通路の折れと空間を併せもつ典型的な枡形虎口は、理論的には戦国末期——近世に近い時期——に成立したことになる。と同時に、前段階として折れと空間のいずれかのみをもつ原初的な枡形虎口が存在し、さらにその前段階として、喰違い虎口や蔀土塁が戦国前期には広汎に存在していなければならないはずである。

【戦国初期の枡形虎口】

ところが実際には、戦国前期と特定できる城で、喰違い虎口や蔀土塁を備えている事例は、さがすのに苦労するくらい乏しい。一方で、とても戦国末期までは下らない城でも、枡形虎口の事例は見つかるのだ。

筆者が知っている関東地方の事例だと、神奈川県の七沢《ななさわ》城見城《みじょう》台*4に、主郭の一角を四角く掘りくぼめて通路を直角に折る枡形虎口が存在する。七沢城は、長享《ちょうきょう》の乱（一四八七～一五〇五）の頃に扇谷上杉《おうぎがやつうえすぎ》氏が作戦基地として使用していた城で、それ以降は使用された徴証がなく、地理的条件から見ても北条氏段階に利用された可

【七沢城見城台縄張図】
作図＝西股総生

長享の乱における扇谷上杉軍の拠点。プリミティブな縄張を見せる山城で堀や曲輪も小さいが、主郭には四角く凹んだ枡形虎口（〇で囲んだ部分）が認められる。

［＊4］神奈川県厚木市。七沢城背後の山上に築かれた物見台。

能性は考えにくい。

同じ神奈川県内における扇谷上杉氏の城では、永正九年（一五一二）に伊勢宗瑞《いせそうずい》が攻略したことで知られる岡崎城《おかざきじょう》[*5]に、掘りくぼめた通路を直角に折る形態の虎口が存在する。長尾景春《かげはる》の乱（一四七六〜八〇）に際して扇谷上杉氏が使用した可能性の高い小野路城《おのじじょう》[*6]にも、岡崎城とよく似た形態の虎口が存在する。枡形虎口の原形は、戦国初期にはすでに存在していた可能性が高いのである。

これは、決して驚くべき問題ではない。そもそも、攻防の要となる虎口には、守りやすく攻めにくい工夫が凝らされる必然性があるからだ。そうである以上、敵を足止めするための空間を設けたり、通路を折り曲げて侵入阻止効果を得ようとするのは、自然な流れであろう。

実際、長尾景春が乱の最終段階で籠城したと推定できる秩父の熊倉城《くまくらじょう》[*7]や、永正頃の扇谷上杉氏の作戦基地と目される大庭城《おおばじょう》[*8]では、登城路をジグザグに屈曲させる工夫が確認できる[*9]。

通路を折り曲げて侵入阻止効果を得ようとする工夫が戦国初期から存在しているのであれば、原初的な枡形虎口が出現していても不思議ではない。逆に、近世城郭に典型的に見られる形態だから戦国末期に出現するはずだ、と見なす前提の方に根拠が乏しいのである。

とはいえ、戦国の初期に出現していた枡形虎口が百年以上もの間、同じ形のまま造られ続けたということもありえない。百年以上も戦争がつづけば、軍隊の編成や戦い方は変化するのが当然であるし、実際に戦国時代には、甲冑の形態や使用される武器が変化しているからだ。

城とは、動いて戦う人間の集団＝軍隊が使用する施設であり、戦うための工夫を地面に刻みつけた結果が縄張であるから、武器や戦い方が変化している以上、虎口形態が同じままであるわけがない。では、戦国の初期に出現していた原初的な枡形虎口と、13頁に掲げたような近世城郭の枡形虎口とは、どう違うのであろうか。

[＊5] 神奈川県平塚市・伊勢原市。堀や虎口などが現存する。
[＊6] 東京都町田市。曲輪や土塁などのほか、小野小町伝説が残る「小町井戸」が残る。
[＊7] 埼玉県秩父市。崖と渓谷に守られた天然の要害であった。
[＊8] 神奈川県藤沢市。太田道灌が築いたとされる。
[＊9] ここで戦国前期の事例として挙げた城の年代比定については、拙著『杉山城の時代』（角川選書 二〇一七）第五章・第六章を参照されたい。

2. 枡形虎口の機能

【侵入阻止と火力の集約】

一般に枡形虎口とは、侵入した敵に三方から射撃を浴びせて殲滅する工夫、と説明される。けれども、実際の城を見てゆくと、必ずしもこのセオリーに当てはまらないケースが見つかる。典型例が、江戸城の大手門だ。江戸城の大手門は、枡形の二面が堀に面していて、侵入者に対して三方から射撃を加えることができない造りになっている。

前述のセオリーこそが枡形虎口の真髄なのだとしたら、この事例は出来損ないの下手くそな縄張と評価せざるをえない。しかし、仮にも将軍家の居城において、出来損ないの虎口を正門に当てるはずがない。

しかも、二面が堀に面する形態の枡形虎口は、近世城郭では他にも実例が少なくないのだ。だとしたら、侵入した敵に三方から射撃を加えて殲滅することこそが枡形虎口の真髄、という理解の仕方に問題があることになる。

江戸城の大手門をよく観察すると、堀に面した二方向の土塀に石狭間《いしざま》が切ってあり、枡形の内部からも敵を射撃できるようになっている。実は、13頁に掲げた駿府《すんぷ》城の東御門も、枡形の正面側

駿府城（静岡県静岡市）東御門枡形虎口の内部
13頁の写真の枡形を渡櫓の中から見たカット。侵入者を三方から射撃できる構造となっていることがよくわかる。

がやや前方に突出していて、塀に狭間が切ってある。つまり、江戸城の大手門や駿府城の東御門は、枡形虎口に堡塁としての機能を併せもたせているのだ。

なぜ、そうする必要があるのだろう。詳細は次章の「横矢掛りと櫓台」で述べるが、城を実際に守備する場合に、塁線の全体に弓・銃兵を並べておくことは不可能である。したがって、横矢掛りや櫓台といった火点を要所に設けて、弓・銃兵を集約的に配置するような工夫が、有効になってくるのである。

江戸城（東京都千代田区）大手門
建物は戦後の復元だが石狭間は遺存。侵入者を三方から射撃できる構造とはなっていないが、枡形そのものが堡塁となっている[*10]。

　一方、虎口とは攻防の要であるから、敵の攻撃も集中しやすい。であるならば、城側としても虎口に殺到する敵兵に対して、火力を集約して守りたい。そうした工夫の一つが、枡形虎口に堡塁機能を持たせることなのである。

　枡形虎口に配置された弓・銃兵は、まず虎口に向かって殺到してくる敵を迎撃し、敵が城門を突破しそうになったら、枡形を囲む塁上（または渡櫓《わたりやぐら》内）に後退して、侵入してきた敵に射撃を浴びせる。おそらくは、そのような戦い方を想定し

［＊10］上掲の写真では狭間が無いように見えるが、実際は塀と石垣との間に石をくり抜いて作った石狭間が備えられている。江戸城や大坂城では枡形虎口に石狭間を多用しており、枡形を堡塁として運用する意図が明瞭に見て取れる。なお、江戸城の大手門は第二次大戦時の空襲で焼失しており現在の門は再建だが、石狭間は遺存している。

ているのであろう。

【二つの枡形虎口】

第一節の末尾で、戦国初期の枡形虎口としてとりあげた事例を見直してみよう。いずれも、通路を掘りくぼめたり屈曲させたりして侵入阻止効果を高めてはいるが、堡塁として機能する形態ではない。枡形虎口はもともと侵入阻止効果を高める工夫として存在しており、後に堡塁機能を付加されたのである。

どうやら、枡形虎口には大きく分けて二つのタイプがあるらしい。一つは、通路を掘り込むことによって形成されるタイプで、侵入阻止効果を高める工夫として戦国初期から存在していた。もう一つは、土塁で囲むことによって成立するタイプで、虎口に堡塁機能を併せもたせた形態として、ある時期に出現したようだ。

では、堡塁タイプの枡形虎口は、いつ頃出現したのだろうか。元亀《げんき》～天正初年に浅井氏によって縄張が成立したと見られる近江の鎌刃《かまは》城（滋賀県米原市）では、発掘調査によって主郭の一

【枡形虎口の2類型】

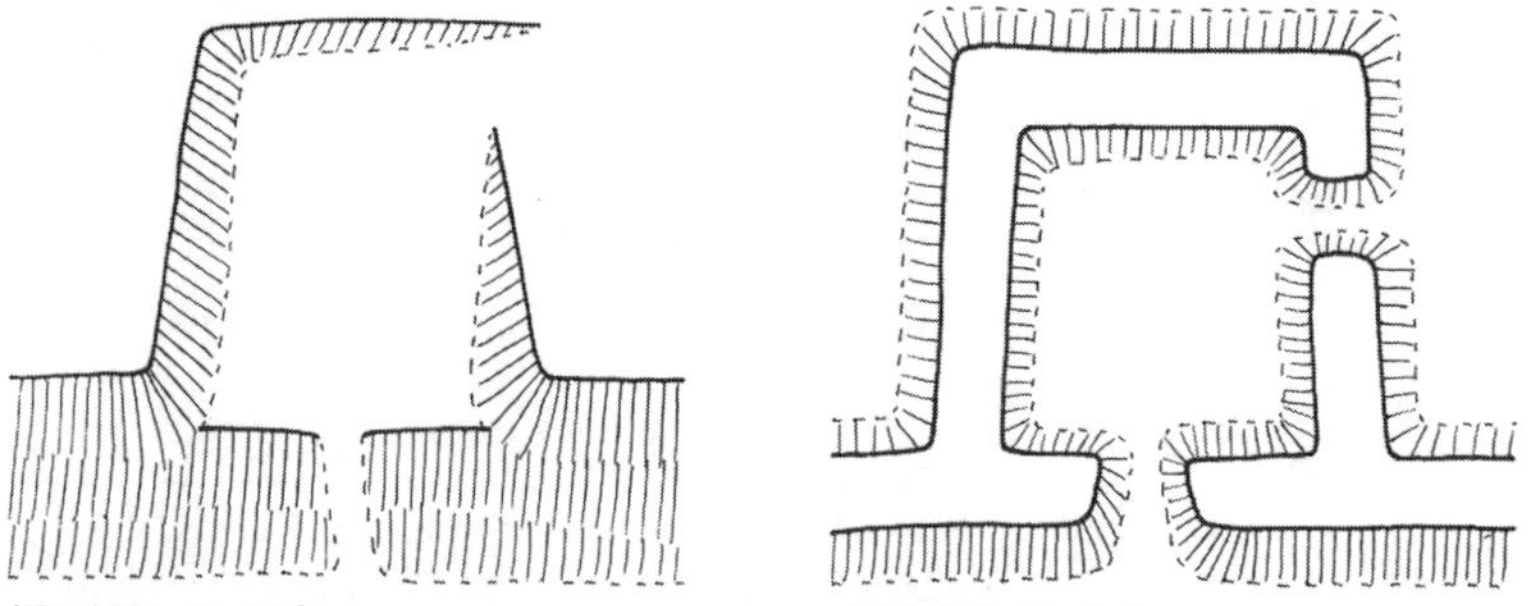

折れと空間という要素だけで判断すると、どちらも同じ枡形虎口のように見えるが、右のタイプは土塁を築かなければ虎口として成立しない。121頁図中の比企型虎口は、土塁を築くことによって虎口に堡塁機能を併せ持たせるという意味では、土塁囲みタイプの枡形虎口と近似する。

角をきれいに四角く掘りくぼめて石積みを施した枡形虎口が見つかっている。この虎口は侵入阻止効果は高そうだが、堡塁とはならない。

関東に目を移すと、天正五年（一五七七）に縄張が成立したと見られる三崎《みさき》城（神奈川県三浦市）や、同九年頃に縄張が成立した滝山城では、土塁で厳重に囲まれた枡形虎口を要所に構えている。滝山城には、枡形の一部が張り出して塁線に対する横矢掛りとなるタイプの虎口もあり、枡形虎口に堡塁機能を持たせようとしている傾向が見て取れる。

地方によって多少前後するものとは思うが、おそらく天正年間に入る頃には、後者の新しいタイプの枡形虎口が、各地に出現していたのだろう。近世城郭の枡形虎口に直接つながるのは、戦国初期から存在していた掘り込みタイプの枡形虎口ではなく、土塁で囲んだ堡塁タイプの枡形虎口なのである。掘り込みタイプの枡形虎口はむしろ、坂虎口のバリエーションとして理解した方がよいだろう。

【形態の変化・機能の変化】

次頁の図は、新府城の伝大手口である。［］型に土塁で囲み、通路をほぼ直進させる形態の枡形虎口は、新府城・躑躅ヶ崎館をはじめとして武田氏系の主要な城で見られるものだ。

この武田氏系の枡形虎口で注意したいのは、土塁のサイズを

滝山城（東京都八王子市）主郭正面の枡形虎口
土塁で厳重に囲まれており、内部で通路が2回直角に折れる。通路面は石敷きだったことが発掘調査によって判明している。

使い分けていることである。すなわち、内側の三面には高さと上幅のある土塁としているのに対し、外に面した側の土塁は低く小さい。内側の土塁で高さと上幅を確保しているのは、上面を戦闘の足場とするためであり、外側の土塁が小さいのは、射撃時の胸壁として用いるためであろう。[*11]

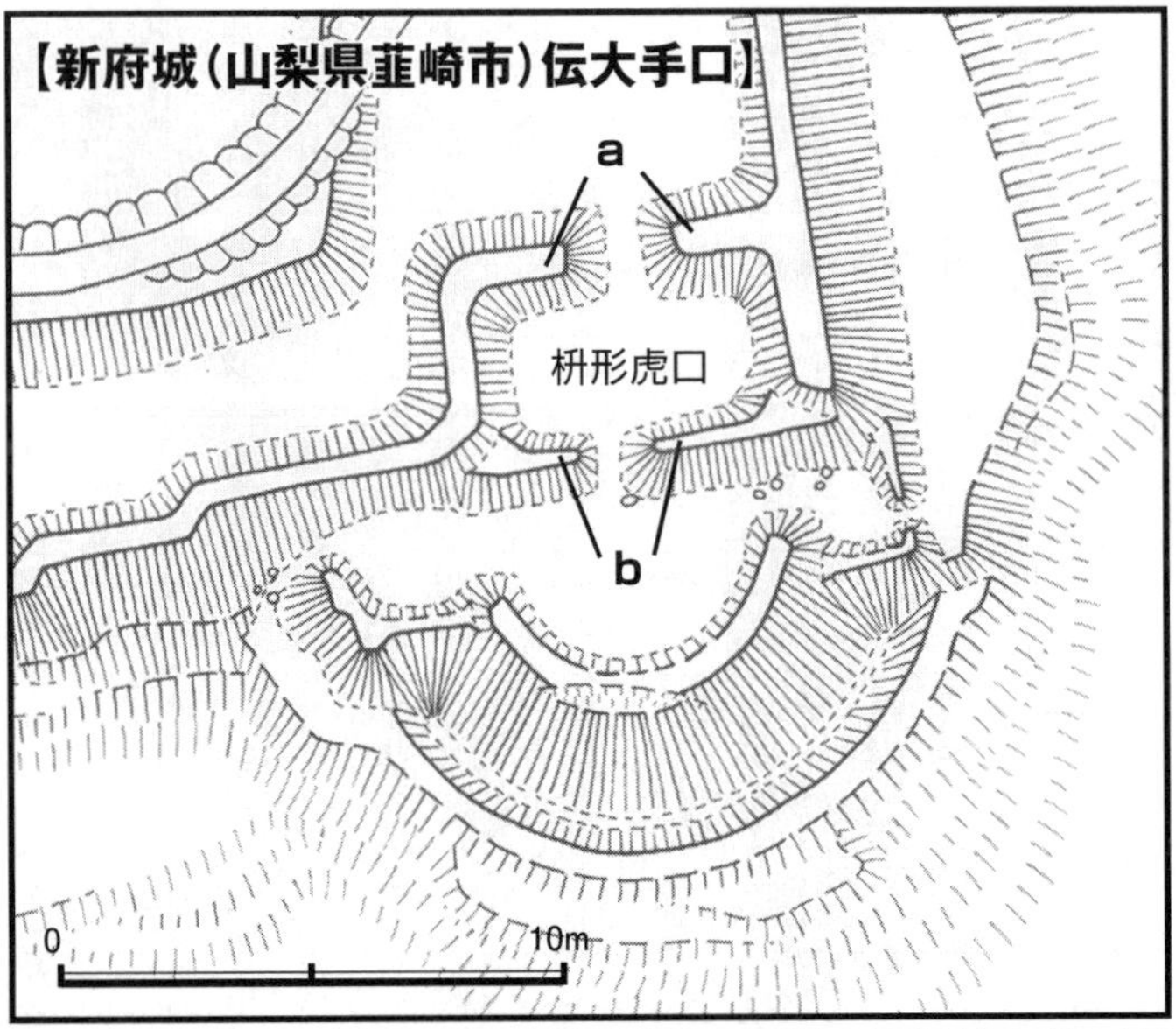

枡形内部の土塁aは充分な高さと上幅があり戦闘の足場となりうるが、外側の土塁bは小さく戦闘の足場とはならない。胸壁として使用したものであろう。前後で開口部がずれていることに注意。

このタイプの枡形虎口は、通路の屈曲による侵入阻止効果はもたない。しかし、虎口をまず堡塁として機能させて敵を迎撃し、枡形内に敵が侵入したら三方からの射撃で殲滅をはかる、というセオリーは実現していることになる。[*12]

第一節で見た漸進的進化モデルは、虎口の機能を折れと空間に分解して、折れも空間ももたない平虎口から両者を併せもつ枡形虎口へ、というセオリーで虎口の進化を理解していた。このように要素を分解して類型や進化モデルを示されると、われわれはつい、客観的・科学的分

[*11] 新府城では全体として、数種類のサイズの土塁を使い分けている。本書第二章でいう制高土塁・遮蔽土塁・胸壁土塁のような、使い分けの意識があったのだろう。

[*12] 武田氏の新府城や諏訪原城(静岡県島田市)・小長谷城(静岡県榛原郡川根本町)などでは、上図のように枡形虎口の前面に丸馬出があり、さらに丸馬出の両側にサイドポケット状の小さな外枡形が付随する。虎口をめぐる防戦手順は、実際にはより複雑なものであったろう。

析手法のように思ってしまう。

しかし、戦国期の枡形虎口において実際に起きた進化は、折れと空間に分解して説明できるような、数式的ロジックに基づいた現象ではなかった。実際の枡形虎口に起きたのは、掘り込み式→土塁囲み式へ、という進化であり、その現象は侵入阻止効果の追求→堡塁機能の付加という実戦的要請に基づいていた。

したがって、後者において重要なのは、土塁で囲まれている、という形式的な要素ではなく、縄張の中で堡塁として機能しうる位置づけを有している、という評価の方である。

武田氏系城郭に見られる[]型の枡形虎口について付言すると、当初は通路が直進する形態であったものが、のちに前後

躑躅ヶ崎館（山梨県甲府市）西曲輪の枡形虎口
画面左手が城内。開口部を前後にずらすように改修されたことが、発掘調査で判明している。右手（外側）の土塁が低いことに注意。

吉野ヶ里遺跡（佐賀県神埼郡吉野ヶ里町）の枡形虎口
弥生時代の環濠集落からも、発掘調査によって木柵で作った枡形虎口が見つかっている。画面奥が城内。通路を折ることで侵入の阻止をはかる工夫は普遍的なものである。

の開口部をずらすように改修されていることが、躑躅ヶ崎館の発掘調査で判明している。

新府城の事例でも、開口部は前後でずれている。とはいえ、通路が明確に折れているわけではないから、この変化は侵入阻止効果の強化という説明では理解できない。

この変化は、出撃や収容のために城門を開扉した際に、城内を見通されたり、撃ち通されることを防ぐための工夫、と考えるべきであろう。枡形虎口に堡塁機能が上乗せされるのは、激化する射撃戦への対応だったことがわかる。

3．枡形虎口の戦国史

【兵種別編成の軍隊】

枡形虎口が、侵入阻止効果を狙った掘り込みタイプから、土塁囲みの堡塁タイプへ、と進化してゆく歴史的背景は、どのようなものであったのか。

中世社会において戦士身分であり領主階級（在地領主）でもあった侍（武士）たちは、所領の規模に応じて養う郎党・被官を従えて、家ごとの戦闘集団を形成し、これが軍勢を構成する部隊となっていた。このような編成原理を、筆者は「領主別編成」と呼んでいる。

支配階級に属し戦士としての訓練を受けて育つ侍たちは、概して体格がよく、個人の戦技に長けているし、被官たちより高価な甲冑や武器を装備

『結城合戦絵詞』（写本）
結城合戦における結城城攻防戦の様子を描いたもの。甲冑をまとった武士達が弓・太刀・薙刀など思い思いの武器を手にして、城戸口をめぐって戦っている（国立国会図書館蔵）。

している。したがって、野戦では騎兵として、城郭戦・陣地戦では戦技に長けた重装歩兵として、軍隊の基幹勢力をなすことになる。

ところが、戦国時代に入ると、有力な大名たちは次第に、家臣らが連れてきた兵たちを馬上《ばじょう》(侍)・鑓・鉄炮・弓・旗といった兵種ごとに再編成して、戦闘部隊を構成するようになっていった。

こうした兵種別編成の軍隊にあって、歩兵部隊の数的主体をなしたのは、もともとが武士(=戦士身分)に属さない足軽・雑兵たちだった。[*13] そして、大名たちが、膂力《りょりょく》や戦闘技能に劣る非武士身分の軽装歩兵を戦列化しようとする流れの中で、爆発的に普及していったのが鉄炮(火縄銃)なのである。

一方で、戦争が次第に大規模化、長期化するのに伴って作戦も複雑化し、前線では様々な任務に基づく戦術的築城が行われるようになり、城郭戦・陣地戦のウェイトが増大していった。この結果、戦技

【荒砥城の攻防模式図】
塁線に配置された銃兵は射撃に専念し、城内に侵入した敵は長柄鑓の密集隊形で封殺している[*14]（イラスト=香川元太郎、監修=著者）。

[*13] 第九章「戦国の軍事力編成と城の変化」参照。

[*14] 荒砥城（新潟県南魚沼郡湯沢町）は、御館の乱に際して上杉景勝側が国境を固めるために築いた山城。上掲のイラストは天正八年（一五八〇）三月、北条軍の攻撃を受ける荒砥城。

に長けた重装歩兵である侍たちは、敵陣をこじ開ける缶切り役として働く機会が多くなっていった。[*15]

【射撃戦と白兵戦】

以上のような状況を、枡形虎口の進化に照射して考えてみよう。まず、軍隊が領主別編成だった時代の城郭戦では、戦いの主役は、戦技に長けた重装歩兵である侍たちだった。彼らは当然、攻防の焦点となる虎口の突破をはかり、弓と刀剣類を用いた戦いが虎口をめぐって激化する。結果として、侵入阻止効果を高めるために、通路を屈曲させる工夫が必要となり、掘り込みタイプの枡形虎口が発生する。

やがて、戦国後期に兵種別編成の軍隊と鉄炮が普及すると、重装歩兵である侍たちは、強力な直射弾道の援護を受けながら、敵城への突入をはかるようになる。当然、虎口をめぐる攻防も、激しい射撃の応酬をへての強行突入、という様相を呈することとなる。枡形虎口に堡塁機能が求められ、土塁で厳重に囲まれた形になるのは必然であった。

とはいえ、先にも述べたように、守備側は城域の全体に満遍なく火力（鉄炮・弓）を配置できるわけ

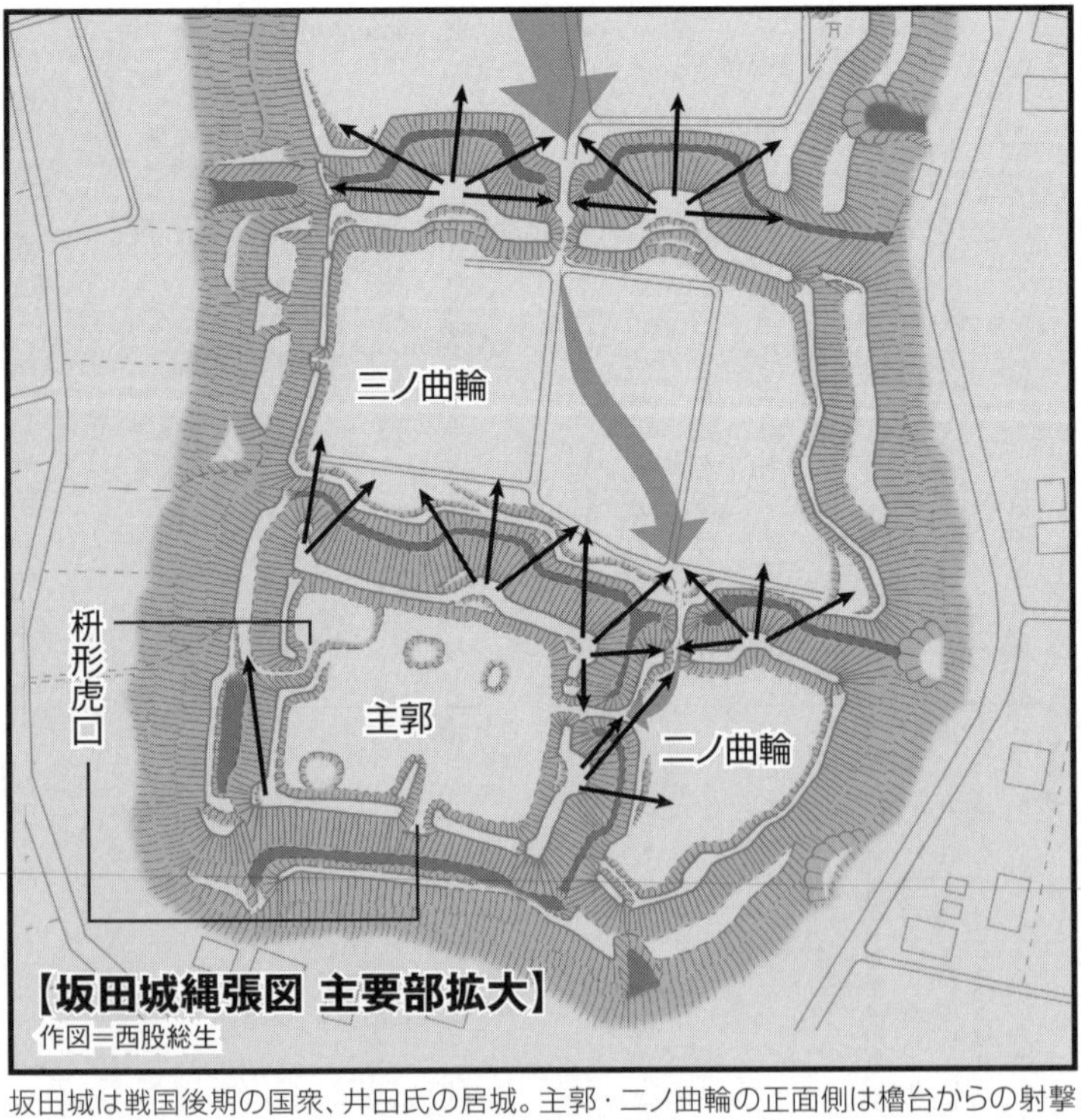

坂田城は戦国後期の国衆、井田氏の居城。主郭・二ノ曲輪の正面側は櫓台からの射撃で制圧する縄張。主郭の裏口部分のみに枡形虎口を用いている

［＊15］この論点については拙著『戦国の軍隊』（学研 二〇一二／角川ソフィア文庫 二〇一七、電子版は学研）を参照されたい。

ではない。攻防の焦点となる箇所に重点的に火力を配置してしまえば、それ以外の場所は鑓や刀剣による白兵戦で守備しなければならない。

こうした「戦国の軍隊の実情」を示す好例として、上総坂田城《かずささかた》[*16]がある。舌状台地に築かれたこの城は、台地続き方向に対しては強力な櫓台（火点）を構えて、火力によって敵を迎撃する構造を示している。その一方で、主郭の裏口にあたる部分には枡形虎口を備えている。火力は櫓台（火点）に集約し、裏口への侵入者は長柄の鑓襖《やりぶすま》によって封殺するためであろう（坂田城については第六章・第九章でも詳述する）。

実は、新府城や滝山城といった有力武将の大規模な居城でも、曲輪の裏口や通用口のような所には、通路を屈曲させるタイプの小規模な枡形虎口が備えられている。やはり、侵入者を鑓や刀剣を主体とした白兵戦で封殺するためであろう。

小倉城（埼玉県比企郡ときがわ町）の枡形虎口
きれいに直角に折れる枡形虎口だが、通路を掘り込んで造られており土塁を伴っていない。この間合いなら侵入者を長柄鑓で突き伏せられるだろう。

【虎口と城門】

さて、本書では、戦国期城郭の虎口に関して、主に東国の事例を用いて説明し

［*16］千葉県山武郡横芝光町。台地上の広大な城域を巨大な堀を設けて守る構造は、千葉県北半から茨城県南半の地域に見られる築城手法である。

ている。これは筆者の研究フィールドが東国という事情もあるが、そもそも枡形虎口や馬出の発達は東国の方が優越しており、西日本では概して虎口の発達が低調、という事情にもよっている。いや、虎口ばかりでなく、横矢掛りについても畿内や西日本より東国の方が、概して優越している印象を受ける。

一方、戦国後期に畿内一帯を制圧した織豊系勢力は、敵を阻む障碍として高石垣を積極的に使用し始めた。と同時に彼らは、礎石建ち・瓦葺きの重量建物を城郭に応用していった。耐火性・耐弾性にすぐれた強化火点としての、天守・櫓の出現である。

この変化を、本章で見てきた枡形虎口の進化に載せれば、近世的な枡形虎口が成立する。ただし、内側の開口部に渡櫓門、外側に高麗《こうらい》門を備えたタイプの典型的枡形虎口（13頁の駿府城タイプ）が、一気にできあがったわけではない。

ここで注目したいのは、虎口を閉塞する装置、つまり門の形態だ。というのも、渡櫓門や高麗門のような形態は、中世には存在しなかったからだ。というより、そもそも城郭専用の門の形式というものがなかった。薬医《やくい》門や棟《むね》門、四脚《よつあし》門など、寺社や屋敷に用いられる形式の門を応用して済ませていたのである。上部に簡素な櫓を載せた櫓門はあったが、これとて門本体の構造は変わらない。

これらの門は、板製の門扉が木製の軸に取り付けられており、これが木製の軸受けに差し込まれる構造である。したがって、耐火性・耐弾性に劣っているし、大きな力が加われば軸や軸受けが破断してしまう場合もある。

とはいえ、軸や軸受けの構造は専門の職人がいなければ作ることはできない。一方、前線における戦術的築城では、しばしば兵士や農民だけの力で築城にかかる作業のすべてをこなさなければならなかっただろう。

となれば、ごく簡素な仮設物[*17]で虎口をまかなう場合も多かったはずだ。土造りの戦国期城郭で、虎口の構造が複雑化したり枡形虎口を多用するのは、門の戦闘耐性に期待できない分を土木によって補うためであったかもしれない。

諏訪原城の薬医門
中世的な薬医門として復元されており、木製の門扉と軸受け（○印）の構造がよくわかる。ただし、諏訪原城の城門が実際にこの形態だったかは疑問がある。

【枡形虎口の完成】

これに対して、近世城郭の渡櫓門や高麗門では、大砲の砲身なみの太さがある金具（壺肘金）によって、門扉が門柱に取り付けられており、門扉そのものにも鉄板が打ち付けられている。高麗門の控え柱の上に小さな屋根が付いているのは、開扉した状態でも鉄板や金具が雨で錆びないための工夫である。渡櫓門や高麗門は、耐火性・耐弾性を追求した結果として獲得された、城郭建築専用の門の形式なのである。

ただ、高麗門とはいっても、この形式の門は朝鮮半島には存在しないそうだ。文禄慶長《ぶんろくけいちょう》の役《えき》の際（ま

[＊17] 扉を縄で外上方に吊って開閉する揚げ木戸が典型的に考えられるが、他にも土塁上に渡した丸太から縄を垂らしてバリケードを引きあげる方法などを想定できる。極端な場合、丸太などで虎口を塞いでしまうような方法も採られたかもしれない。

たはその後）に、日本軍が戦訓によって編みだした形態ではなかろうか。これに対し、天正年間に築かれた織豊系城郭には、すでに渡櫓門の台座が備わっている。

　したがって、まず石垣で固められた枡形虎口の内側に渡櫓門が建てられるようになり、文禄慶長の役の後に高麗門が案出されて、最終的に13頁駿府城タイプの典型的枡形虎口が完成した、ということになる。

　生物における進化の本質とは、変転する環境への適応に他ならない。戦乱の中で生まれた枡形虎口もまた、変化する戦いの様相に適応して、その形態や機能を変化させ、究極の形態へと進化を遂げたのである。

大坂城（大阪府大阪市）の高麗門

門柱・門扉とも鉄張りとなっており、耐火性・耐弾性を追求していることがわかる。

甲府城（山梨県甲府市）の枡形虎口

内松陰門から本丸銅門に至る通路は連続枡形虎口の様相を呈しており、城兵が正常に配置されていたら到底突破は不可能だ。侵入阻止効果を極限まで追求した形。

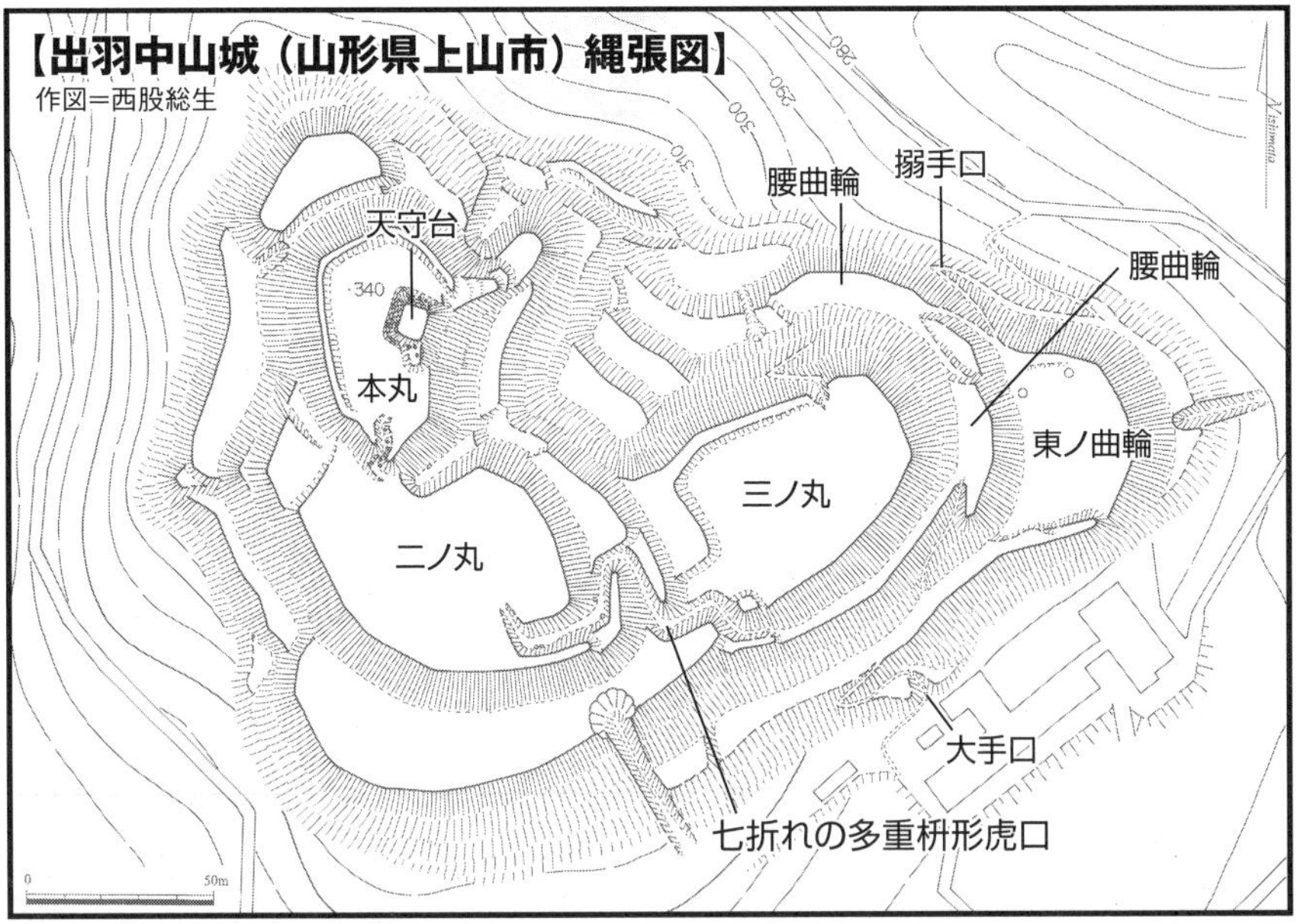

【出羽中山城（山形県上山市）縄張図】
作図＝西股総生

出羽中山城は、米沢を本拠としていた伊達氏によって境目の城として築かれたが、現在残る遺構は天正18年（1590）に会津に入部した蒲生氏によるものと考えてよい（本丸に石垣の天守台がある）。対最上氏の最前線を担うべく築かれた中山城は、少ない兵力で可能な限り抗戦を続けられるような縄張が施されている。とりわけ目を引くのが、三ノ丸腰曲輪から二ノ丸へ入るところに設けられた枡形虎口で、通路がなんと7回も折れる厳重な構えである。城兵が正常に配置されていれば、侵入者はここで壊滅的な損害を被り、突破は困難であろう（「戦国の城・出羽中山城」『歴史群像』163号（2020）参照）。

■四枚のパネル

埋没や崩落を念頭に置いた上で「立体構造物」として見ることが、もっとも肝要になるパーツが、枡形虎口である。と同時に、等高線式の測量図では遺構の属性を最も表現しにくいのもまた、枡形虎口である。なぜなら、内部がくぼんでいる枡形虎口は、城の廃絶後に土の堆積が進むからだ。内部に堆積が進むと、本来は四角かった空間（＝枡形）は丸っこくなる。こうした状態の遺構を、平面投影によって〝客観的〟に図化すると、ダランと丸っこい凹地として表現される。

それを、等高線式の測量図は縄張図と違って科学的で客観的だからといって、ありがたがる御仁がある。しかし、縄張図であれ測量図であれ、枡形虎口を枡形虎口として図化するためには、測量者・作図者が、その場所を枡形虎口として認識している必要があるのが、「図化」という営為の実際である。

こうしたことを考えずに、精密な機器を用いて〝客観的〟に測量した以上、科学的で正確な図だから資料的価値が高い、と信じるのであれば、それはもはや信心の領域に属する価値観なので、どうぞご自由に。そうした信心を持ち続けている間は、城の遺構を「立体構造物」として理解する観察眼は、身につかないと思うが。

では、縄張研究者がなぜ、ダランと丸っこい凹地を枡形虎口と認知できるかというと、一つは踏査経験の蓄積によっている。踏査経験が豊富だということは、判断の根拠として比較対照できる事例を、頭の中にたくさんもっていることを意味する。

自分がいま見ている凹みは、過去に見てきたどの遺構に似ているか。それらは、他の研究者によって枡形虎口として認定されただろうか。あるいは、比較対照できそうな発掘調査の事例はないか、といった参照系だ。

もう一つは、縄張全体の中で、導線設計を丹念に確認して歩くからだ。通路の痕跡を探して歩きながら、下の曲輪と上の曲輪とを連絡するための導線が、どのように設定されていたのかを一つ一つ確認する。その経路上に土塁や切岸の切れ目が来れば、虎口と判断できる。そして、虎口が凹地になっていれば、枡形の可能性があるわけだ。

鳥坂山城（新潟県妙高市）の虎口
二ノ丸の虎口。矢印のように道を折り曲げた枡形虎口になっている。

■撃たれるか、撃つか

この考え方を、城歩きにも応用してみよう。つまり、通路（やその痕跡）をたどりながら、攻城軍側、城兵側、それぞれの立場で枡形虎口に出入りしてみるのだ。このとき、漠然と出入りするのではなく、突入・封殺・逆襲・退却といった、具体的な戦術動作を脳内シミュレートしながら歩くのがコツだ。

また、枡形に入ったときに、四枚のパネルで囲まれているイメージを頭に描いてみるとよい。最初は、よく整備された城や有名な城など、枡形虎口の遺構がわかりやすい城でイメージをつかむ。四枚のパネルで囲まれているようにイメージできれば、枡形虎口を「立体構造物」として認知できたことになる。

こうして、自分の頭の中に確度の高い参照系を作ると、埋没の進んだ事例や、変則的な形態の事例も、次第に枡形虎口として認知できるようになるだろう。

さらに一歩、踏み込んだ城の見方を身につけたい方は、自分の見ている枡形虎口が掘り込みタイプなのか、堡塁タイプなのかを考えてみよう。ここで大切なのは、「入り込んだら袋のネズミ」というイメージに囚われないこと。と同時に、土塁で囲まれているかどうかといった、形式的な要素に足をすくわれないことだ。掘り込みタイプの枡形虎口でも、高さを補完するために土塁を追加することはありうるからだ。

そうではなく、虎口を通って曲輪に入ってくる導線全体を見渡しながら、枡形から有効な射点・射界が得られるか、城兵の立場になって確認してみる。つまり、枡形で撃たれるイメージだけではなく、枡形から撃つイメージも描くようにするわけだ。

枡形虎口を歩いて、こうしたイメージを持てるようになれば、土塁の大小、堀幅、曲輪の位置関係や高低差などの持つ意味を考えながら、城をあらためて立体構造物として捉えることができるようになるであろう。

躑躅ヶ崎館枡形虎口

西曲輪の枡形虎口は［ ］型に土塁を配置したもので、武田家滅亡後に石垣が設けられた。

【第六章】横矢掛り《よこやががり》と櫓台《やぐらだい》

戦国期城郭における火力運用の効率化

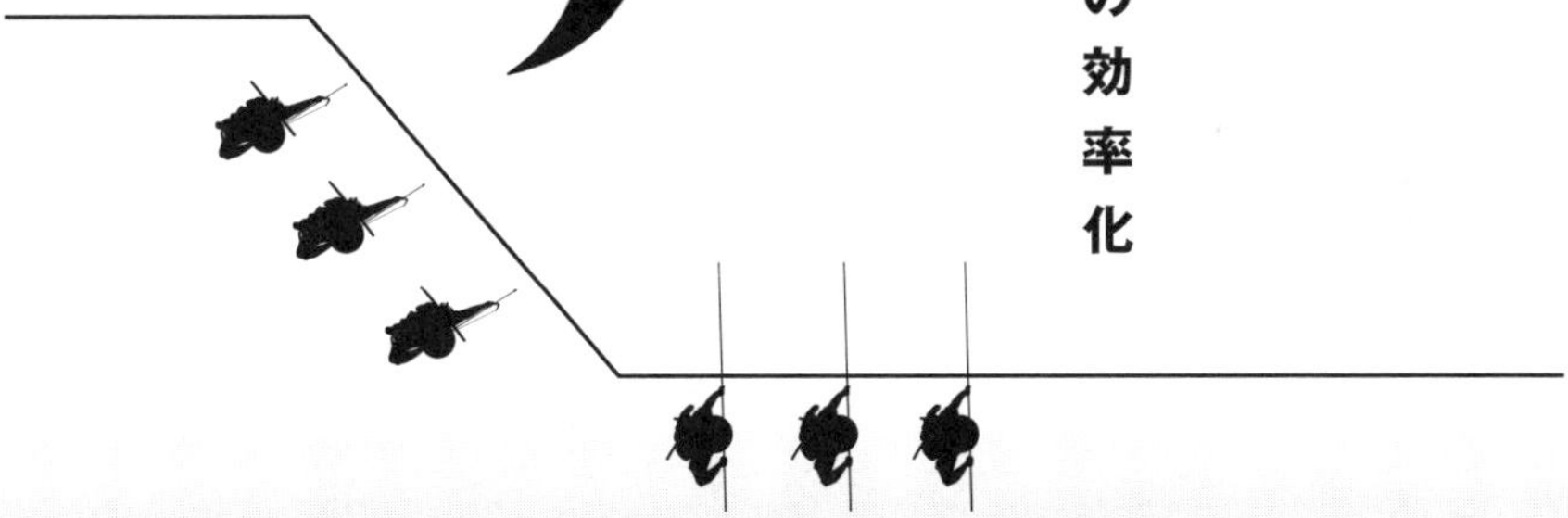

- 弓・鉄炮の効率的な運用が横矢掛りを発達させた
- 戦国期城郭は櫓が建っていなくても櫓台
- 近世城郭の櫓は射撃戦の激化に対応した強化火点

1. 横矢掛り

【城を守る武器】

城とは敵を防ぐための施設であるが、施設を造っただけでは城は機能しない。城を防禦施設として機能させるためには、そこで戦う人＝守備兵と、戦うための道具＝武器が不可欠である。戦国時代に使用されたさまざまな武器の中でも、城を守るときに有効なのは、やはり弓・鉄炮などの飛び道具であろう。堀などの障碍で足止めした敵に対し、城内から射撃を浴びせて倒すのは、もっとも効果的な防戦の方法だ。本章では、飛び道具を有効に使って城を守るための工夫について、横矢掛りと櫓台を中心に考えてみよう。

敵の側方から矢を射掛けることを「横矢」というが、この言葉は鉄炮の時代になっても使われた。城の縄張においては、塁線の一部を屈曲させたり突出させることによって、敵に横矢を掛けることができる。このように、横矢を掛けるための縄張の工夫を「横矢掛り」と呼ぶ。

これまで、塁線の屈曲や突出による横矢掛りは、射線を交差させることによって敵を殲滅する工夫であるように説明されることが多かった。いや、現在でも一般向けの城の解説書などでは、しばしばそのように説明されている。たしかに、射線を交差させれば、敵を殲滅するためのキル・ゾーンを作り出すことができるのだが、この考え方には問題がある。

というのも、戦国時代の軍隊では、弓・鉄炮といった飛び道具の装備率は――時期や地域によって多少の幅はあるものの――おおむね全体の一割～二割程度でしかなかった（第九章で詳述）。つまり、ある城に仮に五〇〇の守備兵がいたとしても、弓・鉄炮は五〇～一〇〇挺しかないわけだ。これでは、射線を交差させて守れるだけの弓・鉄炮を、塁線の全体にずらりと並べることなどできっこない。

【横矢で何を狙うか】

実際、城の縄張を見てゆくと、横矢掛りはごく特定の場所にしか存在していないことがわかる。たとえば、下に示した大庭城[*1]の例でも、塁線を大きく屈曲させてキル・ゾーンを作り出してはいるものの、広大な城域からするならごく限られた範囲にとどまっている。それならば攻城軍側は、わざわざ射線が交差するキル・ゾーンなどに飛びこまなければよいのであって、これでは敵を殲滅する効果など期待できないことになる。

では、横矢掛りは現実にはどのように効果を発揮するのであろうか。大庭城の事例で考えてみよう。この城では、二ノ曲輪と三ノ曲輪の塁線が大きく折れて、射線が交差するキル・ゾーンを形成してい

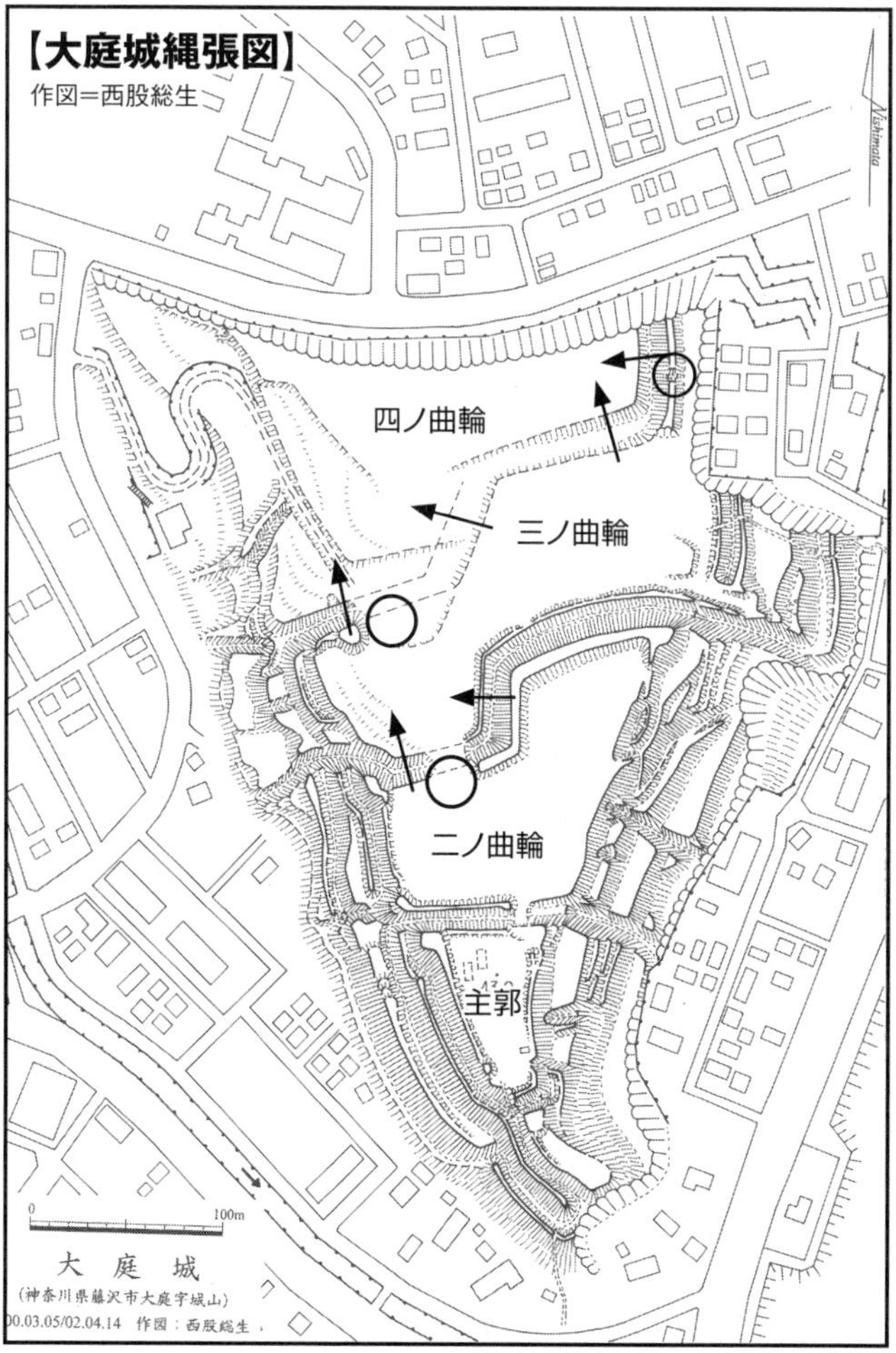

山内上杉氏の侵攻に備えて扇谷上杉氏が築いた城。舌状台地上に曲輪を設け、虎口（○印）の前面に横矢を掛けている。

[＊1] 神奈川県藤沢市。180頁参照。

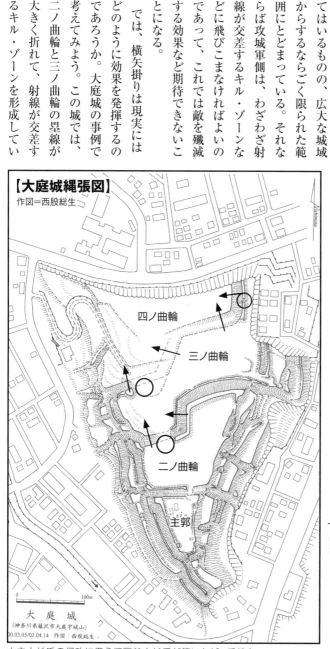

るが、キル・ゾーンはいずれも虎口の手前に設定されていることがわかる。曲輪と虎口の位置関係から、敵が自然と虎口の前面に向かうように誘導し、そこをキル・ゾーンとしているのだ。
　この方法だと、かなりの数の弓兵を配置しなければ効果的な防戦ができないが、大庭城は扇谷上杉軍の主力を収容する作戦基地として築かれているから、弓兵の数は確保できる前提で城を設計しているのだろう。

杉山城（埼玉県比企郡嵐山町）南三の郭の虎口
塁線が折れた場所に立つと、土橋を渡って虎口に侵入してくる敵を側面から狙撃できる（矢印）ことが実感できる。

　一方で、塁線を折って小刻みに横矢掛りとしている例もある。埼玉県の杉山《すぎやま》城が典型例だ。縄張図でわかるとおり、この城は塁線をあちこちで折り曲げているが、よく見ると横矢掛りはランダムに設けているわけではなく、虎口やそこへ向かう導線に対して集中していることがわかる。[*2]
　しかも、虎口の手前で導線を直角に折ったり、幅を絞ったりして、侵入者に方向転換や減速を強いている。個々の横矢掛りを見ると、塁線の折れ幅は小刻みで数人の弓・銃兵しか立つことができないが、侵入者を足止めしてピンポイントで狙撃できるよう、工夫を凝らしているの

［＊2］　杉山城の縄張と築城年代については拙著『杉山城の時代』（角川選書 二〇一七）を参照されたい。

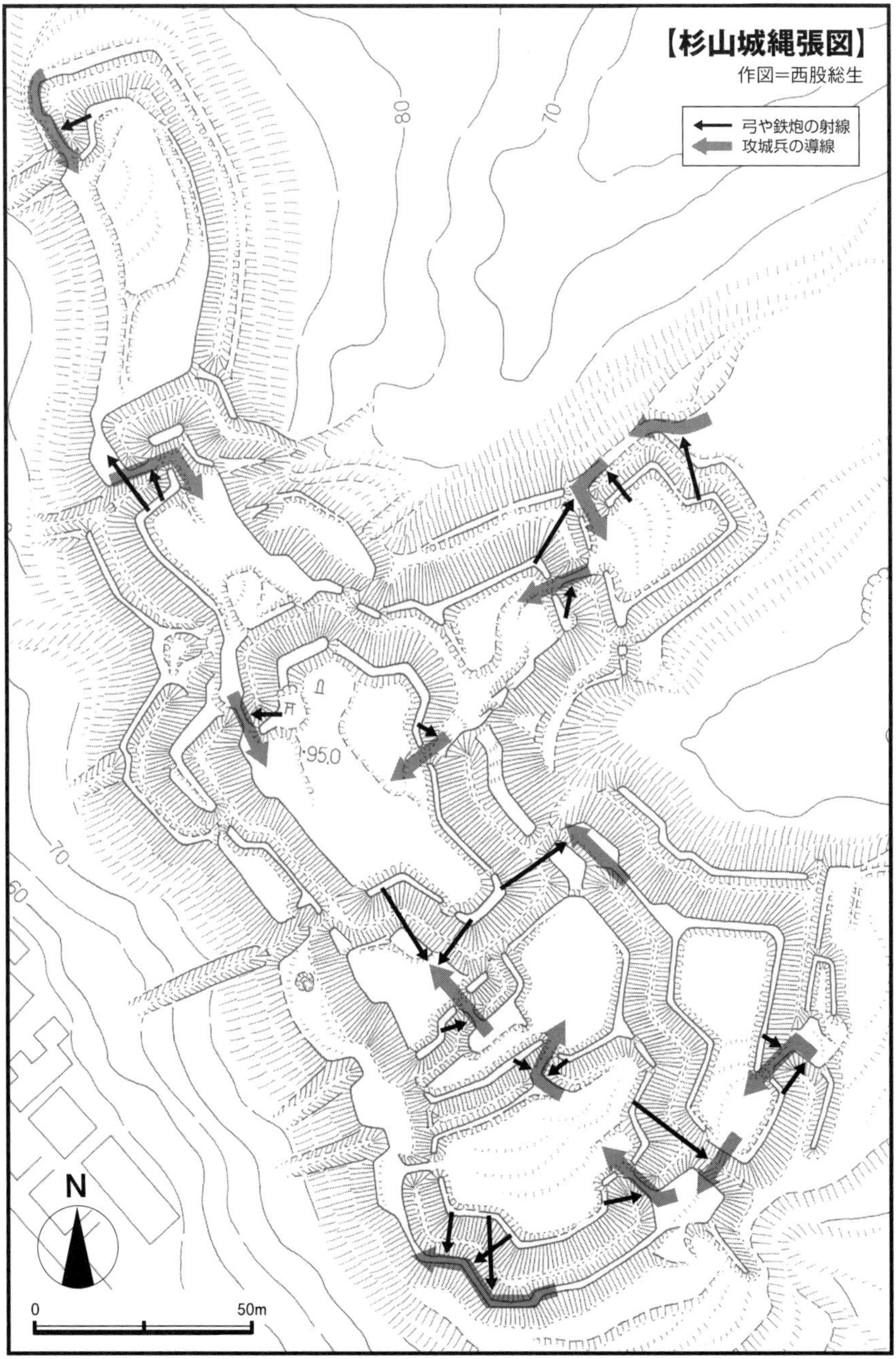

杉山城の横矢掛りは、導線を折り曲げたり通路幅を絞ったりして侵入者を足止めするポイントとセットになっている。

【横矢掛り模式図】

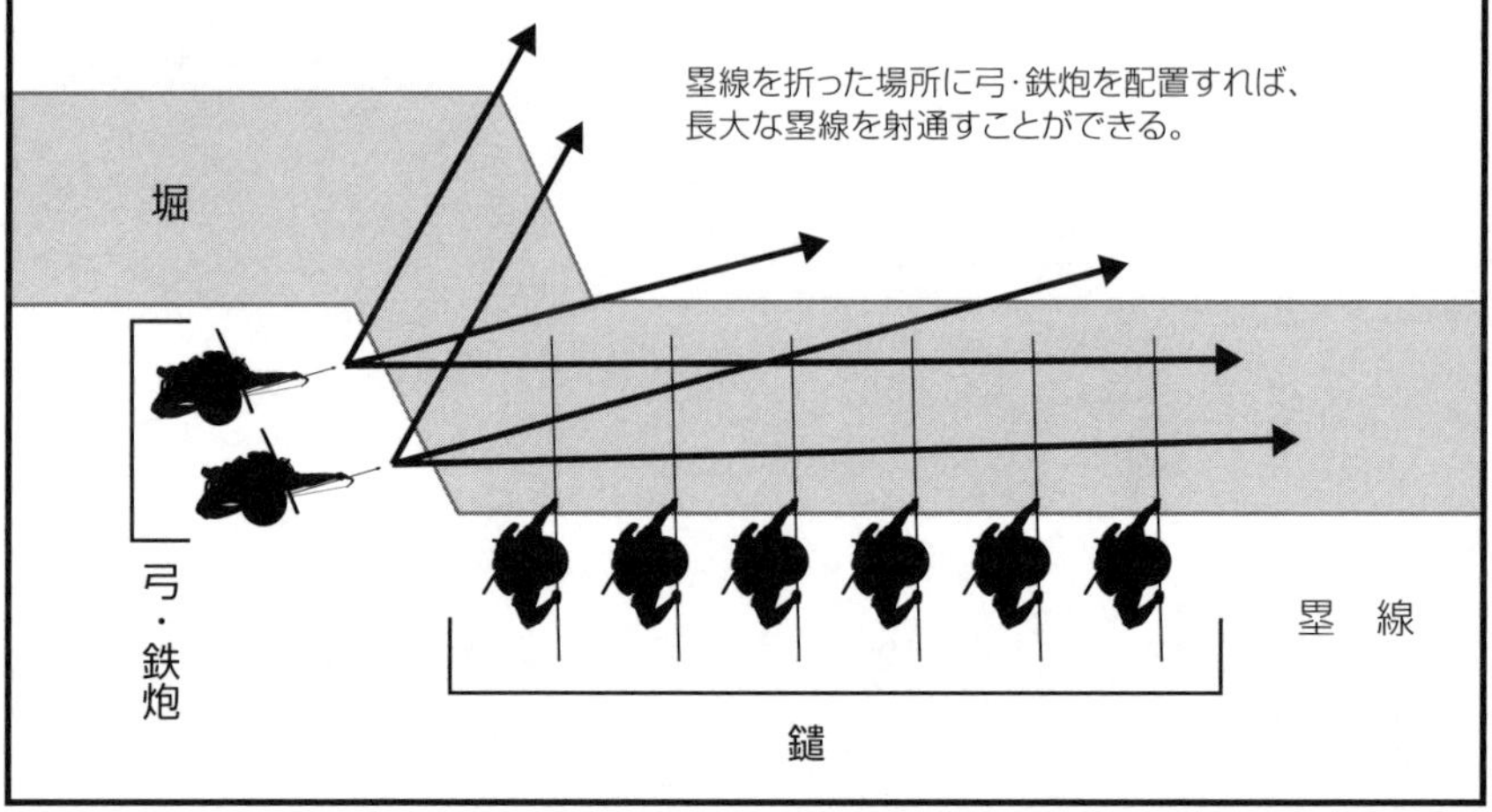

である。

【火点としての横矢掛り】

火力を効果的に発揮できるように火器を配置するポイントのことを、軍事学で「火点」と呼ぶが、杉山城の横矢掛りはまさに火点である。[*3]

つまり、城を守備する際に、塁線上にずらりと弓・鉄炮を並べる必要などないのだ。堀などの障碍によって敵の侵入を阻み、敵の攻撃が集中するポイントを狙って火点を設定すれば、少数の弓・鉄炮でも効果的に敵を仕留めることができる。

では、弓・鉄炮の装備率がせいぜい二割程度として、残りの兵士たちは何を携えていたかというと、戦国時代の主力兵器はまちがいなく鑓であった。多数の鑓と少数の弓・鉄炮を用いて、城の塁線を守備する合理的な方法を考えてみよう。

塁線のどこかを折って横矢掛り——つまり火点とし、弓・鉄炮を数挺でも配置して

[＊3]「まえがき」でも断っておいたように、使用される武器が弓か鉄炮かを問わず、ここでは「火力」「火点」と呼ぶことにする。

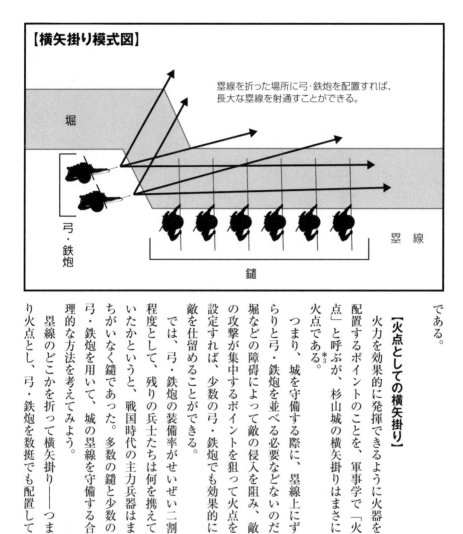

おけば、数十メートルくらいは射通すことができる。もちろん、それだけでは敵の侵入を防ぎきれないが、数の上で主力兵器である鑓を塁線上に並べておけば、矢玉をかいくぐって塁線を越えようとする敵を突き返すことができる。逆にいうなら、鑓襖《やりぶすま》をかいくぐりそうな敵を、側面から狙撃してゆけばよいわけだ。

興味深いことに戦国の城の場合、横矢掛りの土塁は直角ではなく、鈍角に折っている例が圧倒的に多い。実際に現地に立ってみるとわかるが、塁線は直角に折るよりも鈍角に折った方が、堀の対岸に対して広い射界を得ることができるからだ。虎口と土橋に対する横矢掛りでも、土橋の手前まで射界に収めた方が、おそらく効果的なのだろう。土橋の手前はボトルネックになって、攻城軍が渋滞するからだ。

このように戦国の城では、相対的に少数な弓・鉄炮の火力を効果的に発揮できるように、縄張が工夫されていったのである。

坂田城（千葉県山武郡横芝光町）の櫓台
主郭の櫓台を土橋の上から見たところ。櫓台が大きく張り出して、虎口と土橋に横矢を掛けている。

2. 櫓と櫓台

【戦国の櫓台】

「櫓《やぐら》」というと、近世城郭に見られる塗込め式の隅《すみ》櫓を思い浮かべる人も多いだろう。近世城郭の隅櫓は、石垣のコーナーにそのまま建っていることもあるが、石垣のコーナー部分を一段高くしたり、少し張り出させたりした「櫓台」の上に建っていることが多い。

土造りの戦国の城でも、これと同じように土塁の一部を大きくしたり、張り出させたりして櫓台を築いている。塁線から張り出させて築くのは、堀や土塁を越えてくる敵に対する横矢掛りとするためで、こうした櫓台は、見張り場であると同時に、弓・鉄炮を配置する火点であることがわかる。

櫓台が火点としてどう威力を発揮するのか、実例を見てみよう。採り上げるのは徳島県にある東山《ひがしやま》城[*4]だ。東山城は天正十三年（一五八五）に長宗我部氏が築いたと推定される山城で、北側の尾根続きに面した主郭の北西端を大きな櫓台ａとして突出させ、その外側を三重の堀切としている。[*5]

このため、攻城軍は櫓台からの射撃に身をさらしながら、堀切を越える動作を三回くり返さなくてはならない。三重の堀切が角度を微妙にずらせて掘ってあるのは、攻城軍に斉一な動作をとらせないためだろう。

しかも、城内に突入するためには、腰曲輪ｂから小さなスペースｃへと木橋を渡り、そ

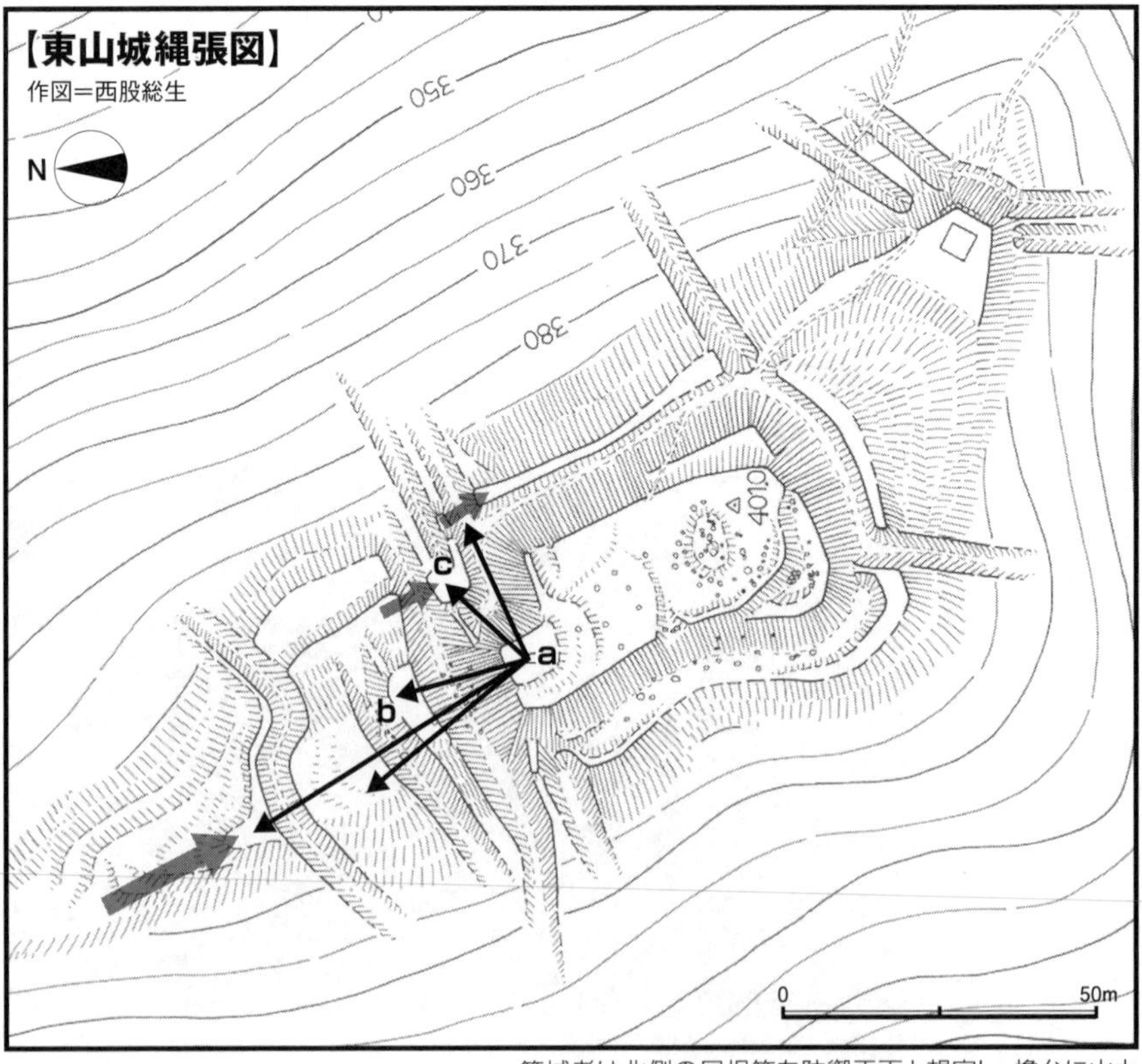

築城者は北側の尾根筋を防禦正面と想定し、櫓台に火力を集約することで敵の侵入を効率よく防ごうとしている。

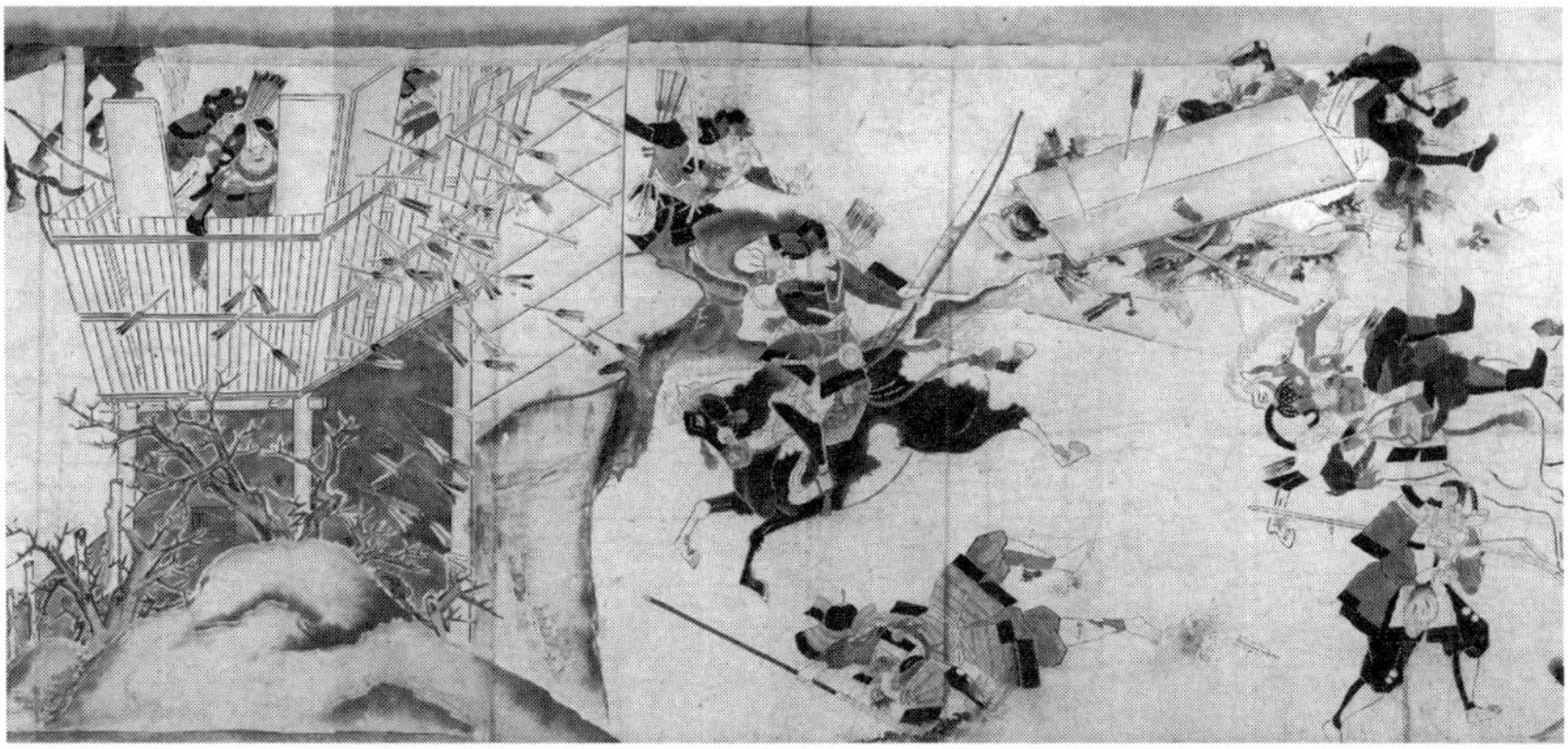

『前九年絵巻物』に描かれた櫓
櫓上のスペースは狭く、数人立つのがやっとだ（国立国会図書館所蔵）。

こから竪堀をもう一度、木橋で渡って横堀対岸の狭い通路へと進まなくてはならない。この手間のかかる進入経路は、すべて櫓台から俯射される。もし城側が木橋を撤去してしまったとしたら、攻城軍が城内に侵入するのはかなり難しいだろう。

　杉山城の例を思い出してみよう。東山城の櫓台と杉山城の横矢掛りは、意外にも共通の原理に基づいている。そう、火点は敵を足止めする要素と組み合わせたとき、大きな威力を発揮するのだ。

【櫓とは何か】

「櫓（やぐら）」は「矢倉」「矢蔵」と表記することもあるので、もともとは武器庫の意味だと、一般には理解されている。実際、近世の櫓は武器庫として使われていることが多い。しかし、中世の絵画資料にしばしば描かれている櫓門や井楼《せいろう》櫓は、木製の開放的な構造物なので、武器庫として甚だ心もとない。[*6]

　一方、城郭研究の先達である鳥羽正雄氏は早くから、「やぐら」の語源は「矢の倉」ではなく、「矢座」だと主張されていた。[*7] 鳥羽氏は、古代の「兵

[＊4]　徳島県三好郡みよし町。

[＊5]「戦国の城・阿波東山城」『歴史群像』九四号（二〇〇九）、のち『戦国の城全史』（学研 二〇一二）に再録。

[＊6]　井楼櫓の脚部が開放構造のままだと、昇降中を狙撃されて危険ではないかという考えから脚部を板で覆った復元例があるが、近代以前には板材は製材に手間のかかる高級品であり、井楼櫓に用いたとは考えにくい。昇降中の狙撃を防ぐには、必要に応じて筵や陣幕などで脚部を覆えば済むことであろう。

[＊7]　鳥羽正雄『日本城郭辞典』（東京堂出版 一九七一）。

庫」が「やぐら」と訓じられている例を引いて、戦闘への即応性を高めるためには、矢を発する場所（矢座）に弓矢の保管場所を兼ねさせた方がよいから、「やぐら」に「矢倉」の字が当てられるようになったのだろう、とも述べている。

逆井城（茨城県坂東市）の井楼櫓
復元された井楼櫓。戦国時代の櫓は、木材を組み上げただけで壁はない。武器庫には適さない造りである＊8。

この鳥羽氏の指摘は非常に理にかなっている、と筆者は考える。『信長《しんちょう》公記《こうき》』など織豊期の史料に、天守が「石《いし》くら」の上に築かれていた、とする記述が見えるからだ。この記述について、「石くら」を天守台内部の地下室部分を指す、とする見解がある。たしかに、現存する天守台の事例を見ると、入口部分が地下室のようになっている場合が多い。しかし、これも「くら＝座（坐）」と考えるならば、「石くら」とは石でできたプラットフォーム、すなわち天守台そのもののことだと理解できる。

「やぐら」の語義が「矢座（坐）」、つまり矢を射るためのプラットフォームなのだとしたら、取りも直さず火点を意味していることになる。中

[＊8] 現在、城址公園などにしばしば復元されている井楼櫓は、かなり堅牢な造りになっているが、これは耐久性や安全性に配慮して設計されているためである。戦国期城郭における実際の井楼櫓は、あり合わせの材料と技術で組まれたものと考えるべきで、わかりやすくいうなら盆踊りで使用されるような、ごく簡素な構造であったろう。

世の絵巻物などで、櫓門や井楼櫓に弓矢を持った兵が描かれていることが多いのは、即応用の武器が備えられていることの絵画表現であろう。

なお、本章の原型となった記事を『歴史群像』一五五号（二〇一九）に発表したのち、古代山城研究会の向井《むかい》一雄《かずお》氏から、「やぐら＝矢座説」について個人的にご批判を頂戴した。『歴史群像』記事で筆者は、「座（坐）」とは、神の下りる岩を「いわくら」と呼ぶ場合と同じ「くら」である、と説明していたが、向井氏によれば、神の下りる岩を「いわくら」などと呼ぶようになるのは後代のことで、古代・中世には遡らないそうである。この点は、向井氏のご教示に従いたい。

また向井氏からは、戦国期に日本に渡来したポルトガル人たちが編んだ『日葡《にっぽ》辞書』では、「いしくら＝石垣」と記述されているとのご教示をいただいた（『日葡辞書』の記述は筆者も確認した）。向井氏は、総じて「やぐら＝矢座説」に疑問を呈しており、「くら」は素直に「倉・蔵」と解すべきだろうとのご意見をいただいている。[*9]

しかし、戦国期に石垣が「いしくら」と呼ばれていたのだとしたら、その場合の「くら」を「倉・蔵」に当てるのは、やはり不自然ではなかろうか。塀や建物を乗せる石でできたプラットフォーム、という意味で「石くら」と呼んだと理解した方が、理にかなうものと愚考する。

【櫓のない櫓台?】

戦国の城の復元イラストなどでは、これまで櫓台の上に井楼櫓を描くのが普通であった。ところが最近、城郭研究者の間では、櫓台の上には何も建っていない場合が多かったのではないか、という認識が広まりつつある。発掘調査の事例を見ても、櫓台から井楼らしい柱穴がなかなか検出されない、というのが一つの理由だが、それだけではない。

【＊9】向井氏からのご批判は私信の形でいただいているので、この場でこれ以上、筆者の言葉で紹介するのは控えたい。今後、氏が論考・著作を通して「やぐら論」を展開され、櫓に関する議論が深まることを期待したい。なお、その場合の議論が、「くら」の語源論のようなところにはまりこむと、歴史学の議論としては不毛であることについて、向井氏とは意見の一致を見ている。

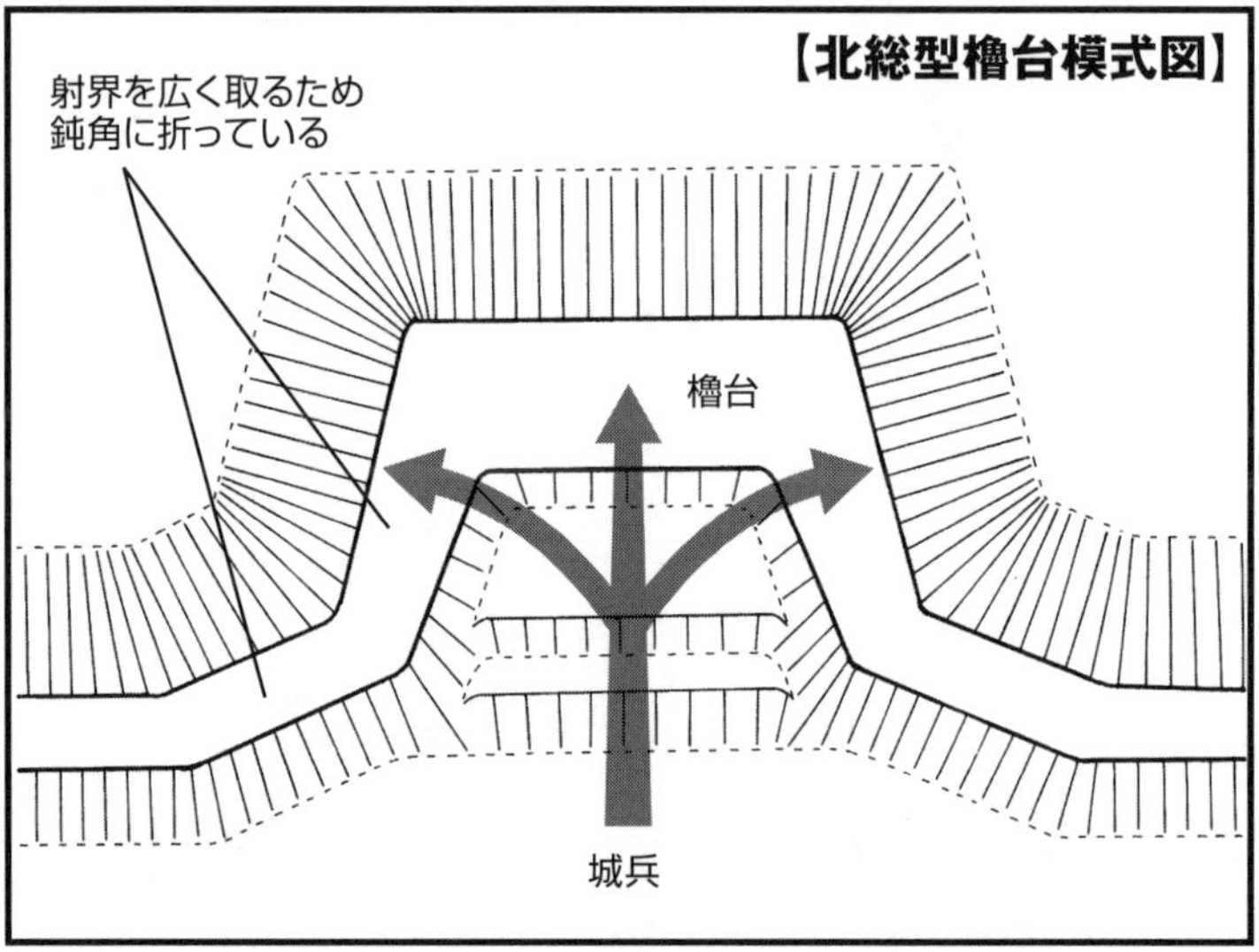

塁線を鈍角に折ることで、広い射界を確保している。また、内側を階段状に造成することで城兵は櫓台に登りやすくなり、左右にすばやく展開することができる。

研究者たちが丹念に地表面観察をしてゆくと、櫓台といわれている遺構は上に建物を載せられそうもない形であることが意外に多いのだ。たとえば、上総北部にある坂田城の場合、櫓台の平面は内側が大きく凹んだ台形をしていて、建物を載せるには明らかに不適切な形である(坂田城については第九章であらためて採りあげる)。

一方、平面が台形なのは射界を広く取るため、内側を凹ませているのは城兵をすばやく展開させるため、と考えることができる。つまり、この櫓台の形は、建物を載せない前提で考えた方が、合理的に解釈できるのだ。しかも、同じタイプの櫓台は上総北部~下総にかけて、類例が多い(北総型櫓台と呼んでおきたい)。そこで筆者が監修した坂田城のイラストでは、このタイプの櫓台は縁に柵のみを描いてある。

また、次頁に示した柏原《かしわばら》城[*10]の事例では、主郭土塁の三箇所に設けた人差し指のような突角によって、全周を効率よく守備することができる。この突角は、土塁の一部を張り出させている

[*10] 拙稿「戦国の城・武蔵柏原城」『歴史群像』一四五号(二〇一七)。柏原城は、天文十五年(一五四六)の河越城攻囲戦(河越夜戦)に際して管領上杉軍が築いたとされている。

という意味では櫓台の一種なのだが、長さの割りに幅がなく、到底建物が載る形をしていない。しかも、武蔵の国内には同タイプの事例がいくつか確認できるから、この地方では、人差し指状の突角が有効な築城法として認識されていたのだろう。

【戦国の櫓】

櫓の本質は火点、という話と突き合わせてみよう。北総型櫓台も人差し指状の突角も、土の城における現実的な火点の作り方だったことがわかる。これらは、櫓という建物を載せないという意味では、櫓台と呼ぶのは不適切かもしれない。しかし、櫓の語義が火点であるのだとしたら、上に建物を載せようが載せまいが、火点として機能するマウンドという意味で、櫓台としてくることができる。

戦国の城の櫓台には、井楼のような建物が建っている場合と、建っていない場合とがあったのだろう。実際に城を歩いて、縄張のなかで櫓台がどう機能するか考えてみると、見張り場として有効な場合もあるが、火点としての機能を想定した方がよい場合もあることがわかる。

また、城の中には土木構築物としての櫓台を備えていないものもある。たとえば、杉山城がそうだ。しかしだからといって、遠見のための監視所が不必要だったということにはならないから、何らかの方法で補っていたのだろう。実

【柏原城（埼玉県狭山市）縄張図】
作図＝西股総生

3か所に設けた突角（a、b、c）によって主郭の全周を効率よくカバーしている。とくに二ノ曲輪から主郭への導線は完全に制圧される。

小机城（神奈川県横浜市）東ノ曲輪櫓台から堀を見る

土塁の一部を大きくして櫓台としたもの。戦国期の土の城ではおなじみの施設だ。

際には櫓台のない場所に、いきなり井楼を建てていたかもしれないし、想像をたくましくするなら、立木を利用してツリーハウスのような見張り場を作っていたのかもしれない。[*11]

なお、柏原城タイプの人差し指状の突角は、かえって敵の集中射撃を浴びるから、火点として有効ではない、と考える人があるらしいが、残念ながらその発想はゲーム的にすぎる。攻城軍が楯などを並べて戦列を作り、整然と接近してきて、ターンが変わったところで一斉射撃を行うのだとしたら、たしかに突角部は蜂の巣になる。

しかしゲームと違って、実際の戦闘ではターンごとに攻守が交替するわけではない。現実の戦闘がそのような経緯をたどらないからこそ、人差し指状の突角が有効な築城法だったのだ。柏原城が築かれた天文十四年（一五四五）頃の関東では、攻撃準備射撃として遠矢が放たれた後は、重武装で武勇にすぐれた侍たちが虎口に突入するような戦い方をしていたのであろう。

［*11］第七章「曲輪」で述べるように、戦国期城郭では曲輪内部の樹木を伐採せず残したまま運用していた場合があるものと推定できる。そのような場合は、ツリーハウス状の見張り場を設けるのは、むしろ自然な成り行きであろう。

3．火力の集約化と組織化

【横矢掛りのトレンド】

戦国の城では、飛び道具を効果的に使って城を守るための工夫が、さまざまに発達していったようである。その様子を、実例に基づいて整理してみよう。

戦国の初期、永正頃に築かれた大庭城は、苦境に陥った扇谷上杉氏の作戦基地であるから、そこには当時の関東におけるもっとも高水準の築城技法が投入されたはずである。大庭城では、いくつもの櫓台を塁線から張り出させて。堀を越えてくる敵を狙撃するための火点としている。と同時に、敵の進入経路を一定の範囲に誘導して、大きく折った土塁からの射線を交差させ、キル・ゾーンとしていた。

片や杉山城では、塁線を小刻みに折って、ピンポイントで横矢を掛ける技法が発達している。扇谷上杉氏の作戦基地として築かれた大庭城が、充分な兵力をもって守る前提でプランニングされているのに比べ、より前線に近い場所で、限られた数の弓・鉄炮を効果的に使うためにプランニングされているのが杉山城、といえそうである。

実は、大庭城のように塁線を大きく折ってキル・ゾーンを作

滝山城（東京都八王子市）の櫓台
二ノ丸の虎口に入ってくる通路を土塁上から見る。敵が方向転換する瞬間を狙えば高い命中率を得られそうだ。

り出すような横矢掛りの例は、戦国前期の城に多く見られる傾向がある。対して、塁線を細かく折ってピンポイントで横矢を掛けるような縄張は、戦国後期の中小規模の城に多い。天正十三年（一五八五）築城と推定される東山城も、主郭北端の櫓台に火点としての機能を集約させて、ピンポイントで導線を狙ってゆく縄張だ。

どうやら、戦国の前期と後期とでは、横矢掛りのトレンドが異なっていたようである。おそらく、戦国の後期には作戦が複雑化した結果、前線に近い場所に戦術的な築城を行う機会が増えたのであろう。そうした城は、限られた兵力で具体的な任務に当たらなくてはならないため、火点を明確に設定するなり、火点の機能を特定の場所に集約するなりして、侵入者を足止めする場所を確実に狙えるように、縄張を工夫したのであろう。

【射撃戦への適応】

もう一つ、戦国後期の城には飛び道具との関係で面白い変化が起きていた。縄張研究者の田嶌《たじま》貴《き》久美《くよし》氏は、北条氏末期の主要な城では、低く小さな土塁を積極的に使って、長大なラインを形成する例が増えてくることを指摘している。[*12] 小田原の役の緒戦で、豊臣秀吉の大軍と激闘を交えた山中城の岱崎《だいざき》出丸《でまる》が、典型例である。

田嶌氏はこの現象を、射撃戦に適応して土塁が低く小さい方向に進化を遂げた結果だ、と評価している。つまり、土塁の上に立って戦闘を行うのではなく、土塁を胸壁（遮蔽物）として

[＊12] 田嶌貴久美「足柄城周辺と最末期の後北条氏系城郭」『中世城郭研究』二四・二五号（二〇一〇・二〇一一）。

山中城（静岡県三島市）岱崎出丸

曲輪内から見た岱崎出丸の射撃用の胸壁として築かれた小さな土塁。天正18年（1590）の攻防戦ではここからの射撃が中村一氏隊を苦しめた。

使用し、堀で足止めした敵を射撃するための構造である。

筆者の見るところ、武田氏末期の城にも同様の傾向を認めることができる。静岡県の高天神《たかてんじん》城[*13]や丸子城（静岡市）などが代表例だ。似たような縄張は北関東から福島県にかけての地域でも散見するので、どうやら射撃戦に適応して土塁が低く小さい方向に進化するというのは、戦国末期の東国における一つのトレンドだったようだ。

このような戦国末期における縄張の変化は、鉄炮の大量使用を前提としなければ、理解しにくい。地域の統合が進んで戦争が大規模化すれば、重要拠点の攻略に差し向けられる大部隊は当然、組織化された大きな火力を伴う。

つまり、楯や竹束を連ねた大人数の鉄炮隊が城ににじり寄ってくるのだ。天文年間の柏原城で有効だった突角部タイプの火点では、蜂の巣になってしまうから、城側も大量の鉄炮で火線を組織するような守り方になる。こうして、築城における火点の明確化・集約化と、火線の組織化という現象が、同時進行していったの

新府城（山梨県韮崎市）の西出構

城に接近する敵を鉄炮で撃ち払う射撃陣地で、人差し指状の突角といえるだろう。

［＊13］静岡県掛川市。駿遠国境付近にあり、武田氏と徳川氏が領有を争った。

である。

【強化火点の出現】

東国の城が、ひたすら土木とプランニングによって、鉄炮戦に対応した新時代の築城を模索していた頃、日本列島の中央部には、まったく別のタイプの城が出現していた――織豊系城郭である。

近世城郭に連なるという意味で画期的と評される織豊系城郭ではあるが、縄張について見るかぎり、同時代の他地域の城と比べて、格別に進歩的な特徴を備えているわけではない。使われている技法はどれも、東国では戦国の初期から見られるものばかりだ。

では、織豊系城郭の画期性はどこにあるかというと、裏込めを用いて積み上げる高石垣と、礎石・瓦を用いた重量建物の使用である。このうち高石垣は、敵を阻止する障碍の要素だ。もう一つの重量建物は、殿舎などの居住用建物ではなく、天守や櫓、櫓門などに用いられることになった。すなわち、耐火性と耐弾性にすぐれた戦闘用建物が出現したのである。これは、近代軍事学でいう「強化火点」に他ならない。

おわかりだろうか。「飛び道具を効果的に使うための工夫」という観点から眺めてみると、戦国の城は一貫して、敵を障碍で

内堀側から見た名古屋城（愛知県名古屋市）清洲櫓
一重目中央の張り出しは石落で、実際は櫓の直下に取り付いた敵を射撃するために使われる。

阻止し効果的な射撃を浴びせる、という方向を追究してきたのだ。そして、日本列島の中央部を制圧して豊かな技術力・産業力を得た織豊勢力は、耐久性の高い障碍と強化火点との組合せを、新しい方法で実現した。

完成された近世城郭において、櫓と横矢掛りがどのような形をとっているか見てみよう。まず、分厚い土壁で囲まれた近世城郭の櫓は、曲輪の外に面した側に窓を開いており、内側に面してはほとんど窓を設けていない。また、要所には石落としを備えて、周囲のみならず下に向けても射界を確保している。日本式建築技術によって実現された、究極の強化火点である。

一方、近世城郭の横矢掛りは石垣を直角に折っている。垂直に近い角度で立ち上がる石

大坂城（大阪府大阪市）大手門手前の土橋から見た千貫櫓
千貫櫓は土橋に対して横矢を掛けており、櫓からの射撃をかわして大手門に到達するのは至難である。

大坂城の千貫櫓から大手門を見る
石と土の違いはあるが、144頁の杉山城の写真と同じ構図である。横矢掛り＝火点形成技法という本質は変わっていないのだ。

JR福山駅のホームから見た福山城
本丸の周囲に一段低く腰曲輪を巡らせることで重層的な火力発揮を狙っていることが理解できる。

垣は、障碍として強力である反面、直下を塁上から射撃できない。そこで、石垣の直下に生じる死角を打ち消すための横矢掛りが必要となったのだ。つまり、土の城が塁線を鈍角に折る横矢掛りによって、水平方向に射界を確保していたのに対し、高石垣の城では垂直方向の射界を得ようとしているわけである。

本章の最後に、大坂の陣ののちに築かれた、備後福山城《びんごふくやま》（広島県福山市）や島原城《しまばら》（森岳城《もりたけ》／長崎県島原市）の例を見ておこう。福山城や島原城では、本丸の周囲に意図的に一段低い腰曲輪が巡らされている。筆者は、これを火線を重層的に発揮するための工夫と理解している。日本の城が追い求めた「飛び道具を効果的に使うための工夫」の最終進化形が、ここにある。

【師戸城縄張図】
作図＝西股総生

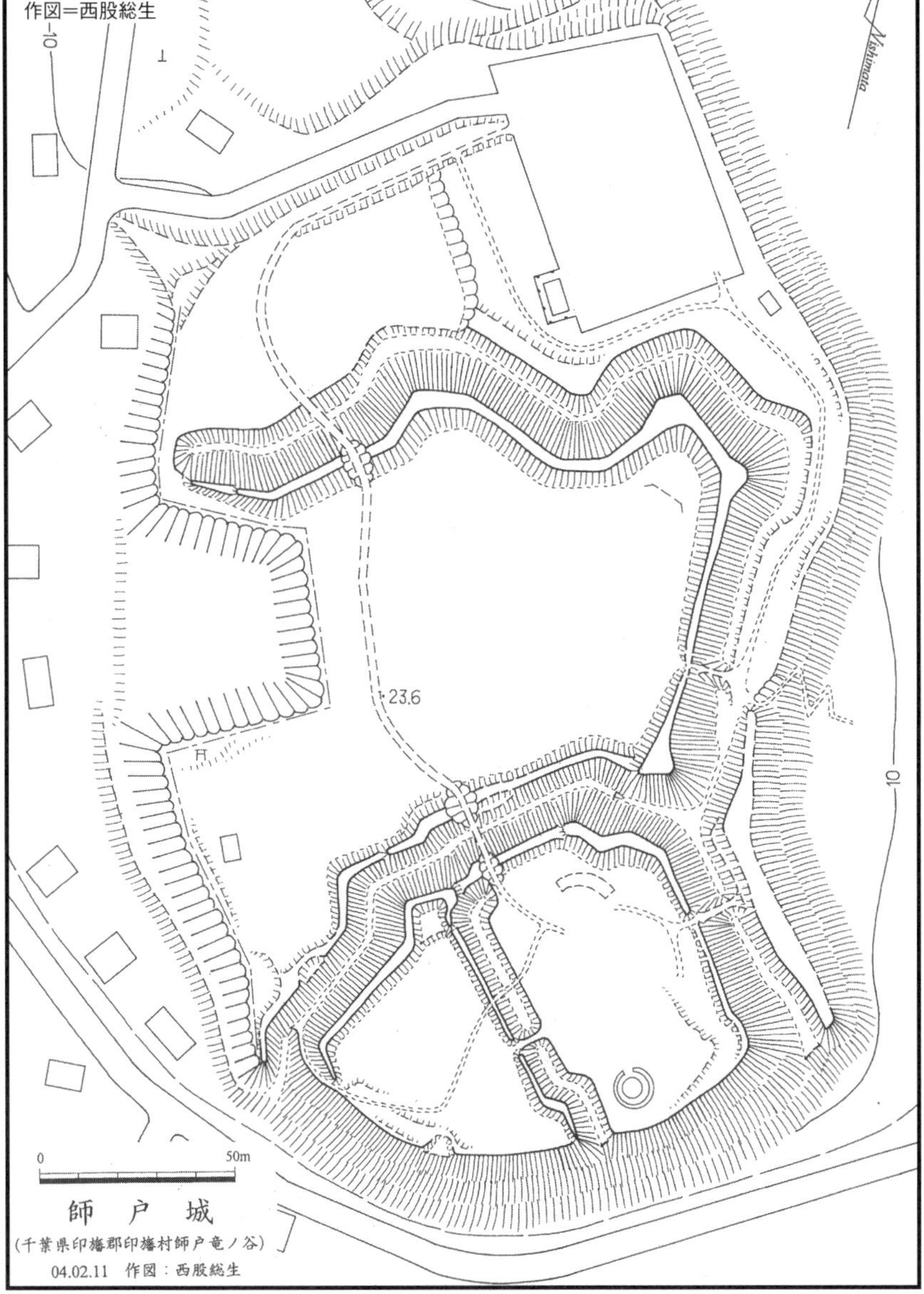

千葉県印西市所在の城で、遺構はよく残るが築城者や年代は不明。印旛沼に突き出した舌状台地を、大きな堀と土塁でグイグイと刻み、横矢掛りを駆使したダイナミックな縄張である。しかし注意深く観察すると、火点となる櫓台や横矢掛りの箇所に弓・鉄炮を集約的に配置することで、効率のよい守備が可能であることがわかる。城域は広大だが、必要とする守備兵力はさほど多くはないのであろう。曲輪の配置や櫓台の技法などに、坂田城との共通点が見て取れる。

■横矢掛りを立体視する

枡形虎口と同様、横矢掛りも〝客観的〟に平面投影されただけの図では把握しにくいパーツである。横矢掛りのために土塁・切岸を意図的に折っているのか、それとも地形に沿って曲がっているだけなのか、土塁・切岸の天端《てんば》ラインをたどっているだけでは、判別できないことがある。経年変化によって、折れの角の部分が落ちて丸くなっているからだ。

意図的な折れなのか、地形なりに曲がっているだけなのか、判別する方法は二通りある。一つは、下から見上げて立体構造物としての形を捉えることだ。枡形虎口のときと同じように、立ち上がっている土塁や切岸をパネル視するとよい。意図的な折れなら三面のパネルが見えるはずだし、地形なりに曲がっているだけなら、全体がなだらかな曲面を描いて見える。

もう一つの方法として、土塁がある場合は、土塁外側の天端ラインをたどるのではなく、中心線をたどるようにする。たとえ外側の天端が崩れていても、意図的な折れであれば、中心線をたどったときに角が見つかるからだ。

客観性の意味を誤解している残念な人たちは、経年変化によって崩れた天端ラインを平面投影するだけで、正しい図ができあがると考えている。そうした図は、測量としては正確かもしれないが、城郭遺構の図としては資料的価値が低い（もちろん、適切に描かれた実測図もある）。

城が、人間によって意図的に造り出された立体構造物である以上、造った人の意図が読み取れていない図は、学術的な資料とはなりえない。考古学や歴史学といった人文科学は、人の営みを考究する学問だからだ。

■実戦に即して評価する

横矢掛りや櫓台の機能を正しく認識するためには、「敵にクロスファイアを浴びせて殲滅する」という先入観を捨てる必要がある。そのようなセオリーで城を守ろうとするなら、城域の全体にくまなく横矢掛りを施すしかないが、本当にそのセオリーを実現すれば稜堡《りょうほ》式築城ができあがる。

実際の戦国期城郭では、横矢掛りや櫓台は特定の場所にしか存在しない。ということはつまり、戦国期城郭の横矢掛り・櫓台は特定の目標を狙っている。実戦を前提とした縄張は、常に個別具体的な脅威への対応なのである。

そうであるならわれわれも、その横矢掛り・櫓台が何を狙っているのか、個別具体的に考えればよいわけだ。実際に土塁の折れや櫓台に立って、どこを狙えるか確かめてみる。そのへんで拾ってきた木の枝を鉄炮や弓に見立てて射撃姿勢をとってみると、どのくらいの射界が得られるのかが実感できる。

滝山城の横矢掛り
漠然と眺めているだけでは意図的な折れなのか自然地形なのか判断しにくいが、角度を変えながら観察してみると折れであることがわかる。

勝龍寺城（京都府長岡京市）の横矢掛り
本丸の北東約200mにある土塁跡。撮影位置から土橋に対して横矢が掛かる。

この時、敵を足止めするポイントとの位置関係を確認すると、更によい。堀・土塁・切岸といった障碍や、通路の屈曲・ボトルネックといった足止めポイントと組み合わせると、横矢掛りや櫓台は大きな威力を発揮するからだ。

弓・鉄炮の有効射程については、実戦での射撃（コンバットシューティング）をイメージするのが正しい。火縄銃を実射してみたら、一〇〇メートルの距離で杉板を何枚貫通しました、みたいな話があるが、城の縄張を考える場合には基準にならない。実戦になれば、タダでさえ照準の精度は落ちるし、目標も動いているからだ。実戦で命中を期待できる距離は、せいぜい三〇メートルくらいなものだろう。

また、櫓台を見るときは、上に建物が建っているイメージに囚われないこと。本章で解説した通り、櫓台上に櫓が建っていなかった可能性もありうるからだ。

横矢掛りや櫓台は、たくさんあれば城の価値が上がるわけではない。その城に現実的に配備できる守備隊の兵力と火力（弓・鉄炮の数）で、堅実な守備ができる城が、防御力の高い城なのである。

【第七章】

曲輪《くるわ》

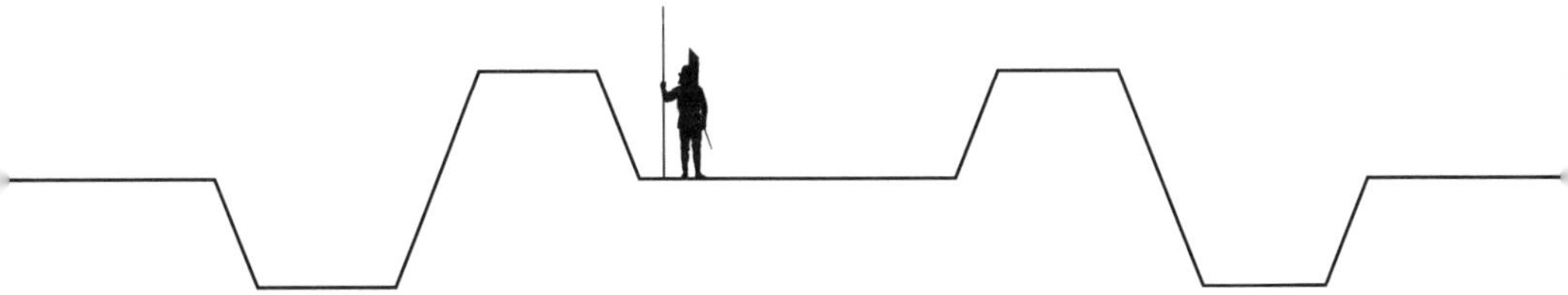

軍事施設を区画する意味

・曲輪の本質は戦闘区画。居住スペースにあらず
・戦国期城郭の曲輪は内部が平らとはかぎらない
・用益スペースのエッジと障碍が一致するのが近世城郭の曲輪

1．曲輪のイメージ

【曲輪・郭・丸】

曲輪とは、土塁・切岸・石垣や堀といった障碍によって防禦された、城内の区画である。近世城郭では、本丸・二ノ丸・西ノ丸など、「丸」をもって呼ばれことが多い。

「くるわ」を表す字としては「郭」もあるので、少々紛らわしいが、筆者は「くるわ」と訓読する場合は「曲輪」、「カク」と音読させたい場合は「郭」の表記を用いている。

近世城郭の曲輪は、城内の中枢部から外側にかけて、本丸・二ノ丸・三ノ丸のように呼ぶほか、西ノ丸や北ノ丸のように方位を冠して呼ぶことも多い。熊本城（熊本県熊本市）の飯田丸や、名古屋城（愛知県名古屋市）の御深井丸《おふけまる》、高知城（高知県高知市）の太鼓丸のように、人名・地名や用途などを冠した曲輪名もある。

一方、中世～戦国期の城では、本丸に相当する曲輪を主郭、一ノ曲輪などと呼び、以下二ノ曲輪・三ノ曲輪・北ノ曲輪などのように呼ぶことが多い。曲輪1・曲輪2、あるいは第Ⅱ郭、第Ⅲ郭のように記号的に呼ぶ場合もある。これは、曲輪の名称が不明だからだ。

姫路城（兵庫県姫路市）西ノ丸
天守から西ノ丸を見る。この曲輪には櫓・塀と石垣で厳重に囲まれた曲輪の中に、千姫（徳川家康の孫娘）の御殿が建てられていた。

【さまざまな呼称】

中世・戦国期の城でも、先に挙げた近世城郭のように曲輪に名称が付いている場合があって、地元で作っている説明板やパンフレット、城を紹介する印刷物などに曲輪名が記載されていることもある。しかし、こうした呼び名は、実際には後世の郷土史家や好事家、城主・家臣の後裔を称する人たちが、独自に考証して（というより勝手に推測して）付けたものである場合がほとんどだ。[＊1]

当時の城は、庶民が気軽に立ち入れる場所ではないから、周辺の住民は城内の詳しい様子など知るべくもない。しかも、廃城から四〇〇年以上も経過しているのであるから、当時の名称がそのまま伝わっていないのは、むしろ当然というべきだろう。したがって、中世・戦国期城郭の場合、伝承されている曲輪の名称をそのまま信じるのは危険で、あくまで通称として便宜的に使う程度にとどめた方がよい。

史料上確認できる曲輪の呼び名として、東国の場合は実城《みじょう》、子城《ねじろ》、中城《なかじょう》、外城《とじょう》などがある。ただし、戦国期の山城や丘城では、地形に従って多数の曲輪を造成する場合が多いので、それらの一つ一つに固有の呼称があったわけではなかろう。

また、東北地方では城のことを「館《たて》」と呼ぶ例が多いが、城を構成している一つ一つの曲輪も「〇〇館《だて》」と呼んでいる。西日本では「平《なる》」や「段《だん》」の呼称が伝わっている例も多く、地方によって特有の言い回しが使われていたようだ。

近世城郭で一般的に使われる「丸」の語源は、正確には不明である。ただ、山のピークを「〇〇丸」と呼ぶ地名は全国的に認められるので、筆者はこれが由来だと考えている。おそらく織豊勢力が、山城の主な曲輪を「本丸」「二ノ丸」のように呼び慣わし、それが全国的に広まったのであろう。

［＊1］安土城（滋賀県近江八幡市）の曲輪群には羽柴邸・前田邸・徳川邸などの伝承名が付されているが、実際にその場所に羽柴秀吉なり前田利家なりの屋敷があったと考えている研究者は少ない。

【手狭な本丸】

曲輪について、多くの人が抱きがちな誤った先入観が二つある。一つは、曲輪とは建物を建てて、城主・家臣やその家族が暮らすためのスペース、という先入観。もう一つは、曲輪とは平らに整地された区画（スペース）、という先入観だ。

たしかに、近世の城は大名の居城であるから、城主の御殿があり政庁としても機能していたはずだ。また、歩いてみると曲輪の内部はよく整地されていて、殿舎が建っていそうである。

しかも、曲輪は本丸―二ノ丸―三ノ丸という具合に、全体として求心的に配置されている。そうすると、まず天守のある本丸に城主の御殿があり、二ノ丸・三ノ丸に重臣の屋敷が建ち、といった情景を想像したくなる。

しかし、近世城郭でも、本丸は思いのほか手狭であることが少なくない。たとえば、高知城の現存する本丸御殿はミニチュアサイズで、二〇万石の太守が日常生活を営み、藩政をみる場とは、到底なりえない。姫路城の備《び》前《ぜん》丸《まる》も、池田氏五二万石の御殿を置くには、いかにも手狭だ。

このように、近世の初頭に成立した城の本丸は、城主の住居や政庁として機能するだけの充分な広さを、必ずしも備えていなかった。とくに、山城や平山城では、本丸のスペースが制約されがちとなる。

そこで実際には、城主の住居や政庁となる御殿は、二ノ丸や三ノ丸に置くケースが多くなる。だとすると、求心的な序列を見せる曲輪の配置は、城主―重臣―一般家臣といった身分制的な序列が投影された結果で

掛川城（静岡県掛川市）二ノ丸御殿
二ノ丸御殿は幕末の建物だが現存する貴重な遺構。本丸が手狭であるため、城主の住む御殿は二ノ丸に建てられていた。

はないことになる。

また、もし近世城郭の曲輪が、城主の御殿を囲むものとして成立していったのだとしたら、まず充分な広さをもった本丸を中心として、城がプランニングされたはずである。しかし、実際に多くの城で本丸が手狭だということは、近世城郭は城主の御殿を起点に成立したのではないことになる。

どうやら、曲輪とは本来、中に建物を建てて居住するためのスペースとは限らないようだ。では、曲輪とは何であるのか。

2. 多様性に潜む曲輪の本質

【戦国の曲輪】

近世城郭に先行する戦国期城郭の曲輪を見てみよう。戦国期城郭における曲輪のあり方は、実に多様である。けれども、その多様性の中に、曲輪というパーツの本質が潜んでいるのだ。

近世城郭の主流は平山城や平城であるのに対して、戦国時代には山城や丘城、平城など、多様な占地の城が存在していた。そうすると、平城や丘城は居住性に富んでいて、山城や一部の丘城は居住性が乏しい＝純然たる軍事施設としての要塞的な城、と考えたくなる。

しかし実際には、山城を築くことのできない平野や丘陵地帯でも戦争は起こるから、純軍事的な要塞タイプの城を平城や低平な丘城として築くというケースも、当然出てくる。そして、これとは逆に、山城でも曲輪の中に居住している場合がある。発掘調査によって、曲輪の中から建物跡や生活遺物が濃密に見つかる山城の例が、全国的に確認できるのだ。

典型例として、浅井《あざい》氏の小谷《おだに》城（滋賀県長浜市）が挙げられよう。小谷城は比高の大きな山城であるが、山上の曲輪に御殿が建っていたことがわかっている。浅井長政《ながまさ》やお市らが山上の曲輪で生活していたのは間違いない。

その浅井氏を滅ぼした織田信長が近江《おうみ》に築いた安土《あづち》城も、比高が一〇〇メートルを超える山城だ。その山上に御殿や天守を建てて、信長は居住していたのである。安土城以前に信長が居城としていた美濃の岐阜城（岐阜県岐阜市）も、安土城や小谷城以上に峻険な山城であるが、信長が山上に居住していたことは、記録から明らかである。

各地の戦国大名では、六角《ろっかく》氏の観音寺《かんのんじ》城（滋賀県近江八幡市）、毛利《もうり》氏の郡山《こおりやま》城（広島県安芸高田市）、越後上杉氏の春日山《かすがやま》城など、山城が居城となっている例は少なくない。また、下野の宇都宮氏は、平地の宇都宮城に居住していたが、戦国末期に館と町を引き払い、多気山《たげやま》城（どちらも栃木県宇都宮市）という山城を築いて移転している。この時は、家臣たちも城内の曲輪に居住していたようだ。

安土城本丸と天守台
山上の本丸には天守と壮麗な御殿が軒を連ねていたが、本能寺の変後の兵乱で灰燼に帰した。

安土城遠望
写真手前の水田は、琵琶湖を干拓してできたもの。信長の時代は、琵琶湖に突き出した比高100mを超える山城だった。

【曲輪に住む者・住まない者】

一方、関東に覇を唱えた北条氏は、台地や丘陵に構えた城を拠点とすることが多かった。これらの丘城は、山城に比べると大きな面積の曲輪を確保しやすい。当然、その本丸に城主の御殿が置かれることになる。

北条氏が築いた大規模な丘城の代表例として、滝山城（東京都八王子市）がある。滝山城は、一族の重鎮である氏照《うじてる》の本拠で、彼が発給した文書からも領域支配のための政庁として機能していたことがわかる。氏照が滝山城の主郭に居住していたのは間違いない。

その滝山城では、主郭を中心として多数の曲輪が丘陵上に展開しており、「小宮曲輪」「信濃屋敷」のように、家臣の名が伝わる曲輪がいくつもある。前述したように、これらの曲輪名が戦国時代からそのまま伝承されているとは限らないのであるが、多数の広い曲輪を見ていると、それらの中に家臣の屋敷が建ち並んでいた情景を想像したくなる。

春日山城（新潟県上越市）本丸

春日山城には大小200を超える曲輪が設けられ、「柿崎屋敷」「景勝屋敷」などの名で呼ばれているが、本当にその場所に家臣の屋敷が存在していたかは不明である。

ところが、北条氏が家臣に宛てた文書を見ると、出陣の度ごとに、何日までに兵を連れて城下の宿に来るように、と命じているケースが多い。だとしたら、家臣たちはふだんは城内ではなく、各自の在所に住んでいたことになる。

滝山城主郭正面の枡形虎口

この虎口を入った先に北条氏照の御殿があり、氏照はここで外交使節に面会し、政務を執っていたはずである。

一方で文書からは、北条氏が有力家臣達に「物主《ものぬし》」という役を割り当てていたことがわかる。「物主」は曲輪の管理・警備の責任者のような役割なので、これを命じられた者は、担当する曲輪に若干名の兵士を交代で駐屯させていたのだろう。だとすると、曲輪の中には居住用の屋敷ではなく、陣小屋のような建物だけが建っていたことになる。

これに対し、甲斐武田氏や駿河今川氏は、平地の館を本拠としながら、背後に要害山城、[*2]賤機山城《しずはたやま》[*3]という山城を構えていた。武田氏の場合は躑躅ヶ崎館から新府城へと本拠を移転しているし、今川氏は武田氏に駿府を逐われているから、要害山城も賤機山城も居城としては使われていないことになる。

つまり、戦国大名の本拠クラスの山

［＊2］　山梨県甲府市。かの有名な武田信玄は、この城で誕生したという伝承がある。

［＊3］　静岡県静岡市。今川氏の菩提寺・臨済寺の真裏に位置し、城内には土塁や堀切などの遺構が残る（74頁縄張図参照）。

［＊4］　嵐山町教育委員会『埼玉県指定史跡　杉山城跡第1・2次発掘調査報告書』（二〇〇五）、嵐山町教育委員会『埼玉県指定史跡　杉山城跡第3～5次発掘調査報告書』（二〇〇八）。

城や丘城でも、曲輪の中に城主以下、家臣達まで住んでいる場合、城主だけが城内の曲輪に住んでいる場合、城は軍事要塞で通常は住んでいない場合、とバラバラなのである。

【住む曲輪・戦う曲輪】

さらに、戦国期城郭では、曲輪の中を発掘調査しても、日常生活の痕跡が見つからない、という事例が少なくない。代表例を二、三挙げてみよう。

埼玉県の杉山城では、主郭の三分の二ほどの面積が発掘されたものの、小さな倉庫らしい建物と、ごく簡素な小屋らしい跡が一箇所ずつ見つかっただけだった。主郭以外の曲輪からは、建物の跡も生活遺物もまったく出てこない[*4]。ふだんは少数の番兵が、管理や警備のために詰めていただけ、

名胡桃城（群馬県利根郡みなかみ町）二ノ曲輪
発掘調査で数棟の建物跡が見つかっているが、柱の配列から見て殿舎ではなく、兵舎や倉庫・馬屋のようだ。

杉山城（埼玉県比企郡嵐山町）主郭
写真手前のあたりから発掘調査で土壁の小さな倉庫らしい跡が見つかっているものの、居住用の建物は見つかっていない。

山中城（静岡県三島市）北条丸

曲輪の内部は大きく傾斜していて、ほとんど自然地形のままのようだ。天正18年（1590）の攻防戦の際に北条氏勝が詰めていた場所であろう（矢印は傾斜方向を示す）。

と考えざるをえない。

また、北条氏の支城である山中城は、小田原の役の緒戦において豊臣軍と激闘を交えた城として知られている。記録によれば、この城は四千余の北条軍が守備していたことになっている。しかし、大規模な発掘調査が行われたにもかかわらず、曲輪の中から見つかった建物の跡や生活遺物はごく僅かだ。[*5] 四千余の北条軍将兵は、最低限の生活用品のみを携えて、野営に近い状態で在城していたことになる。

杉山城も山中城も縄張の完成度は高く、山中城の場合は数千の将兵が数ヶ月間程度、在城していたことが史料から明らかである。したがって、城が未完成ゆえに建物が建っていない、という評価はできない。

杉山城や山中城のような城は純然たる戦闘施設として築かれており、

［＊5］　三島市教育委員会『史跡山中城跡』（一九八五）、三島市教育委員会『史跡山中城跡Ⅱ』（一九九四）。

城内に殿舎のような建物を設ける予定は、最初からなかった。こうした城においては、曲輪は戦闘区画であり、防禦単位であることがわかる。

曲輪について、多くの人が抱きがちな先入観の一つ——曲輪とは建物を建てて、人が暮らすためのスペース——というイメージが、戦国期城郭には必ずしも当てはまらない、ということがご理解いただけたと思う。

【要塞の住人】

ここまでの話を整理してみよう。まず、戦国期城郭には、居城タイプの城と要塞タイプの城(戦闘用の城)があったようだ。そして、城が居城タイプであるか、要塞タイプであるかの別は、山城であるか丘城であるか、平城であるかを問わない。

ただ、戦国大名の本拠について概観するならば、武田氏や今川氏のように守護大名に出自をもつ戦国大名は、平地の館に居住し、非常時籠城用に要塞タイプの山城を別途構える傾向が見て取れる。大内氏・大友氏なども同様で、これは彼らがもともと、守護所を本拠とする権力だったからだ。

かたや、守護代クラス・国人領主からの下剋上や、外部からの侵略によって戦国大名となった勢力は、山城や丘城を本拠としている場合が多い。浅井氏・毛利氏・北条氏、あるいは越後長尾氏(上杉氏)や美濃斎藤氏、長宗我部氏などが当てはまる。[*6]

これは、内戦や侵略の拠点として設けた作戦基地が、権力の所在地となっていったためであろう。岐阜城も安土城も、織田信長にとっては占領地のただ中にあったのだ。北条氏の場合も、氏照が入部した滝山城は武蔵や北関東への侵攻拠点であった。

ゆえに滝山城では、居城としての曲輪(実城)の周囲に、戦闘区画としての曲輪群を展開さ

[*6] 美濃斎藤氏=稲葉山城(岐阜県岐阜市)、長宗我部氏=岡豊(おこう)城(高知県南国市)。

せる構造となる。つまり、下剋上や侵略によって権力を得た戦国大名は、要塞の住人なのである。また、宇都宮氏の場合、もともとは守護所に由来する平地の宇都宮城に居住していたが、戦国末期に北条軍の圧迫をうけた結果、要塞の住人にならざるをえなかったのだ。

このように考えてくると、近世初頭に築かれた山城・丘城の本丸が、居住用としては必ずしも充分な広さを備えていなかった理由が見えてくる。姫路城を築いた池田輝政や高知城を築いた山内一豊《やまうちかつとよ》にとって、播磨《はりま》や土佐《とさ》は占領地に他ならなかった。[*7] ゆえに彼らは、まず要塞の住人とならざるをえなかったのである。

高知城のミニチュアな本丸御殿[*8]を、儀礼用の施設と評価する人も多い。だが、この御殿が天守と直結していることを考えるならば、本来は籠城用の城主の住居だった、と見なすべきだろう。

参考までに記しておくと、筆者が、『歴史群像』の連載「戦国の城」において推定復元イラストを監修する際には、居城タイプか要塞タイプか、あるいは居城＋戦闘区画タイプなのか、といった城ごとの性格を踏まえた上で、それぞれの城にふさわしい曲輪の情景を想定し、建物などを描き込むようにしてもらっている。

高知城天守と本丸御殿

本丸は江戸時代に1度焼失しているが、土佐藩によって創建時の姿が再建されており、慶長期の防禦思想をうかがうことができる。

3. 曲輪の戦国史

【整地されない曲輪】

では、多くの人が抱きがちなもう一つの先入観――曲輪とは平らに整地された区画（スペース）、という先入観については、どうであろうか。なるほど、近世城郭を歩くと曲輪はどれもよく整地されていて、内部は平坦である。しかし、戦国期城郭の曲輪は必ずしも平坦ではない。

ただ、残念なことに、曲輪の内部が未整地であるという状態を、的確に表現できている縄張図は必ずしも多くない。すべての曲輪が平らに見えてしまうような縄張図や略図が出回っているという実情が、前述の先入観を蔓延させる原因になっているのは否めない。

畑谷城（山形県東村山郡山辺町）の主郭
最上義光が慶長5年（1600）に上杉軍侵攻に備えて築いた城で、直江兼続の猛攻で落城した。主郭内部は整地されておらず、自然地形のまま矢印の方向に傾斜している。

［＊7］ 土佐に入った山内一豊の場合、一両具足と呼ばれた地侍層が蜂起する危険が存在した。実際には一豊は謀略を用いて主立った一両具足たちを殲滅したといわれる。

［＊8］ 書院・玄関・納戸蔵の三棟のみからなるコンパクトな殿舎である。

山中城西ノ丸から北条丸方向を見る
土塁と空堀で囲まれた曲輪群が何段にも連なっており、一つの曲輪が失陥しても他で持ちこたえられる構造になっている。

しかし、実際に全国各地の戦国期城郭を踏査してみると、曲輪の内部が平らに整地されていない事例は、いくらでも目にすることができる。先に要塞タイプの事例として挙げた、山中城や杉山城が典型例だ。

山中城の場合、一九七〇年代に行われた発掘調査と公園化整備の際に、曲輪の内部が平坦化されていない箇所については未完成（普請途中）と判断されて、いくつかの平坦面が断続するように整備された。それでも、岱崎出丸の北側や北条丸[*9]は自然地形の不整地面がそのまま残る形で整備されている。杉山城の場合、曲輪の内部が充分に整地されていない様子は現状でも観察できるが、発掘調査によっても確認されている。

両城の事例からわかるように、

［＊9］この場所を二ノ丸とする解釈もあるが、伝承名は北条山または北条丸である。縄張上も主郭に次ぐ第二郭としては、現・山中新田集落の北側部分を宛てる方が妥当と判断するので、「北条丸」の呼称を用いたい。

殿舎のような建物を建てないのであれば、曲輪の内部を平坦に整形する必要はない。両城とも縄張の完成度が高いことを考え併せるなら、要塞タイプの城では、曲輪内部の整地よりも塁壕の築造が優先されることがわかる。

加えて、築城時の抜根作業という問題がある。城を築く際には、塁壕などを施工する範囲にある樹木を、あらかじめ伐採・抜根する必要がある。だが、大きな木の根を引き抜く作業は、非常に労力がかかる。

この点、曲輪の内部を平坦に整地することを見送れば、抜根を省略して大幅に手間を削減できる。要塞タイプの城では、短期間に実用的な防御施設を築くことが求められるから、抜根の省略は理にかなった選択であろう。その分の労力を、塁壕の築造に振り向けられるのだ。

【曲輪と障碍】

第四章でも採り上げた、小野路城の事例を見てみよう。丘陵上に占地する小野路城は、長尾景春の乱に際して扇谷上杉軍の中継基地として築かれたと推定できる城である。

縄張を見ると、土塁と空堀で防御された主郭のまわりに、自然地形の緩斜面が広がっている。そして、丘陵がくびれた鞍部《あんぶ》や枝尾根の先に、堀切や切岸などの障碍を設けて、

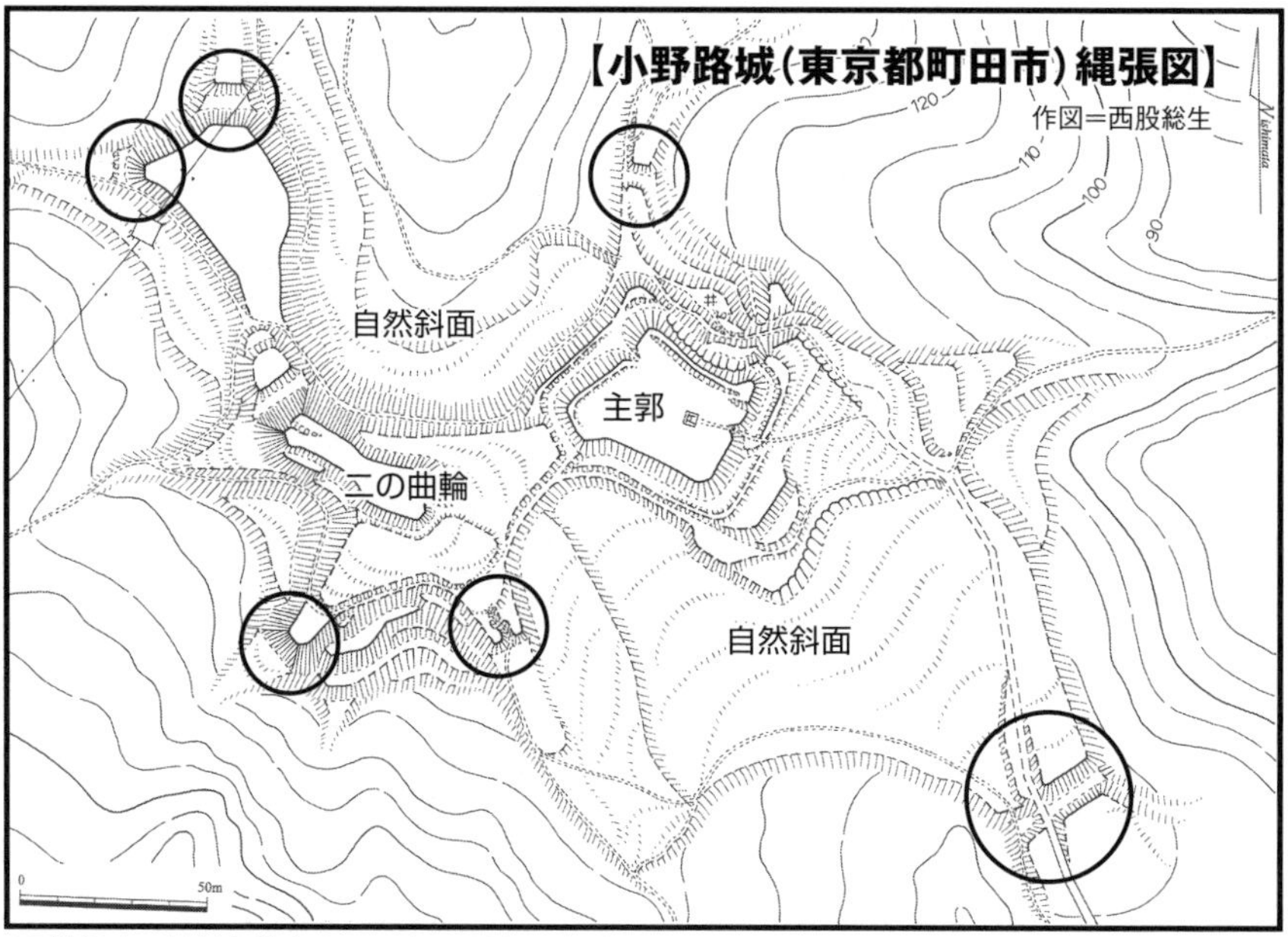

15世紀末の築城と推定される小野路城。尾根先や鞍部を利用して堀切や切岸で切所を設け（○印)、主郭との間は自然地形のまま放置している。

迎撃ポイント――当時の言葉でいう「切所《せっしょ》」――としている。

　こうした城では、それぞれの「切所」を守備する兵員は、主郭と「切所」との間に広がる丘陵上に、適宜小屋掛けして駐屯することになる。つまり、この城では、駐屯・居住のためのスペースと、敵を防ぐための障碍とが別々に存在しているわけだ。

　同じく第四章で採り上げた相模の大庭城は、長享の乱に際して扇谷上杉軍の作戦基地として築かれた城だ。主要部を構成する四つの広大な曲輪群の外に自然地形が広がり、その先に「切所」が設けられている。

　小野路城が十五世紀末、大庭城が十六世紀初頭の築城と推定できることを考えるなら、「中核部＋切所」というスタイルから、「多重の曲輪＋切所」へと、城の構造が進化してゆく道筋が見えてくる。この道筋の先に滝山城のような、多数の曲輪を防禦単位とする縄張を見通すことができるだろう。

　生物が、単細胞生物から多細胞生物へと進化していったように、城も単一の核のまわりにアメーバ状の城域と「切所」を持つ構造から、一つの区画が失

16世紀第1四半期の築城と推定される大庭城。扇谷上杉軍の作戦基地であるため、大面積の曲輪を並べ城外には切所（○印）を設けている（イラスト＝香川元太郎、監修＝著者）。

陥しても残余の区画で持ちこたえることのできる多重式の防御構造へと、進化していったのだ。

【曲輪における戦国から近世へ】

以上の話を総合して、あらためて曲輪とは何かを考えてみよう。まず、領主や武士が居住する屋敷や、軍勢が駐屯する場所と、軍事上の理由から敵を迎撃する場所とは、もともと別であった。

もちろん、居住や駐屯のためのスペースを、敵襲をふせぐために障碍物で囲む場合もあったが、それなら夜襲対策程度で充分だ。居住・駐屯スペースが要塞化してゆくというコースは、中~近世の城郭発達史の中では、おそらく主流ではなかった。

一方、純然たる軍事施設（作戦基地や戦術的拠点）として築かれた要塞タイプの城でも、居住や駐屯のためのスペースと、敵を迎撃するポイント（切所）は、もともとは別であった。

居住や駐屯に必要なのは、相応の広さをもった平坦面であるが、それは自然地形の中にも存在しているから、適宜利用すればよい。また、切所ももともとは敵を迎撃しやすい自然地形を利用して設けられるものであった。

つまり、一定のエリアを障碍（堀・土塁・切岸）で囲むことと、一定のエリアを平坦に整形することとは、本来別の事象なのである。われわれが、曲輪の内部は平坦になっていて当然、と思い込んでいたのは、近世城郭の場合、二つの事象がたまたま合致しているからにすぎなかったのだ。

しかし、戦争が常態化する中で、内戦や侵略のために要塞の内部に本拠を置く勢力が現れる。と同時に城には、一つの防御線が決壊しても他で持ちこたえて落城を防ぐような、多重防御構造が求められるようになる。主郭を中心として、多数の曲輪が展開する縄張の城が出現するよ

［＊10］典型例として第一章で取りあげた阿津賀志山防塁（福島県伊達郡国見町）など。

うになったのだ。

　こうした城にあっては、曲輪は戦闘区画であり防戦の単位でもあるから、一つ一つの曲輪が堀や土塁・石垣といった障碍で、厳重に防禦されることになる。その結果、敵を迎撃するための障碍と、曲輪のエッジとが常に一致するようになる。ただし、要塞タイプの城では居住性は二の次であるから、曲輪の内部は必ずしも平坦ではない。

　こうした中、織豊政権による統一事業が進むと、戦略性の高い大規模な平山城や平城が各地に築かれるようになる。こうした城は、大量の人員・物資を長期間収容する必要があるから、城内には大面積の平坦面がほしい。

　と同時に、裏込めを用いて石垣を高く積み上げる技術を獲得した織豊系城郭では、敵を防ぐ障碍の主体は高石垣となる。こうして、高石垣によって区画された大面積の曲輪に、戦略機能を高度に集約した城――すなわち、近世城郭が出現する。

　われわれが曲輪に対して、平らで人が住んでいる場所という先入観を、つい抱いてしまうのは、「結果としてできあがった形」を見慣れてしまっているからなのである。

姫路城西ノ丸
近世城郭では、障碍である高石垣と曲輪のエッジとが完全に一致しており、その上に櫓や多聞櫓を置いて射撃の足場としている。

付論　腰曲輪と帯曲輪

【腰曲輪の機能】

山城や丘城の斜面にウエストポーチのように付随している、小さな人工の平坦地を腰曲輪《こしぐるわ》と呼ぶ。曲輪と腰曲輪の区別はあくまで相対的なもので、何メートル以上が曲輪・以下が腰曲輪といった基準はない。しいていうなら、曲輪として単独で用益できそうもないサイズの平坦地が腰曲輪、となろうか。

山城では、尾根上に大小の平坦地を何段も連続して造り出している場合があるが、そのうちのどれを曲輪と呼び、どれを腰曲輪と見なすかは、悩ましい問題かもしれない。しかし、それは形式的な呼称上の問題であって、城を理解する上では、どうでもよい些事といえる。

腰曲輪は、特定の意図をもって設けられる場合もあるが、城を普請してゆく過程で、なりゆきとして生じる場合も多い。たとえば、曲輪の縁を切岸として大きく削り落とすと、その下に平坦面を生じることがある。この平坦面の縁を切岸として削り落とせば、腰曲輪になる。[＊1]

山城で、尾根上に曲輪を次々に造りだしてゆく際に、もとの地形の傾斜が一定でない場合は、途中に腰曲輪を挟むことが多い。上下

肥後田中城（熊本県玉名郡和水町）の腰曲輪
主郭（画面左手）の切岸を大きく削り落とした結果、下に生じた平坦面を整形し腰曲輪としている。

［＊1］　切岸の直下に平坦面を生じても、その縁が切岸として整形されていなければ、腰曲輪とは認められないことになる。

の曲輪の間に中途半端に緩斜面を残すと、防禦上の弱点になってしまうが、腰曲輪を設けて緩斜面を処理すれば、切岸を重層化することで防禦力を強化できる。斜面と斜面の間に平坦面があれば、侵入者が体を暴露するので上の曲輪から射点を得やすいからだ。山城や丘城で、主要な曲輪の直下から枝尾根が伸びている場合は、枝尾根に向けて腰曲輪を設けておくと、見張り場としても利用できる。

主要な曲輪と曲輪の間に腰曲輪を挟むことで、導線を効果的に形成することもできる。腰曲輪を利用して通路をジグザグに設定すれば、侵入阻止効果を高められるわけだ。

【さまざまな平坦地】

戦国期城郭では、山腹（丘腹）に多数の腰曲輪を連続的に造りだしている例がある。これは、平坦面を確保するためというより、切岸を重層化させることを目的とした施工と考えた方がよい。侵入者に切岸を越える動作を繰り返させて消耗を強いつつ、城兵は漸次後退しながら防戦を続けるような使い方を想定しているのであろう。

このタイプの遺構は、しいて名付けるなら「連続腰曲輪群」ということになりそうだが、城郭研究者は慣用的に「雛《ひな》壇《だん》状阻塞」「桟敷《さじき》段状阻塞」などと呼ぶこともある。*2

春日山城の腰曲輪群

曲輪の側面に雛壇状の腰曲輪群を削りだす工法は越後の山城に多い。このタイプの山城は曲輪の縁に土塁を築かない傾向がある。雛壇状の腰曲輪群によって制高効果を得ているためであろう。

他にも、山城や丘城では尾根からはずれた谷筋に、腰曲輪を何段か設けていることがある。こうした遺構は、谷筋からの侵入を防ぐめために設けることもあるが、水ノ手《みずのて》として設けている場合もある。

谷の頭で湧水を得るだけであれば、わざわざ平坦化する必要はないが、湧水の周囲が緩斜面のままでは水汲み作業がしにくいし、谷筋からの侵入を防ぐためにも、何らかの処置は必要である。水ノ手とおぼしき曲輪を何段かに造成している例があるのは、谷筋からの侵入を警戒して、腰曲輪を追加しているのであろう。

なお、水ノ手について付言しておくと、「人間が生きてゆくためには水が不可欠だから、どんな山城にも必ず水ノ手がある」という人がいるが、戦国期城郭の実態を踏まえない俗説である。なぜなら、人はたしかに水がないと生きていけないけれども、鎧で突かれても死んでしまうからだ。

戦国期城郭の中には、戦術的な理由から築かれたものが少なくない。そうした城は、限られ

【腰曲輪と切岸の関係】

曲輪を造成する際、縁を切岸として削り落とすと、直下には必然的に平坦面が生じる。これを整形すれば腰曲輪となる。こうした工法をくり返してゆくと「雛壇状阻塞」ができあがる。

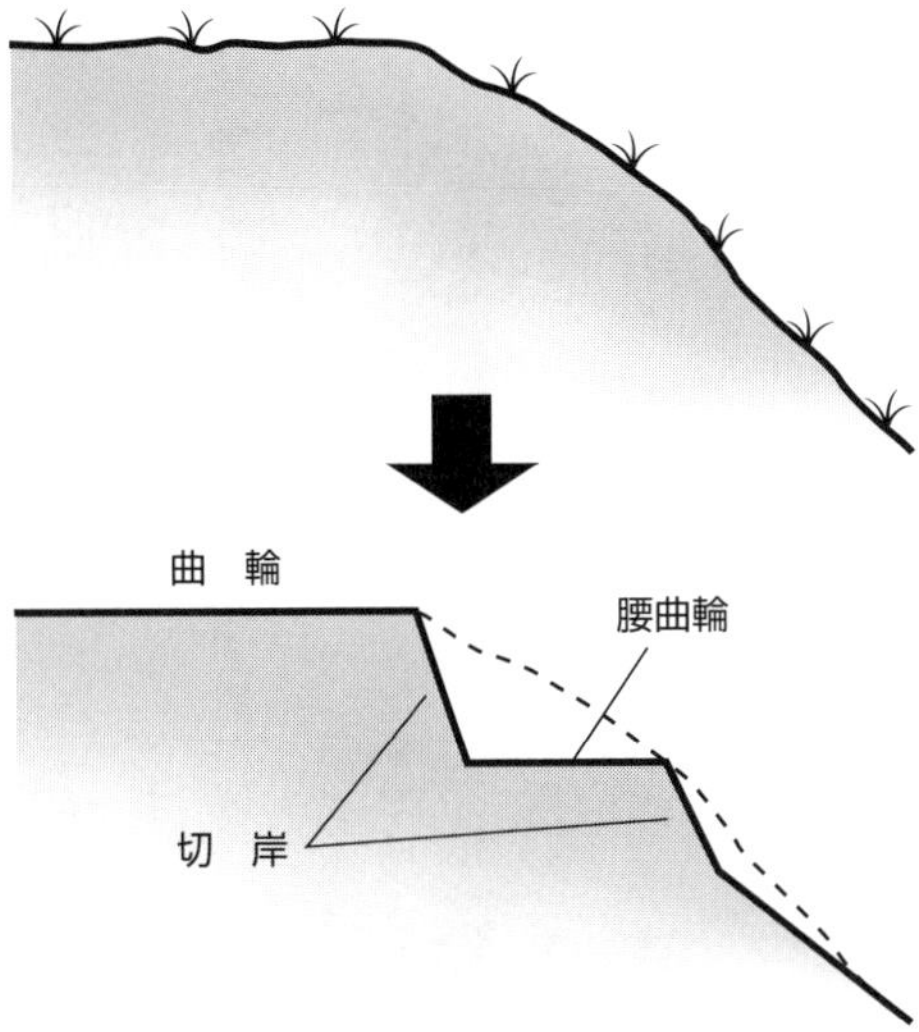

[＊2] 織豊系の陣城では、山腹に小さな腰曲輪状の段を多数造成している例がある。これは、一般の兵たちが小屋掛けをするための段だと考えられている。一見、「雛壇状阻塞」と似ているが、小屋掛けが目的なので、切岸が低く削り落としも甘い。

た兵力で特定の任務に当たるわけだから、想定している戦闘のタイムスケールが短い。小兵力で短時間持ちこたえればよいのであれば、城域をコンパクトにまとめた方が守りやすい。水ノ手を確保するために迂闊に城域を広げると、かえって守備が破綻してしまうのである。

もちろん、居城や戦略拠点として維持するような城では、水ノ手をおろそかにすると、籠城戦に耐えられない。要は、水ノ手を確保するのと、水ノ手を捨ててでも城域をコンパクトにまとめるのと、どちらの方が生存率を高められるか、という判断にかかってくるのである。

【二つの帯曲輪】

腰曲輪と似たような言葉に、帯曲輪《おびくるわ》がある。帯曲輪の語は、現状では二通りの意味で使われている。

一つは、斜面の途中に細長くつづく平坦面を指す用法(A)。帯状に細長い腰曲輪、と言い換えてもよい。もう一つは、堀の対岸部分にある細長い平坦地を指す用法(B)。前者(A)が、機能としては腰曲輪と同じであるのに対し、後者(B)は機能的には腰曲輪と異なるので、筆者は機能差に着目して区別をつける意味から、Bを帯曲輪と呼ぶことにしている。ただし、一般にはAの意味で用いられることも多い。

発掘調査の事例を見てゆくと、Aの帯曲輪(帯状の腰曲輪)は、かなりの確率で埋没した横

小野路城の水ノ手
複雑に尾根と谷が入り組んだ丘陵に築かれた小野路城では、谷の頭の部分を腰曲輪に造成して水ノ手としている。

堀である。実際、地表面観察で帯状の腰曲輪を観察していると、縁に低い土塁のような高まりが、断続的に確認できることが多い。なので筆者は、帯状の腰曲輪を踏査する場合は、縁に残るわずかな高まりを見逃さないよう心がけ、前後・上下の遺構との位置関係を確認した上で、埋没した横堀と判断している。

　Bの帯曲輪――つまり、堀の対岸に細長く延びる帯曲輪は、導線を形成するための工夫として利用されることが多い。こうした帯曲輪は、上位の曲輪から弓・鉄炮で援護や制圧がしやすいので、逆襲用の出撃路や退却路として有効であるし、馬出との連動にもすぐれている。[*3] 横堀をよく発達させた北条氏や武田氏系の城郭では、このタイプの帯曲輪を巧みに用いて導入系を構成する事例が多い。このタイプの帯曲輪を歩くときは、虎口との連動性を確認するよう心がけるとよいだろう。

福山城（広島県福山市）の腰曲輪（本文記載のAタイプ）
本丸（画面左手）から一段下がったところに、細長い腰曲輪が巡っている。このタイプを帯曲輪と呼ぶ場合もある。近世城郭は総じてスケールが大きいので腰曲輪も幅広だ。

小机城（神奈川県横浜市）の帯曲輪（Bタイプ）
主郭（画面左手）と横堀をへだてた対岸に細長く伸びた帯曲輪が通路となっている。右手画面の外には角馬出がある。

［＊3］むしろ、Bタイプ帯曲輪の虎口正面の部分に堀などを入れて区画したものが、角馬出の原型と考えることができる。

■曲輪は平坦面に非ず

曲輪こそ、遺構を見極める経験をつんだ者と、そうでない者とで見方が分かれるパーツである。山城（またはその伝承地）を歩いていて、平坦な場所を見つけたとき、それを曲輪と判断するか、どうか。

多くの人は、その場所が充分に平坦であれば、曲輪と考えたがる。実際、郷土史家の中には、平坦面を片っ端から曲輪と捉えて、広大な城域の図――御本人は〝縄張図〟と称しているが、われわれ縄張研究者から見れば縄張図とはとてもいえない――を作成する人が、ままいる。

しかし、一定の範囲が充分に平坦な自然地形は、山の中にはいくらでも存在する。また、廃城後に何らかの目的で人の手が入って、平坦面ができる場合もある。耕作や建物の造作などがそれだ。

一方、戦国期城郭の遺構を見極める経験を積んでいる者であれば、平坦面が障碍によって防禦されているかどうかを確認した上で、曲輪かどうかを判断する。周囲に堀や土塁は存在するか。平坦面の外縁は切岸となっているか。こうした要素を観察しないかぎり、平坦面そのものをいくら眺めていても、城の曲輪かどうかの判断はつかないのだ。

ということは反対に、堀・土塁・切岸といった障碍のラインで囲まれた範囲であれば、内部が平坦でなくても曲輪ということになる。実際、内部が平坦でない曲輪など、戦国期城郭にはいくらでもある。戦国期城郭の曲輪は、薮をかき分けて外周をたどってこそ理解できるのであって、平坦面を見つめたら〝負け〟と心得よう。

内部が平坦化されていない曲輪には、まともな建物は建たない。物置か田舎のバス停のような、にわか作りの小屋がせいぜいである。当然、住み心地はよくないが、敵に攻め込まれて死ぬよりはマシである。

居住性よりも防御を優先する——というより、居住区画としてではなく、まず戦闘区画としてプランニングされているのが、戦国期城郭の曲輪なのである。前述したような、平坦面をやたらと曲輪に見立てる人は、「まず戦闘区画」のイメージがないから、幻を見てしまう。そうして、やたらと広大な城の絵を描いて、城主が実は偉大な支配者だったという夢を見ている。

山中城の岱崎出丸
東海道を制する最前線に増築された曲輪。2万㎡を超える広い曲輪だが、曲輪内には自然地形が残っている

■広さ・長さは結果論

戦国期城郭の曲輪を見るときは、呼称や伝承名に惑わされてはいけない。本文でも述べたように、現在用いられている曲輪の呼称は、基本的には後世に付けられたものなので、呼称は記号のようなもの、と割り切って考えた方がよい。早い話、「主郭」と呼ぼうが「本丸」と呼ぼうが、「曲輪1」と呼ぼうが「A郭」と呼ぼうが、同じということである。

とりわけ、人名を冠した伝承名は要注意で、「西股曲輪」「家老屋敷」といった標柱が立っていると、つい西股某やら、家老やらの屋敷が建っていたようにイメージしてしまう。

しかし、実際に遺構を観察すると、曲輪の内部が平坦化されておらず、物置小屋くらいしか建たない

要害山城の主郭
躑躅ヶ崎館（山梨県甲府市）の背後を守る詰城。主郭はさほど広くはないが、全周を土塁に囲まれ内部はよく平坦化されている。

構造である場合も、少なくない。いくら弱小な国衆でも、重臣が物置小屋に住んだりはしない。遺構を正しく観察しないと、いろいろと夢を見るものである。

戦国期城郭の曲輪は基本的には戦闘区画であり、守備単位である。曲輪を見たとき、内部に建物が建っていて、人が暮らしている情景を想像したら、戦国の城歩きは〝負け〟と心得よう。

曲輪の広さや外周の長さは、地形に逆らわずに、戦闘区画や守備単位を造作していった結果として生じているのだ。ということは、曲輪の広さは必ずしも収容力を意味しないわけだ。曲輪の外周の長さも、守備に要する人数を意味しないことになる。

当然、曲輪の広さから、居住者や構築主体の権力を推し量ることもできない。この事実に気づくことができれば、お姫様やらご家老様やらの夢もさめて、戦国のリアルを感じられるようになるだろう。

もちろん、城の中枢部に、堀や土塁で厳重に囲まれた上で、内部が充分に平坦化されている曲輪があったら、城主や城将の屋敷が建っていた可能性は高い。厳重な障碍に囲まれ、なおかつ充分に平坦化されて居住性の高い曲輪は、コストをいとわずに造作した空間だからだ。

【第八章】天守《てんしゅ》

権威の象徴か、戦闘拠点か

・天守は城内最大最強の強化火点にして最終防衛拠点
・外枡形虎口としての付櫓をともなう形態が天守の主流
・天守は戦う建物であるがゆえにデザインにこだわる

1. 天守というパーツ

【天守とは何か】

ここまで本書では、堀、土塁と切岸、竪堀、馬出、枡形虎口、横矢掛りと櫓台、曲輪といったテーマを扱ってきた。本書を手に取り、読んで下さっている皆さんは、それらが城を構成する重要なパーツであることをご存じだ。というか、そうしたパーツの総体として「城」という構造物が成立していることを、ご存じだ。

でも、そうした認識を持っている人は、日本人一億二千万余の中の、ごく一部——たぶん、いま「余」と表現したくらいの人数でしかないだろう。残りの一億二千万くらい、少なくとも一億くらいの人は、「城」といえば天守をイメージする。それほど天守は、日本の城を象徴するアイテムとして認識されているのだ。

本書では、城を構成する各種パーツについて、単に形態で分類したり、機能を説明するだけではなく、できるだけ時間軸に沿って、それらのパーツについて考察するよう、努めてきた。つまり、パーツをとおして中世から近世に至る城の変化を考えようとしてきたわけだ。

そうである以上、戦国時代の後半に忽然と出現し、やがては日本の城を象徴する存在となる天守を、無視したまま通り過ぎるわけにはゆかない。天守とは、どのような役割を担ったパーツだったのだろうか。

現在、市場に出回っている一般向けの城の概説書や、雑誌・ムックの記事を読んでみると、たいがいの場合、天守は城主の権威を象徴する建物、と説明されている。また、城内最大の櫓を権威の象徴として位置づけたのが、織田信長による安土城であり、この属性は以後の近世城郭に受け継がれた、と説明されていることも多い。

しかし、建築史から城郭を研究している三浦正幸《みうらまさゆき》氏は、著書『城の鑑賞基礎知識』[*1]の中で、「天守は、本来は軍用建築である」と明確に規定している。その上で、天守にはもともと狭間《さま》や石落《いしおとし》などの攻撃装置が備わっており、厚い外壁は防火・防弾のためのものだが、江戸時代に入ると次第に支配権力の象徴としての役割が主になっていった、と説明している。

実は、三浦正幸氏にかぎらず、城郭の専門家たちの著作を読むと、著者自身は必ずしも「天守は城主の権威を象徴する建物」とは規定していないことに気づく。むしろ、天守の本来的機能・属性については、明言しない書き方していることの方が多い、といってよい。

あらためて、問うてみたい。天守とは、そもそも何なのであろうか？　天守はもともと城主の権威・権力を象徴するシンボルとして出現したのか。それとも、本質的には軍用建築であったのか。

【天守の意味】

天守の語源については、諸説ある。表記については、織豊期〜江戸初期の史料では「天守」「天主」「殿主」「殿守」と一定しない。「殿主」という表記に注目して、殿舎建築で中心的な建物だった主殿が語源だ、とする考え方もある。

一方、建築史家の内藤昌《ないとうあきら》氏は一九七九年に著した『城の日本史』[*2]で、天下人となった織田信長が、天道思想に基づいて「天主」と名付け、のちに「天守」の表記が一般化した、との説をとなえた。城内でもっとも高い建物というだけの即物的理由だけでは、「天主」という語の成り立ちを説明できない、というわけだ。

内藤氏は、安土城天守の画期的復元案を提起して、城郭研究や建築史界に一石を投じた研究

［＊1］三浦正幸『城の鑑賞基礎知識』（至文堂　一九九九）。

［＊2］内藤昌『城の日本史』（NHKブックス　一九七九）。

天守の嚆矢とされる安土城（滋賀県近江八幡市）
信長が築いた安土城は、近世城郭のはじまりと解説されることも多い。天守の姿についてはさまざまな復元案が出されているが、真実は永遠の謎である。安土城天守について筆者個人の感想を述べるなら、今まで提示されたどの復元案も納得できない。（安土城天主CG＝内藤昌監修、凸版印刷株式会社制作、近江八幡市提供）*3

者である。天守の語源については、以前から儒教や仏教、神道などの思想に求める説があった。それに対し、戦国武将の好んだ天道思想や、信長による天下統一に結びつけて語義を理解しようとした点が、内藤説のポイントであった。

ただ、内藤説には大きな疑問点がある。天道思想にせよ何にせよ、語義の根拠が思想的なところにあるのだとしたら、「天」なり「主（あるいは守）」などの漢字を用いる必然性があったはずだ。そして、天守建築の普及とともに、その思想性も広まっていったはずである。だとしたら、古い時期の史料で表記が一定しない、という現象の説明がつかない。

内藤説以降も、何人かの城郭研究者が天守の語源を解明しようと試みたにもかかわらず、未だに決定打を見ていない。それどころか、江戸時代の初期には、すでに天守の語源がわからなくなっていたらしい事実が判明しているのだ。*4

［＊3］　安土城に限って「天守」ではなく「天主」と表記する慣行があるが、同時代史料では「てんしゅ」の漢字表記そのものが一定しておらず、安土城に限って「天主」と表記しているわけではない。だとしたら、現在の研究において安土城のみ「天主」と表記する必然性・合理性はない。よって本書では、安土城についても「天守」と表記する。

［＊4］　松下浩「天守成立に関する一考察」『織豊城郭』第五号（織豊城郭研究会　一九九八）。

だとしたら天守という語は、「天」「主・守」といった文字の意味には、あまりこだわらないところから発生した、と考えるのが妥当であろう。「てんしゅ」という音が先に生まれ、それを聞いた人物が、自分のイメージに合う漢字を当てた結果、表記が定まらない現象が起きたのではなかろうか。

「てんしゅ」という言葉そのものは、時代の気分というか、武将たちのノリ——石田治部少輔《じぶしょう》を「石治」、浅野弾正忠《だんじょうのちゅう》を「浅弾」と略記するような——の中から生まれた造語ではないか、と筆者は考えている。

【天守の始原】

では、「てんしゅ」と呼ばれる建物は、いつ、どのように生まれたのであろうか。一般には、織田信長による天正四年（一五七六）の安土築城こそ、本格的な天守の嚆矢でもあると考えられている。しかし、「てんしゅ」と呼ばれる建物は、安土築城以前にも存在していた。

『兼見卿記《かねみきょうき》』のような確度のたかい記録でも、入京した足利義昭のために信長が築いた二条城（京都府京都市）や、明智光秀の近江坂本城、摂津高槻城（大阪府高槻市）などに天守の記載が見える。松永久秀の多聞山城《たもんやま》（奈良県奈良市）や、信長の岐阜城（岐阜県岐阜市）にも天守に類する重層物が存在した可能性がたかい。

【坂本城（滋賀県大津市）復元図】

記録によると、明智光秀が築いた坂本城天守は、安土城に先駆けて建てられていた（イラスト＝香川元太郎、監修＝中井均）。

また、縄張調査や発掘調査によっても、主郭に天守台のような基壇を備えた例が畿内周辺で見つかっている。[*5]

どうやら、永禄年間~天正初年頃の畿内や周辺諸国では、城内の中心部に重層建物=「てんしゅ」を備える、という築城のトレンドがあったらしい。このトレンドを、大々的に取り入れたのが、信長の安土城だったのだろう。琵琶湖に面した山上にそびえる五重の天守は、大いに人々の耳目を引いたものの、完成からわずか六年後には本能寺の変にともなう混乱で焼失してしまう。

失われた安土城天守については、主に建築史の専門家たちが、いくつかの復元案を発表している。しかし、個人的な見解を述べるなら、これまで示されたどの復元案にも、筆者は納得できない。どの復元案も、われわれの知っている近世城郭の天守から、遡及的に類推した形態であるからだ。

史料から読み取るかぎり、安土城天守の内部には能舞台が備えてあったり、さまざまな障壁画に彩られていたりと、かなり居住性の高い建物だった様子がうかがえる。そうした居住性の高さは、近世城郭には受け継がれていないのだが、なぜ継承されなかったのかという問題について、これまでの城郭研究では説得力のある説明がなされていない。にもかかわらず、安土城天守を近世城郭の天守のプロトタイプと評価することが、はたして正しいのか、どうか。

安土城の天守は、われわれが見知っている近世的天守のプロトタイプではなく、それ以前に存在していた「始原期天守」の集大成だった可能性を考えてもよいのではなかろうか。安土城が消失したのち、信長の配下にあった武将たちが各地に織豊系城郭を築く中で、天守建築も伝播してゆき、信長を追慕するメンタリティとも相まって、安土城は伝説的な存在となった――安土城を近世城郭の始祖と見なす価値観が、こうした中で形成されていったのではあるまいか。

[*5] 京都府の笑路(わろうじ)城(京都市)や周山(しゅうざん)城(亀山市)など。

永禄～天正初年に存在した「始原期天守」がどのようなものであったのか、現時点では未解明な点が多い。今後は、「信長による築城革命」といったような、バイアスを取り除いた客観的な視角から、研究が深められることを期待したい。

2. 戦闘施設としての天守

【天守の戦闘装備】

前節で述べたように、史料から語源を探るという方法では、「天守とは何か」という命題の答えを見つけられそうにない。であるならば、物証に基づいて答えをさがしてみよう。

まず、現存する天守や、写真・資料で形のわかる天守を見てゆくと、狭間（銃眼）や石落といった戦闘装備をともなう例が多いことに気付く。文禄三年（一五九三）頃に遡る可能性がある松本城（長野県松本市）、慶長十四年（一六〇九）完成とされる姫路城、同十六年（一六一一）完成の松江城（島根県松江市）、慶長年間に現在の形が整ったとされる犬山城（愛知県犬山市）などが代表例だ。[*6]

石落は、敵の頭上に石を落とすための施設

姫路城（兵庫県姫路市）大天守の石打棚
石打棚の名があるものの、実際には鉄炮を撃つための足場として使われる。

［＊6］天守の建築年次は史料からは確定できない場合が多い。また、松本城や犬山城のように、何度かの改修・増築をへて現在の見る形に整えられている場合もある。

と思われがちだが、実際には下に向けて射撃するための銃眼である。松本城天守の例では、石落の張り出しに狭間が開いており、離れた位置の敵は狭間から射撃し、足元にもぐりこまれたら銃身を下に向けて撃つ、という使い方を想定していたことがわかる。

【松江城天守の内部】

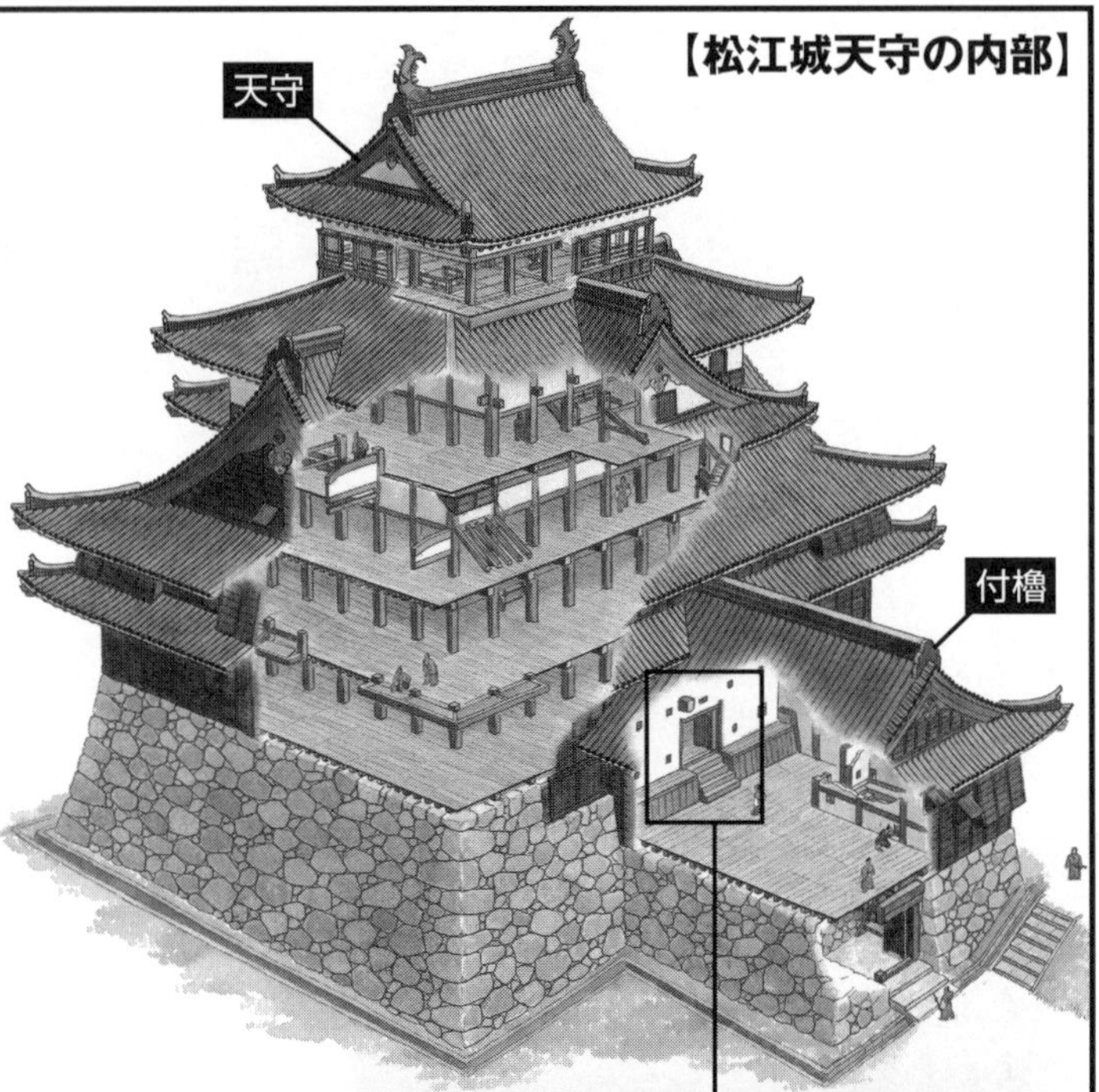

天守と付櫓の間の壁に狭間が設置されており、付櫓に攻め入った敵兵に対して、天守内部から迎撃できるようになっていた。複合式天守の多くは、このような付属する付櫓や小天守を経由して天守に入る構造となっており、付櫓が天守を守る防禦施設となっている。この複合式が、年代を問わず天守の基本スタイルであった（イラスト＝香川元太郎）。

松江城天守の狭間
丸で囲んだ箇所が狭間。付櫓に入った兵は蜂の巣となっただろう。

とはいえ、同時期に建てられた天守や櫓でも、石落を備えている例と、備えていない例とがある。大坂の陣以前に築造された望楼式天守の例を見ても、松本城・姫路城・松江城・犬山城などは石落を備えているが、彦根城（滋賀県彦根市）・岡山城（岡山県岡山市）・広島城（広島県広島市）などは備えていない。

また、松本城では五重天守の上層階にも狭間が備えてあるが、上層階から射撃しても、敵の頭上に弾をバラまくだけで、命中弾は期待できそうもない。こうした戦闘装備は、一種のオーバースペ

【天守に備わる装備】

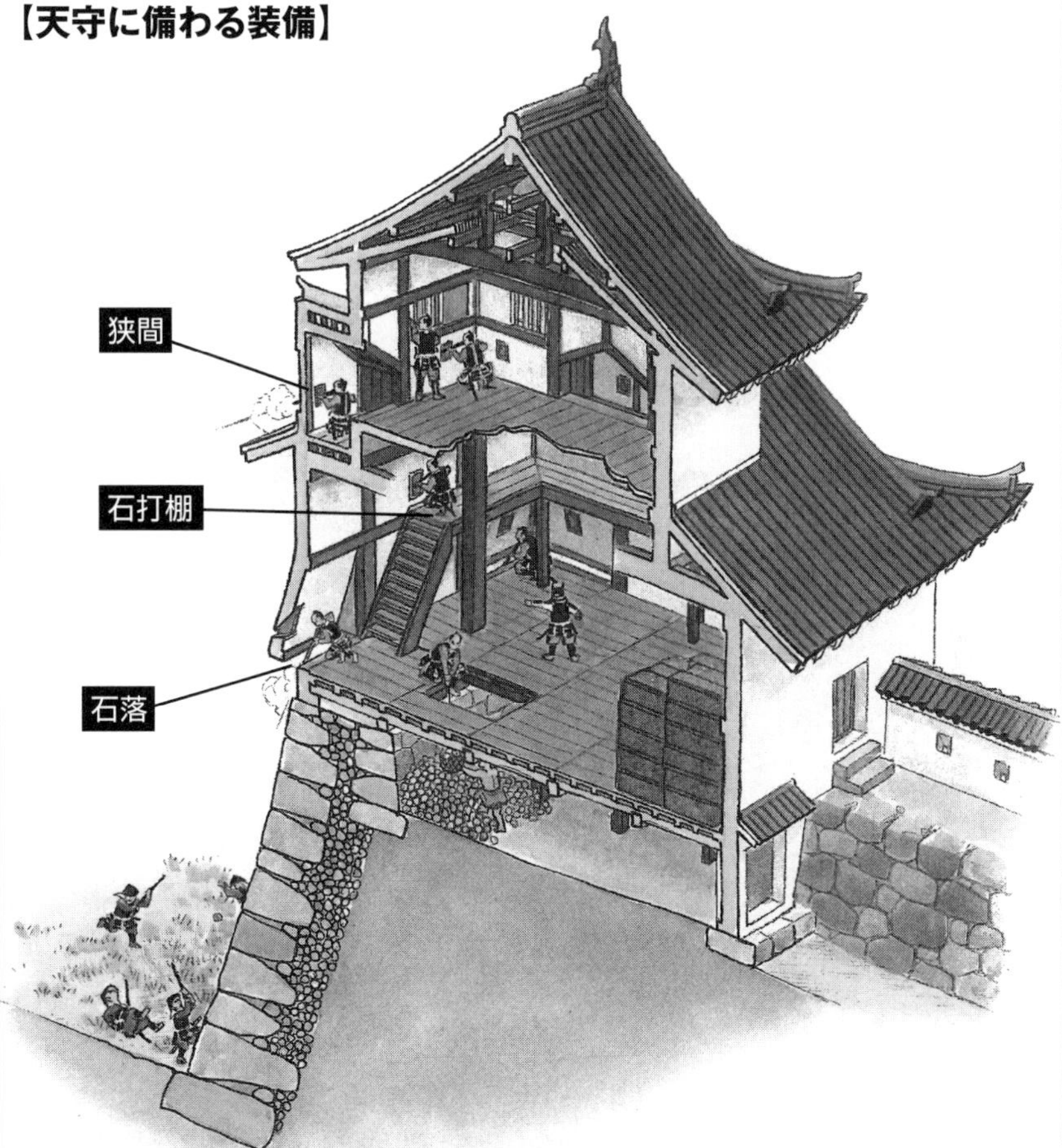

天守というと外観に目を奪われがちだが、攻め手を寄せつけない設備が備わっている。井戸や台所など戦闘機能を補完する籠城用の施設も備えており、戦闘の最終局面において、単独で抗戦できる施設であることが期待されていた。イラストは二重櫓の想定だが、天守も同様に狭間や石落、足場となる石打棚が備わる。天守も隅櫓も、分厚い土壁と瓦屋根で造られた耐火性・耐弾性に富む建物であり、戦闘時には指揮所兼強化火点として機能するものであった（イラスト＝香川元太郎）。

ックといえる。天守というコンセプトが成立し、普及してゆく中で、どのようなスペックを実装すれば有効であるのか、試行錯誤がくり返された結果が、石落の有無やオーバースペックな狭間となったのであろう。

狭間や石落といった戦闘装備をもつ天守では、内部に城主の間や台所・厠といった、籠城用の施設を伴う例も多い。全体とすると、大坂の陣以前に建てられた天守では、戦闘装備や籠城用施設が充実している。

一方、元和偃武《げんなえんぶ》（元和元年・一六一五）以降に建てられた天守では、戦闘用の施設は総じて省略される傾向にある。寛文《かんぶん》六年（一六六六）築造の宇和島城（愛媛県宇和島市）天守が代表例だし、江戸城（東京都千代田区）の寛永度天守にも狭間や石落は見られない。

万治《まんじ》三年（一六六〇）建築とされる丸亀城天守は、現存天守の中ではもっとも小さく、戦闘装備をほとんど持たないが、一箇所だけ石落が付いている。この石落は小さなもので、戦闘装備としてどこまで有効なのか疑問ではあるけれども、三ノ丸から二ノ丸へと入る虎口の真上に位置している。

【天守の平面形】

次に、天守の平面形を考えてみよう。天守の平面形は、

丸亀城（香川県丸亀市）天守
天守の真下に本丸へ入る城門があり、小さな石落は一応そこを狙っていることがわかる（写真提供=PIXTA）。

独立式、複合式、連結式、連立式に大別される。独立式は単体で建つタイプ。複合式は付櫓《つけやぐら》をともなうタイプ。連結式は、大天守と小天守を廊下や渡櫓で結んだもので、小天守→渡櫓→大天守と導線が設定されている。連立式は姫路城のように、大天守と複数の小天守を渡櫓で結んだタイプ。

加藤理文《まさふみ》氏の研究によると、[*7]もっとも事例が多いのは複合式で、平面形が確認できる事例全体の約六割が複合式とのことである。しかも、複合式の事例が優越する傾向は、年代によらない。つまり、単純な独立式から次第に複雑な平面へと進化していったわけではなく、天守は最初に複合式が成立し、そこからさまざまなバリエーションが生まれていった、ということになる。

現存する複合式天守を見ると、松江城や彦根城では、付櫓を通って天守本体に入るようになっていて、天守本体の入り口に頑丈な扉が設置されている。付櫓が天守の入り口を防禦する機能を果たしているのである。松江城の場合など、天守本体から付櫓の内部を射撃するための狭

【*7】加藤理文「天守編年」『織豊城郭』第五号（織豊城郭研究会 一九九八）。

【天守の平面形】

天守は付属する建物との構造によって、大きく4種類に分類される（イラスト=ウエイド）。

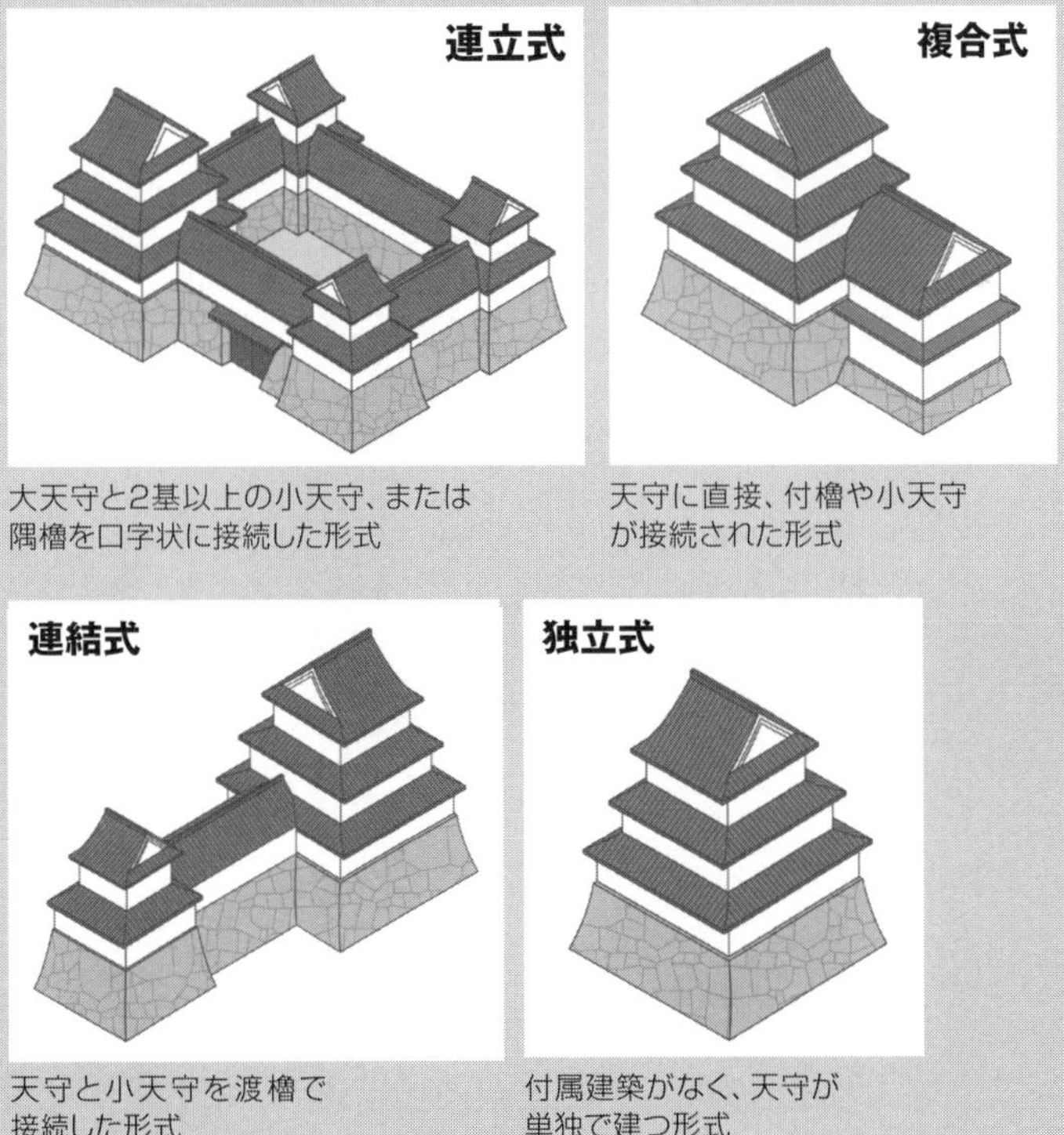

連立式：大天守と2基以上の小天守、または隅櫓を口字状に接続した形式

複合式：天守に直接、付櫓や小天守が接続された形式

連結式：天守と小天守を渡櫓で接続した形式

独立式：付属建築がなく、天守が単独で建つ形式

間まで設置されているのだ。

機能に即して考えるなら、天守と付櫓との関係は曲輪と外枡形虎口の関係によく似ている。しかも、織豊系城郭の虎口は、嘴《くちばし》状に突出した外枡形虎口を主流として発達したことがわかっているのだ。[*8] 天守は、外枡形虎口を前面にともなった形で成立した構造物だったと考えることができる。

複合式天守で、付櫓を通らずに天守本体に直接入るようになっている例として、犬山城がある。ただ、犬山城天守の付櫓は、天守の前面や側面に対する横矢掛りとして効くようになっており、天守への導線を守備するという意味では、やはり防禦施設といえる。

犬山城天守

付櫓を横矢掛りと見なさなければ、側面に窓がある意味が理解できない。

また、姫路城の連立式天守は、よく見ると、大天守と三基の小天守を単純に結んだ平面形とはなっていない。外壁が複雑な出入りを見せていて、全体として天守の南・西・北の三面に対して、隙間なく射線を交差させられるように構成されている。

二ノ丸から本丸（備前丸）への導線が、天守の西側を通ってくることを考えるなら、この連

［＊8］第四章「馬出」参照。

姫路城天守群を上から見る
全体として隙間なく射線を構成するようにプランニングされていることがわかる。

立式天守は、二ノ丸から城の中枢部に突入してきた敵が、天守に取り付くことを射撃によって阻止するための構造、と理解できるだろう。

【縄張の中の天守】

では、天守は城全体の縄張の中で、どのように位置づけられているのだろうか。加藤理文氏や髙田徹氏の研究によると、[*9]天守の多くは本丸の塁線の一部を構成しており、塁線から張り出したり、本丸の角部分を占めている例も多い。

一方、塁線と関わらずに曲輪の中に独立している例は多くないが、概して新しい時期に築造された天守で見られる。宇和島城天守や寛永度以降の江戸城天守、赤穂《あこう》城（兵庫県赤穂市）天守などだ。安土城や会津鶴《つる》ケ《が》城（福島県会津若松市）の天守は、一見すると本丸の中央に独立してい

［＊9］加藤理文（前掲）、髙田徹「天守台研究をめぐる諸問題」『織豊城郭』第五号（織豊城郭研究会 一九九八）。

るようであるが、実際には本丸を区画する塁線の上に位置しており、これらと同列には扱えない。

塁線の一部を構成する建物（張り出しているもの、角に占位するものを含む）は、当然のことながら、戦闘時には火点として機能する。そうした建物が耐火性・耐弾性の高い構造を有しているのなら、強化火点としての機能を期待されたと考えることができる。

一方で、塁線の一部を構成する天守は、本丸の外からは堂々として見栄えがする、という反論があるかもしれない。城主の権威・権力を誇示するための建物だからこそ、天守は目立つ場所に建てるのだ、という考え方である。

こうした考え方に対する反証としては、石垣山《いしがきやま》城の事例を挙げておきたい。ご存じの通り石垣山城は、天正十八年（一五九〇）の小田原の役に際して、豊臣秀吉が本営として築いた城である。関東で最初の、天守と高石垣を備えた本格的な織豊系城郭であり、壮麗な城が短期間で完成したことを目の当たりにした北条氏は、戦意を失って開城降伏を決意した、と通説的にはいわれている。

石垣山城の本丸は、当然のことながら城地の最高所を占めている。けれども天守台は、小田原城に向けた側——本丸の北東隅ではなく、反対側の南西隅に置かれているのだ。小田原城に対するデモンストレーションとして天守を建てたとするならば、この占位は説明がつかない。しかし、縄張全体を観察するならば、枡形虎口を多用した複雑な導線設計のもっとも奥

天守と本丸塁線の関係

天守の多くは本丸塁線に面して建てられていることが多い。写真の名古屋城（愛知県名古屋市）のほか、甲府城（山梨県甲府市）や彦根城、岡山城や広島城などその例は多い。敵から攻められた際、火点としての機能を果たすためであった。

【石垣山城（神奈川県小田原市）復元図】

イラスト内では本丸南西隅（円内）の天守台が建設途中である。天守台付近では小田原開城の翌年の銘が刻まれた瓦が2点採取されており、天守は板葺きの姿で暫定完成していた可能性が高い（イラスト=香川元太郎、監修=著者）＊10。

まった場所に、天守が置かれていることがわかる。

　現代のわれわれは小田原の役を、秀吉が北条氏を屈服させた戦い、として認識している。しかし、石垣山城の構築が始まったのは、秀吉が箱根を突破して小田原方面に進出した直後であり、この時点では秀吉軍の勝利は確定などしていなかった。

　だとしたら、秀吉は軍事的合理性に基づいて築城を開始した、と理解するべきではないか――すなわち、小田原城に対する包囲環を固く閉じるとともに、敵の逆襲を受けた場合でも戦線を維持するための秀吉軍本営として築かれたのが石垣山城なのだとしたら、その天守もまた、軍事施設にほかならないのである。

【天守における戦争と平和】

　視野を広げて考えてみよう。戦国

［＊10］「戦国の城・相模石垣山城」『歴史群像』一〇五号（二〇一一）のち『戦国の城全史』（学研二〇一一）に再録。

期以降の日本の城は、概して中心部へ行くほど造りが堅牢かつ緻密になる傾向がある。近世城郭の場合だと、惣構《そうがまえ》が土塁でも主城部は総石垣造りだったり、中枢部では石垣の上に多聞櫓を連ねたり、枡形虎口を多用したり、狭い通路を複雑に折り曲げたりする。

城の外周部が突破された場合、兵を漸次後退させながら抗戦をつづけ、中心部では残兵を集約的に運用して、できるだけ長い時間持ちこたえられるように、縄張を工夫しているのである。こうしたセオリーに則って築かれた城の中心に占位するのが、天守なのである。だとしたら、天守は最初から、城内での最終抵抗拠点となるとともに、城内で最強・最大の強化火点として成立した、と考えるべきであろう。

求心的な防御構造をもつ城の最奥部に、外枡形虎口としての付櫓と各種の戦闘装備を満載して盤踞する構造物——天守は、まぎれもなく戦闘施設としての機能が期待されて普及した構造物であった。それゆえに、天守にはさまざまな戦闘用のスペックを実装する試みがなされた。しかし、関ヶ原合戦以降は、天守が実戦の洗礼を浴びる機会がほとんどなく、試行錯誤の結果を確認できないままに、戦争のない時代が到来した。

こうした状況下で、天守の戦闘装備が省略されがちになるのは、当然の成り行きだったろう。ただ、戦闘施設として機能すべきものという意識が残っていたために、実用性の薄い石落も装飾になりえた、と考えることができそうだ。大名行列が見世物化しながらも、行軍縦列としての形態を保っていたり、実際には抜くことのない刀を、武士たちが身分指標として携行し続けたのと同種の現象、と考えてよいのではなかろうか。

3. 天守のシンボリズム

【不都合な事実】

実は、研究史を繙《ひもと》いてみると、城郭研究の分野においては、天守は一貫して軍事的構築物として論じられてきたことがわかる。しかも、前節で紹介したように、建物の形態や天守台の平面形、縄張の中での位置関係といった〝物証〟に基づいた上で、軍事的構築物として理解するのが合理的と見なされてきたのだ。

一方で、天守の本質を権威・権力の誇示だと考えると、不都合な歴史的事実がいくつもあることを、指摘できる。天守と、そのオーナー（城主・築城者）の身分との関係だ。

城のオーナーは武家であるが、武家とは他者から軽んじられることを極度に嫌い、体面を重んじ、自己の武勇や家柄を誇示したがるメンタリティの持ち主である。そうであるなら、権威や権力を示す建物――しかも目立つ建物――を建てる以上、外見（サイズやデザイン）を家格や石高に対応させるはずではないか。

しかし、実際の天守には、そのような傾向がまったく見られない。たとえば幕藩体制下における外様の大藩では、熊本城（加藤家・細川家）や萩城（山口県萩市／毛利家）、広島城（毛利家・福島家・浅野家）などが堂々たる五重天守を構えているのに対し、金沢城（前田家）や鶴丸《つるまる》城（鹿児島県鹿児島市／島津家）では、天守そのものを建てていない。

それどころか、将軍家の居城である江戸城さえ、明暦の大火以降は天守の再建を断念してしまう。尾張《おわり》徳川家では、付家老《つけがろう》の成瀬《なるせ》家すら天守を持っている（犬山城）のに、である。天守が権威・権力を示すための建物だとするならば、この現象は説明がつかない。

一方、占地に注意してみるならば、相対的に比高の大きい平山城や山城の方が、天守は小さくなる傾向が見て取れる。彦根城や犬山城のように、小高い丘――立ち上がりが急峻で頂部が狭い――に占地する城は、三重程度の天守で済ませており、相対的に低平な地形に占地する城

司令塔としての天守の役割

山頂や丘陵に築かれた城ほど天守は低く、平城ほど天守は高くなる傾向がある。平城では天守を高くしないと周囲への充分な眺望を得ることはできず、このことは天守が見張り台であり司令塔としての役割を担った証左といえよう。写真は山麓から見た彦根城天守。棟高15.5mと天守の中でも低い部類だが、小高い丘に建つため眺望がよい。

では、五重の天守とする例が多い。

小高い丘は遠望が利くので、司令塔として背の高い建物は必要がなかったが、低平な城では司令塔として大きな天守を欲する傾向にあった、ということだろう。松本城など、完全な平城であるうえに基本的には土造りだし、土塁や堀も特別大きいとはいえず、決して難攻不落とは評しがたい。だが、それゆえに五重の堅牢な天守を必要としたのであろう。

同じような評価は、犬山城や丸岡城(福井県丸岡市)にも当てはまる。犬山城や丸岡城は城そのものが小さく、縄張も平凡だ。言葉は悪いかもしれないが、天守なければタダの城なのである。[*11] そのような城にまで天守が建てられるのは、守備兵力に限りのある小城・凡城だからこそ、中心部には堅牢な戦闘施設を備えて、なけなしの兵力で少しでも長く持久するためではなかろうか。

[*11] もし天守が現存していなかったら、犬山城は愛知県の、丸岡城は福井県の、名城ベストテンに指折られることすらなかっただろう。

【自己主張の強いパーツ】

一方で、天守が大変にデザインにこだわって建てられた構造物であるのも、また事実である。現存十二天守や、写真等で外見の判明する天守を見比べると、一棟一棟が他と異なる個性的なデザインを施されていることが実感できる。

松本城大天守
真正面から見た松本城大天守は逓減率が安定せずバランスが悪い。四重目と五重目の壁の幅がほぼ同じなのもいただけない。しかし、南西方向から見ると左右非対称に配された小天守と櫓が一体となって、独特の構成美をなしている。

たとえば、松本城の大天守は、真正面から見ると逓減率が不安定で、はなはだバランスが悪い。けれども、小天守や付櫓をあえて左右非対称に追加することによって、全体として「破調の美」を生んでいる。[*12]

天守と隅櫓との最大の違いも、デザインに求められるといってよい。隅櫓では、曲輪の外に面した側にのみ破風などの装飾を設け、内側は装飾を省き、窓も最小限とするのが普通だ。これに対し、天守は四方どの面に対しても装飾を施している例がほとんどである。

実例を挙げると、備中《びっちゅう》松山城（岡山県高梁市）の場合、高所にあるた

[＊12]　古今洋の東西を問わず、権威・権力を表象する建築物はシンメトリーなデザインを指向する傾向がある。日本の城の天守はアシンメトリー（非対称）なデザインを指向しており、比較的早い時期の天守（望楼型や初期の層塔型）において、そうした傾向が強い点に注意したい。

め天守は二重で済ませているが、その分、唐破風《からはふ》や出窓を付けるなど、デザインに凝ることによって、櫓との差別化をはかっている。[*13] デザインにこだわった例の極めつけは、丸亀城天守だ。建物の棟は普通長辺にかかるので、最上層屋根の妻《つま》（破風のある側）は短辺側に向く。ところが、丸亀城天守では短辺に棟をかけて、最上層の妻を長辺側に向けている。なぜ、こんな不自然な屋根のかけ方になったのかというと、大手門方向から見上げたときに、少しでも天守が大きく見えるよう、長辺側を正面に向けたためだ。[*14]

　ただ、小さな天守で長辺側を正面に向けると、デザイン的に水平線が多くなって、高さが押さえられて見えてしまう。そこで、最上層屋根の妻側を強引に正面に向けるとともに、初重だけ壁の半分を下見板張りにし、二重目に唐破風を加え、三重目の窓枠の色を変えるなど、デザインに変化を付けて、少しでも高さ感を出そうとしているのである。

山麓から見た丸亀城天守

丸亀城天守は、大手門方向から見上げたときに小さな天守ができるだけ堂々として見えるように、デザインが工夫されている（写真提供＝PIXTA）。

【実用性と象徴性】

［＊13］江戸城の富士見櫓は俗に「八方正面の櫓」といわれ、破風などの装飾を多用して、見る角度によって表情が異なるようにデザインされている。これは、富士見櫓が天守代用という位置づけを有しているためであろう。

［＊14］丸亀城天守は、大手門に向いた側にだけこうしたデザイン上の変化を付けており、本丸の内側に対しては単調な外観で済ませている。

天守は、どれも外観が個性的であり、デザインに徹底的にこだわって、唯一無二の建物に仕立てられている。こうした価値観は、武士たちが甲冑や旗指物のデザインにこだわるのと、同じメンタリティに根ざす現象ではなかろうか。

命のやりとりを商売とする武将たちが、最後に自分の命を託する場所が天守なのである。だとしたら、圧倒的な個性を主張しつつ肩で風を切るような、彼らの美的感覚に即して格好のよい建物にしたい――ゆえに、天守はシンボリックな存在たりえたのではなかろうか。

元和偃武によって時代が「徳川の平和」へと向かうのと併行して、天守建築では層塔《そうとう》式の技法が完成度を高めてゆく。技術的に完成された層塔式の天守では、破風は構造上の制約から解放されるから、理論上は自由なレイアウトが可能になる。

しかし、実際の後期層塔式天守では、破風は省略される傾向が顕著で、大小の白箱を積みあげたような、没個性的デザインが増えてゆく。寛文六年（一六六六）築造の宇和島城天守も、千鳥《ちどり》破風をシンメトリーに配したデザインは、均整がとれていて、確かに美しい。けれども、どこなく優等生的で、犬山城や松本城、松江城ほどの強烈な自己主張は感じない。平和な時代に建てられた天守は、最後に命を託する戦闘施設としての緊張感を持たないゆえに、自己主張を失うのではなかろうか。[*15]

あるモノが、最初から権威・権力を象徴する目的で作られることと、実用的な兵器・戦闘施設が結果的に象徴性を帯びるという現象とは、別の話として考えるべきだ。天守は、戦いの時代に生み出された戦闘施設であったからこそ、象徴性を帯びることになったのである。

［＊15］ 天守建築の主流が後期層塔型に移行してデザインから突出した自己主張が失われる時期、陶磁器の世界でも桃山茶陶のような破調の美から、端正な美を指向する風潮へと、価値観の転換が起きている。桃山茶陶の主要なオーナーが武将たちであったことを考えると、この符合は偶然ではないのかもしれない。

■撃ってくるイメージ

建築物としての天守の見方については、建築史の専門家が書いたものに譲るとして、ここでは城の防御システムを構成するパーツ、としての天守の見方を述べる。建築物としての天守を見るのであれば、基本的には現存天守以外は見るに値しないことになる。しかし、防御システムを構成するパーツとして見るのであれば、復元天守でも、復興天守でも、いや上物がなくても、天守台がオリジナルで残っていれば、観察の対象になる。

防御システムを構成するパーツとしての天守がもつ属性は、強化火点であること、最終抵抗拠点であること、指揮所であることに尽きる。だとしたら、この三つの観点から天守や天守台を見てゆけばよいわけだ。

まず、強化火点として天守を見るには、〝撃ってくる〟イメージをもつに限る。このイメージで歩いて一番面白いのは、何といっても姫路城だ。姫路城の中心部に向かって行く通路は、執拗に折り曲げられていて、天守は塀や多門櫓ごしに望めるものの、なかなか近づけなくて、じれったい感じがする。

この状況を、天守を〝見せる〟ための演出のように言う人がある。しかし、こちらから天守が見えるということは、天守からもこちらが見えているのだ。つまり、侵入者の位置が戦況として見えており、射点が得られることを意味する。通路の屈曲部で天守がチラッと見えたとき、天守から狙撃されるイメージを持とう。多くの天守は、このイメージで見直すと、受ける印象が驚くほど変わるはずである。

天守にたどり着いたら、今度は城兵の視線で、そこからどの範囲が射界におさまるか、どことどこで射点が得られるか、観察してみる。上物がなくても、天守台に上ってみれば、こうした確認は可能だ。

複合式天守や結合式・連立式天守の場合、天守群全体でどのように射線を構成するか、それが縄張全体の中でどのように効くのか、観察してみよう。おそらく、写真で見て漠然とイメージしていたよりはるかに、天守群が複雑かつ具体的な射線を構成していることがわかるはずだ。

また、現存天守であれば、開いている窓や狭間から実際に外をのぞいてみるとよい。復元天守の場合、「外観は資料をもとに忠実に再現しました」と銘打っていても、細部を詰められるだけの資料は不足していて、結局は建築史家の推定に頼っている場合が多い。そうした復元天守では、窓や狭間の位置・形状が実物と異なっているので、現存天守ほど正確に確かめられるわけではない。

備中松山城天守の狭間
天守の狭間から八の櫓を見る。天守や櫓を見学する際は、狭間や窓をのぞいて射界を確認してみよう。

■漠然と眺めないこと

最終抵抗拠点としての天守の機能を知りたければ、大天守（天守台）に至る導線を注意深く観察することだ。とくに、大坂の陣以前に建造された天守は、意外なほどすんなりとは入れてくれないものである。福岡城（福岡県福岡市）の天守台など、パラノイアかと思えるほど執拗に導線を折り曲げているし、伊予松山城（愛媛県松山市）の天守曲輪もすさまじい。

現存天守の場合は、天守内部での戦闘を考慮した設備もあるので、見逃さないようにしたい。破風の内部に設けた武者隠《むしゃかくし》から天守内部に向かって狭間を切っていたり、階段の上でふたが閉まるようになっていたり、といった工夫である。

天守の司令塔機能を知るためには、天守や天守台から周囲を見渡してみるのが一番である。こうした場合は、コンクリート復元でも、復興でも、上物が建っていてくれるとありがたい。まず、天守から城内の各所がどのように見えるか。次は、城下や周辺の地形がどのように見えるかを確かめてみる。

このとき、漠然と景色を眺めずに、テーマをもって観察するのがおすすめだ。とくに、城下に入ってくる主要街道は、あらかじめ地図などで押さえておくとよい。敵の軍勢が城下に向かって押し進んできた場合。どの地点から視認できるかがわかったときの楽しさは格別だ。

天守を〝権威の象徴〟〝権力を誇示する装置〟と評価したがるのは、実物を見たときに「すごい」と感じるからであろう。

姫路城天守
二ノ丸からは天守群が間近に見えるが、たどり着くにはまだ「にの門」や備前丸などを抜けなければならない。

しかし、現代のわれわれがそう感じるのは、観光や趣味として城を見ているからではないか。

天守の成立過程については、研究の進展が望まれるが、成立時期が永禄〜天正初年であることは、間違いない。戦国真っ只中の時代なのである。その時代に生きた人にとって、天守は観光や趣味として眺める対象ではない。実用品であり、兵器そのものなのだ。いや、これは天守だけではなく、城郭全般についていえることであるが。

戦国大名の軍隊は兵種別編成だったのか

【第九章】戦国の軍事力編成と城の変化

・領主別編成→兵種別編成が戦国のメインストリーム
・戦国の軍隊は武士＋足軽・雑兵（非正規雇用兵）の二重構造
・軍事力構造・戦闘形態・城郭構造は相互に変化をもたらす

1．戦国大名の軍隊

【城の進化をもたらすもの】

ここまで本書では、戦国期城郭の代表的なパーツを採りあげて考察を重ねてきた。ただし、「まえがき」にも述べたように、筆者はカタログ的にパーツとそのスペックとを羅列したかったわけではない。戦国期城郭が、時間軸に沿って変化（進化）していった様子を、パーツを通して考えてみようというのが、筆者の意図である。

とはいえ、時間軸に沿ってパーツを並べて見せたかったわけでもない。なぜなら、城のパーツ自体が、勝手に形を変えてゆくわけではないからだ。いや、これは城のパーツに限らず、物質文化の本質だと思う。

われわれの身の回りにある道具や構造物も、時とともに姿形を変えてゆくが、そうした変化（進化）は技術革新のみによって引き起こされているわけではない。オーナーやユーザーのニーズ、道具や構造物を使う環境の変化といった、さまざまな要因が変化（進化）を引き起こすモメントとなる。

城という構造物は、本質的には敵の攻撃を防ぐための軍事施設――つまりは、戦いのための施設である。だとしたら、城の変化（進化）をもたらすモメントとして、まずは戦いのあり方を考えるべきだろう。

本章ではとりあえず軍事力構造、つまり軍隊の動員・編成の原理と、城の構造との関係について、考察の糸口を探ってみたい。

【領主別編成と兵種別編成】

テレビドラマや映画で描かれる戦国時代の軍隊は、たいがい鉄炮隊・弓隊、鑓隊といった具合に、兵種ごとの部隊に分かれて戦っている。しかし、歴史学研究の世界では、こうした兵種ごとに編成された軍隊は、戦国時代には存在しない、と長年にわたって考えられてきた。

なぜなら、中世の軍隊は、武士である在地領主が、めいめいに家臣・被官《ひかん》を引き連れて軍役《ぐんやく》を務める、という原理で成り立っていたからだ。実際には、領主本人とその一族・縁者、上級の被官が騎乗し、下級の被官は徒歩で従軍するので、騎馬武者を歩兵が取り巻く形で戦闘部隊が形成される。

部隊のサイズ＝動員力は、領主の所領規模に応じて決まってくるから、小は数人から大は数百人とマチマチになる。このマチマチなサイズの戦闘部隊

「川中島合戦図屏風」に描かれた宇佐美定行の陣

陣には鉄炮隊と防ぎ矢を放つ弓衆、近接支援の鑓衆などが兵種別に展開している。屏風の成立は江戸中期と見られる（米沢市上杉博物館蔵）。

が、一人の主君（指揮官）の下にぶらさがって軍隊ができる。このタイプの編成原理を「領主別編成」と呼ぶことにする。対して、ドラマに出てくるような、兵種ごとの部隊に分かれるタイプを「兵種別編成」とする。

中世武士社会のベースとなっている主従制の原理に基づくかぎり、軍隊は必然的に領主別編成とならざるをえない。主従制の原理は戦国時代に至っても変わらないから、戦国大名たちの軍隊もまた領主別編成となる、というのが学界の常識であった。

ところが最近になって歴史学研究の中からも、戦国大名たちの軍隊は兵種別編成だったのではないか、という指摘が出されるようになった。そこで、こうした議論を踏まえながら、北条氏や武田氏の事例を中心に検討し、戦国時代の軍事力について、筆者なりに考えてみたのが拙著『戦国の軍隊』[*1]だ。戦国大名の軍隊は、正規兵である侍（武士）＋非正規雇用兵（足軽《あしがる》・雑兵《ぞうひょう》）と

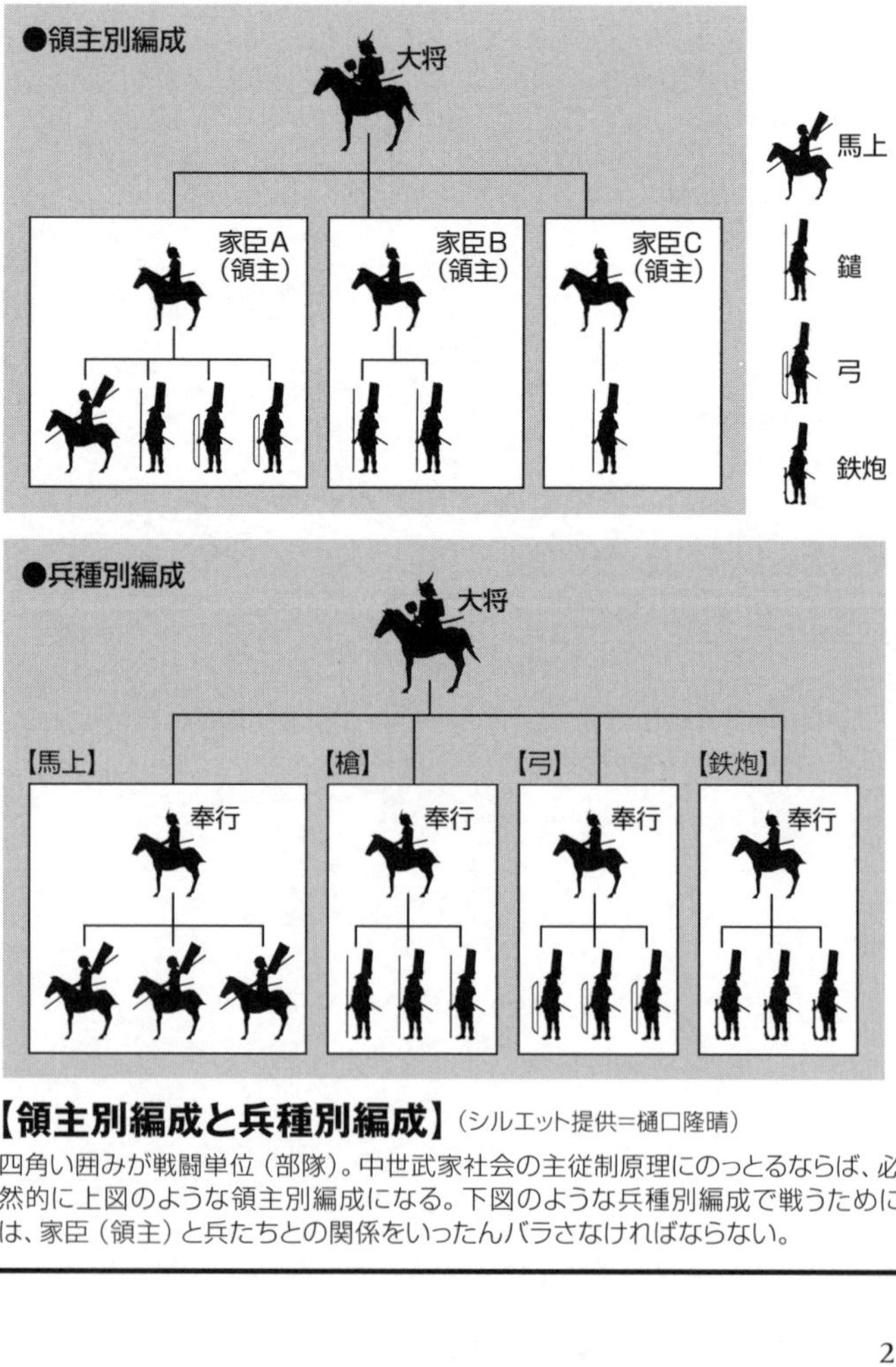

【領主別編成と兵種別編成】（シルエット提供＝樋口隆晴）

四角い囲みが戦闘単位（部隊）。中世武家社会の主従制原理にのっとるならば、必然的に上図のような領主別編成になる。下図のような兵種別編成で戦うためには、家臣（領主）と兵たちとの関係をいったんバラさなければならない。

「平治物語絵巻」に描かれた武士の一団
薙刀を持った歩兵や馬の口取りが弓騎兵を囲む「輪形陣」は、領主別編成による戦闘単位の典型的な姿を示している（東京国立博物館蔵／ColBase）。

いう二重構造をとることによって、兵種別編成を実現していたというのが、そこで述べた筆者の基本的な考えである。

【岩付衆の構成】

戦国大名の軍隊が兵種別編成であったことを示す具体例を、いくつか挙げてみよう。まず、天正五年（一五七七）における北条氏の岩付衆《いわつきしゅう》である。

北条氏は、領国内の戦略拠点クラスの城に、一族の者を城主として送り込み、「衆」と呼ばれる部隊を編成していた。この体制は、近代軍が地方都市に連隊をおくイメージに近い。天正五年の時点では、北条氏房《うじふさ》が岩付城主として岩付衆を率いていた。

この岩付衆の全容が、天正五年七月十三日付「北条家朱印状《しゅいんじょう》」に記されている。[＊2]「朱印状」には総計一五八十余人の岩付衆が、すべて兵種ごとに書き上げられ、それぞれに担当する数人の奉行の名が明記

［＊1］『戦国の軍隊』（学研 二〇一二）。同書は二〇一七年に角川ソフィア文庫として再刊したが、電子版は引き続き学研。なお、文庫版では字句や表現の一部を改め、「文庫版あとがき」を追加しているが、内容には変更はない。

［＊2］天正五年七月十三日付「北条家朱印状」（『戦国遺文・後北条氏編』第一九二三号／内閣文庫所蔵豊島宮城文書）。

されている。かなり長大な文書なので、内容を整理して図版として掲げておく。

「朱印状」では、兵種ごとの人数を示した後に、担当奉行らの心得のようなことを書き加えているから、奉行は兵種別部隊の指揮官だった、と考えるのが妥当だ。また、岩付衆の一人である宮城《みやぎ》四郎兵衛《しろべえ》（泰業《やすなり》）という人物は、元亀三年（一五七二）には北条氏政から計三六人の軍役を課されていたことがわかっている。*3 元亀三年と天正五年との間は五年しかないから、泰業は天正五年にも同程度の軍役を務めていたはずだ。

ところが、天正五年の「朱印状」では、彼は五百余騎もの「馬上《ばじょう》衆」を統括する奉行の一人となっている。だとしたら宮城泰業は、自らが率いてきた兵たちを兵種ごとにバラして、各担当奉行に預けた上で、自身は馬上奉行として戦闘に従事したことになる。

同時期における、東国大名の例を見てみよう。越後上杉氏では、天正三年（一五七五）の「上杉家軍役帳」が、兵種別に軍役数を規定している。*4 また、武田氏の場合も、この時期には兵種と数量を規定した「着到定書《ちゃくとうさだめがき》」を多数、出している。*5 東国の有力大名は、遅くとも元亀年間か天正初年（一五七〇年代）には、兵種別編成に移行していた、と考えてよさそうだ。

西国の場合も、ほぼ同様の傾向があったようだ。詳細は『戦国の軍隊』に譲るが、天正十二年三月（一五八四）に、龍造寺《りゅうぞうじ》隆信と島津義久《よしひさ》が激突した沖田畷《おきたなわて》の合戦についての、宣教師ルイス・フロイスの克明な記述を読むかぎり、龍造寺軍も（おそらくは対戦相手の島津軍も）兵種別編成の軍隊であった。*6

室町時代までの軍隊は、たしかに「領主別編成」の原理で成り立っていた。しかし、戦国時代に入ると、大名たちは少しずつ兵種別編成の軍隊を指向していった。北条氏や武田氏は、永禄年間頃（一五五〇年代後半〜六〇年代）には兵種別編成を作り上げていた可能性が高く、遅くとも天正年間には、兵種別編成は全国的なトレンドとなっていたようだ。

［*3］元亀三年正月九日付「北条家着到定書」（『戦国遺文・後北条氏編』第一五七〇号／内閣文庫所蔵豊島宮城文書）。

［*4］『上越市史別編1上杉氏文書集・一』。

［*5］こうした「着到定書」は、『戦国遺文・武田氏編』に多数収録されている。

［*6］『日本史』西九州編第五二章。

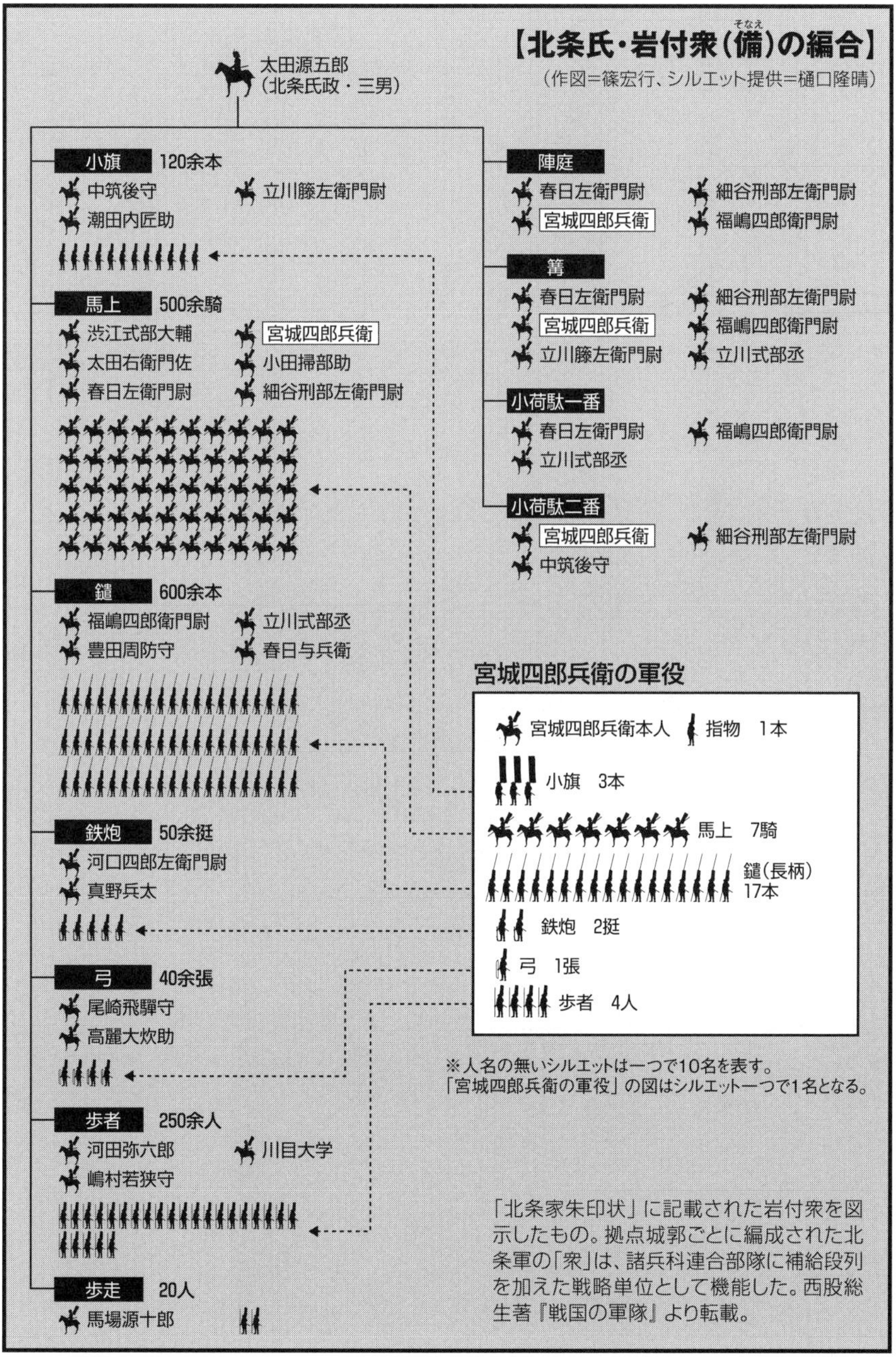
【北条氏・岩付衆（備《そなえ》）の編合】
（作図＝篠宏行、シルエット提供＝樋口隆晴）
太田源五郎
（北条氏政・三男）
小旗　120余本
中筑後守
立川籐左衛門尉
潮田内匠助
馬上　500余騎
渋江式部大輔
宮城四郎兵衛
太田右衛門佐
小田掃部助
春日左衛門尉
細谷刑部左衛門尉
鑓　600余本
福嶋四郎衛門尉
立川式部丞
豊田周防守
春日与兵衛
鉄炮　50余挺
河口四郎左衛門尉
真野兵太
弓　40余張
尾崎飛騨守
高麗大炊助
歩者　250余人
河田弥六郎
川目大学
嶋村若狭守
歩走　20人
馬場源十郎
陣庭
春日左衛門尉
細谷刑部左衛門尉
宮城四郎兵衛
福嶋四郎衛門尉
篝
春日左衛門尉
細谷刑部左衛門尉
宮城四郎兵衛
福嶋四郎衛門尉
立川籐左衛門尉
立川式部丞
小荷駄一番
春日左衛門尉
福嶋四郎衛門尉
立川式部丞
小荷駄二番
宮城四郎兵衛
細谷刑部左衛門尉
中筑後守
宮城四郎兵衛の軍役
宮城四郎兵衛本人
指物　1本
小旗　3本
馬上　7騎
鑓（長柄）
17本
鉄炮　2挺
弓　1張
歩者　4人
※人名の無いシルエットは一つで10名を表す。
「宮城四郎兵衛の軍役」の図はシルエット一つで1名となる。

「北条家朱印状」に記載された岩付衆を図示したもの。拠点城郭ごとに編成された北条軍の「衆」は、諸兵科連合部隊に補給段列を加えた戦略単位として機能した。西股総生著『戦国の軍隊』より転載。

戦国大名は、家臣となった領主たちがめいめいに引き連れてくる兵をバラして、馬上（侍）・弓・鉄炮・鑓・旗といった兵種別に再編成した上で、戦闘に臨んでいたのである。

2. 大名権力と軍隊編成

【本郷和人氏の疑義】

戦国大名たちは兵種別編成の軍隊を作り上げていた、とする筆者の考えに真っ向から疑義を呈しているのが、中世史研究の第一人者として知られる本郷《ほんごう》和人《かずと》氏*7だ。本郷氏は、著書『怪しい戦国史』の中で拙著『戦国の軍隊』を取り上げ、良書と評価してくれているが、拙論の核心である兵種別編成論については、否定的である。

反論の要点は、以下のようなものである。中世の武士社会における基本的な動員原理では、領主別編成にならざるをえない。戦国大名の軍隊でも、この基本原理は変わらない（ここまでは筆者も同意）。したがって、兵種別編成を実現するため

「長篠合戦図屛風」に描かれた前田利家隊

長篠合戦における織田軍鉄炮隊は諸手から抽出した臨時編成だった。動員された兵たちが戦闘フェーズで兵種別に配置された一例（大阪城天守閣蔵）。

には、大名の家臣である領主と、その被官たちとの主従関係に手を突っ込んで、いったんバラさなければならない。

しかし、主従関係に手を突っ込んでバラすことができるほど、戦国大名は強大な権力を持っていたのか、というのが本郷氏の根源的な疑問なのである。本郷氏は、この疑問に答えるための素材として、天正十年（一五八二）における武田氏の滅亡と、同六年の上杉氏における御館の乱、という事件を挙げている。

すなわち、天正十年早々に木曽義昌《よしまさ》が寝返って、織田軍が信濃への侵攻を開始すると、武田勝頼の権力は地滑り的に崩壊し、まともに反撃もできないまま滅亡してしまった。上杉氏の場合も、謙信が急死すると、国内はたちまち景勝方と景虎方とに分かれて、内乱となる（いわゆる御館の乱）。

武田氏も上杉氏も、大名権力が配下の領主たちを充分に統制できておらず、領主たちが自立性を保っていたからこそ、急速な権力崩壊が起きたのではないか。だとしたら、領主とその被官との主従関係に手を突っ込めるほど、戦国大名の権力が強くはなかったと考えるべきだ、というわけである。

【権力が倒壊するとき】

拙著を褒めていただきながら恐縮ではあるが、筆者は本郷氏の批判に納得がゆかない。もし、本郷氏のロジックが正しいのだとしたら、本能寺の変の後に織田氏権力が急速に空中分解した事実、秀吉の死後たちどころに豊臣政権が崩壊した事実が、説明できなくなるからだ。本郷説を敷衍するなら、信長も秀吉も、配下の諸将をまったく統制できておらず、きわめて脆弱な権力しか持っていなかったことになる。

［＊7］本郷和人『怪しい戦国史』（産経セレクト二〇一九）。この書は産経新聞に連載の「本郷和人の日本史ナナメ読み」をもとに加筆・再構成したもの。

この問題について、筆者は次のように考える。ある権力が存続できるか、崩壊するかは、その権力が配下諸勢力を強く統制できているか否かに、必ずしも拠らないのではないか。室町幕府や関東公方が、弱体化しながらも余命を保ちつづけたのは、打倒を企てる者が現れなかったためではないか。[*8]

いかに腐敗し、統治能力を失っていても、打倒を企てる勢力が現れなければ、その権力は存続する。あくまで一般論として述べるが、民主的な現代の政党政治においても、政権がいかに腐敗しようが政策実行能力を喪失していようが、与党内に取って代わろうとする者が現れず、野党が頼りないとなれば、政権は維持される。

逆にいえば、いかなる権力も、より強大な力によって打撃されれば倒壊するのだ。これは、権力というものに本質的に備わっている属性と考えるべきではなかろうか。

武田勝頼肖像
敗将イメージの強い勝頼だが、長篠合戦の後は軍役改訂に努めて武田軍を再建している（東京大学史料編纂所蔵 模写）。

【軍隊の二重構造】

本郷和人氏は、戦国大名が兵種別編成を実現するためには、家臣とその被

［＊8］ 織田信長が足利義昭を排除し、義昭ないしはその代替者を奉じる者が現れなくなったことにより、室町幕府は事実上の自然消滅を遂げた。関東公方は、戦国後期には政治的・軍事的には無力化されていたが、北条氏が庇護したため名目的に存続した。

官たちとの主従関係に手を突っ込んでバラさなければならない、そのためには強大な権力が必要だ、と見ている。けれども筆者は、大名の権力が強大でなくても、家臣たちが連れてきた兵たちをバラすことはできる、と考えている。問題を解くカギは、軍隊の二重構造にある。

もともと中世社会においては、戦士階級である武士が軍隊の基幹戦力をなしていた。武士たちは主君と主従関係を結ぶことによって、知行を宛てがわれる代わりに軍役を務めるという、御恩—奉公の関係が成立している。

しかし、戦国大名たちは、非正規雇用兵である足軽・雑兵を大量に動員して、戦列化する態勢を整えていった。ここでいう非正規雇用兵とは、もともと武士ではない身分に属する人々、つまりは農民や浮浪民などからなる者たちだ。もともと武士だった者が浪々して、非正規雇用兵として働く場合もあっただろうが、要するに、金銭や食料の給付などによって、一時的に雇われているだけだ。

今風に例えるなら、組織の正社員である武士たちと、パート・バイト兵としての足軽・雑兵（非正規雇用兵）、というわけだ。こうして戦国の軍隊は、正規兵である武士階級と、非正規雇用兵である足軽・雑兵との二重構造を特徴とするようになった、というのが筆者の見立てである。金銭や食料で一時的に雇われている非正規雇用兵であるなら、主従関係の枠外にいることになるから、大名が強権をふるわなくともバラせるのではないか。

もちろん、大名の家臣となった領主たちが率いている兵たちの中には、武士階級に属する者も含まれる。その者たちと

足軽
江戸時代前期に成立した兵法書である『雑兵物語』に描かれた雑兵。最低限の防具をまとった足軽・雑兵たちは、武士とは身分の異なる非正規雇用兵だった（国立国会図書館蔵）。

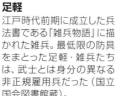

「川中島合戦図屏風」に描かれた八幡原の戦い

八幡原における上杉・武田両軍の激闘を描いたシーンで、大将級のみが騎乗し、ほかの武士たちは鑓や太刀で下馬戦闘を行っている。このシーンには足軽・雑兵は描かれていない（米沢市上杉博物館蔵）。

は当然、主従関係で結ばれている。けれども、これも軍隊の二重構造で説明できそうだ。

【軍事政権のモメント】

天正五年の岩付衆の編成を思い出してほしい。その中には、「馬上」という兵種が指定されていた。ここでいう「馬上」とは、馬に乗って参陣する武士身分の者、という意味であって、いわゆる騎兵とは異なる。

騎兵とは馬に乗って移動し乗馬戦闘を行うことを前提にに組織され、訓練された兵種であるのに対し、単に武装して馬に乗った状態の武士を指す言葉が騎馬武者だ。したがって、騎馬武者がすなわち騎兵として組織されるわけではない。

一方、馬上とは騎乗で参陣・移動するので、状況次第では乗馬戦闘も可能であるが、騎兵ではない。[＊9] 非正規雇用兵たちが長柄、鉄炮、弓、旗といった兵種ごと

［＊9］戦国時代の国産馬は馬格が小さいので、甲冑をまとった武士による乗馬突撃は困難だという説があるが、疑問である。源平合戦や南北朝の合戦では乗馬突撃が普通に行われているからである。

の部隊に再編成される一方で、武士身分の者たちは「馬上衆」という部隊に編成されていたわけだ。では、実際の戦場では、彼らはどう戦うのか。

仮に、西股家が「馬上五騎、長柄一五本…」といった軍役を課せられていて、規定の人数で着到したとする。馬上五騎のうち、一騎は筆者自身で、ほかに四騎が武士身分に属する筆者の一族か被官たちだ。着到して長柄以下の足軽・雑兵を奉行に預け、自分たちは五騎で馬上衆に加わり、馬上奉行の指揮下に入る。これなら、西股家の五騎は、馬上衆という部隊の中の西股分隊として行動すればよいわけだから、主従関係は断ち切られない[*10]。

本郷氏は、兵種別編成を実現するためには、きわめて強い権力が必要だと考えている。しかし、強い軍隊を作るためには強大な権力が必要、というのは、平和な時代の発想ではなかろうか。権力が強大だから勝てる軍隊を作れるのではなく、勝てる（負けない）軍隊を作る努力と工夫が、結果として権力を成り立たせるのが、戦国乱世なのではなかろうか。

3. 軍事力編成と城の縄張

【坂田城と井田氏の場合】

戦国大名の軍事力編成と城との関係を考える上で、興味深い事例がある。第六章などでも採りあげた上総坂田城だ。

坂田城は上総国の北東部、現在の千葉県山武郡横芝光町にある巨大な台地城郭で、戦国時代にこの地域に抬頭した井田《いだ》氏の本城である。井田氏の出自はよくわからないのだが、周辺諸氏の内紛に介入するなどして次第に勢力を伸ばし、房総地方に進出してきた北条氏に属して、外様国衆となった。

［*10］領主階級に属する武士身分の者と、非領主階級の足軽・雑兵とでは、戦功認定や行賞のあり方が違ったはずである。

外様国衆とは、自らの領地を自力で支配しているので、戦国大名の家臣ではないが、政治的・軍事的に大名の配下にある勢力のことだ。二〇一七年の大河ドラマ『おんな城主・直虎』に描かれた、井伊氏と今川氏の関係をイメージしていただけると早い。

戦国時代後期の上総北部は、北条方と里見方との勢力が入り乱れており、北条方についた井田氏は、坂田城を築くなどして、里見軍の北上に備えていた。しかし、天正五年（一五七七）に、里見氏が事実上、北条氏に屈すると、井田氏は北条軍の麾下部隊として、北武蔵や常陸方面に動員されることが多くなる。

そこで、北条氏から井田氏に対して軍役が課せられることになるのだが、筆者が注目するのは、天正十五年十二月九日付で北条氏政から井田胤徳《たねのり》に出された、「着到書出《かきだし》」である。[*11] この文書は、井田氏が北条氏の軍役を務めるに当たって、動員すべき人数を書き出したものである。

文書には、当主の井田胤徳とその被官、計二六人が書き上げられているのだが、驚くべきことに、一人一人について、歩弓侍・鑓・馬上など兵種ごとの動員数が指定されているのだ。つまり、井田氏の被官の中の土豪クラスの者にまで、北条氏政が「お前は自分以外に鑓一、指物一を連れて参陣しろ」と、直接指定しているわけである。

この事例を見るかぎり、北条氏は家臣どころか、外様国衆とその被官との主従関係にまで「手を突っ込んでいた」と考えざるをえない。

【坂田城の縄張】

坂田城について見てみよう。この城は、二〇メートルほどの比高をもつ、南北に長大な舌状台地に築かれている。城地は、全体としてほぼ長方形をしており、曲輪となる台地の上面が平らだから、わかりやすくいえば羊羹のような形をしている。城域は南北約六六〇メートル、東

［＊11］『戦国遺文・後北条氏編』三二二九号（井田氏文書）。なお、この時期、北条家の当主は氏直であるが、外様国衆に対しては引き続き大御所の氏政が指揮していた。これは例えていうなら、本社の社長を後継者に譲り、自分は会長としてグループ企業の経営を統括するようなもの、と考えればわかりやすい。

関東の有力国衆は、これだけの城郭を築き上げるだけの地力を持っていた。『歴史群像』152号（2018）より転載（イラスト＝香川元太郎、監修＝著者）。

西約三五〇メートルに達するから、ずいぶんと巨大な羊羹だ。

このような地形に城を取る場合は、台地の先端に主郭を置いて、羊羹を切り分けるように堀切を入れて台地を刻み、直線連郭式の縄張とするのが常石だ。舌状台地の周囲が湿地や水田、河川や湖沼となっていて、敵の主攻正面をほぼ台地つづき方向に限定できるからである。

坂田城も基本的にはこのセオリーに則って縄張されているが、台地の先端部は東西に二分して、主郭と二ノ曲輪を並列に置いている。三ノ曲輪→二ノ曲輪→主郭と導線を通すことによって、二ノ曲輪に馬出としての機能を持たせているのである。[＊12]

この城の縄張で何より目をひくのは、卓越した横矢掛りの技法で

［＊12］ 軍学書でいう馬出曲輪にあたる。軍学書では、曲輪に対して相対的にサイズの大きな馬出を曲輪馬出、縄張上は馬出の機能をはたす曲輪を馬出曲輪などと呼び分けているが、多分に観念的である。

あろう。たとえば、二ノ曲輪から主郭に通じる土橋と虎口に対しては、両側に張り出しが設けられていて、強力な横矢が掛かる。

主郭の塁線は、他にも数箇所が櫓台状に張り出しているし、二ノ曲輪の虎口も櫓台状の張り出しによって制圧される。三ノ曲輪の虎口に至っては、両側から巨大な櫓台で挟み込まれるようになっており、狭い土橋を渡ってこの虎口を突破するのは至難といわざるをえない。

三ノ曲輪の北方には、広大な四ノ曲輪と五ノ曲輪が続く[*13]。五ノ曲輪の北側、すなわち城域の最北端は巨大な二重堀切によって遮断し、櫓台の脇に虎口を開いている。しかも、二重堀切の間には馬出が形成されているのだ。往時は木橋を何度も渡って馬出を経由し、櫓台の直下をすり抜けるようにして虎口に至る、複雑な導線が形成されていたことがわかる。

【城域と縄張のセオリー】

坂田城は、一介の国衆が築いた城にしては、ずいぶんと巨大かつ技巧的であるように感じられる。しかし実は、千葉県の北半から茨城県南半の地方にかけては、台地の縁辺や舌状台地を利用して、広大な城域に巨大な塁壕を巡らせた城が少なくないのだ[*14]。

坂田城の規模も、この地方全体から見れば、決して突出したものではない。もともと低平な台地の広がるこの地方で築城の適地を求めると、どうしても台地上に広い面積を囲い込むことになるからだ。曲輪の広さや、それを囲む塁線の延長は結果でしかない、という第七章での考察を思い出してほしい。

その上で、坂田城の占地を注意深く観察してみよう。北端の二重空堀のあたりに浅い谷が入りこんでいて、地峡部を形成していることがわかる。つまり、台地を効率よく切断したかったら、最初の防禦線をこの位置に設定せざるをえないのだ。

[＊13] 四ノ曲輪と五ノ曲輪とを隔てる空堀は、農地化に伴って埋められてしまったが、現在でもわずかに低い農道として痕跡をたどることができる。

[＊14] 城の縄張を、築城者の権力構造の反映と理解する言説があるが、そのロジックを適用すると、常総地方には強大な権力をもった有力領主が林立していたことになってしまう。

こうして囲い込んでしまった広大なで平坦な城域を、国衆レベルの（あまり多くはない）兵力で守備するには、どうしたらよいか。敵の侵入を許さないような巨大な堀と土塁を幾重にも築き、戦闘の焦点となるポイント（＝虎口や土橋）を限定して、そこに守備兵と火力とを集中させるのが、もっとも合理的な解決策ではないか。

また、坂田城は横矢掛りの技法が卓越しているが、これも第六章で述べたように、内側が凹んだ台形の平面をもつ巨大な櫓台は、上総北部〜下総にかけて類例が多い。つまり、上述したセオリーを、巨大な羊羹のような地形に落とし込み、井田氏が利用可能な技術的リソースで味付けすれば、坂田城の縄張ができあがるわけだ。

面白いのは、ここで読み解いた坂田城の縄張と、前述した天正十五年の「着到書出」から読み取れる、井田氏の軍事力編成との関係だ。[*15]

【井田氏の軍事力編成と坂田城の縄張】

次頁の表は、天正十五年の「着到書出」を分析・集計したものだ。まず、井田氏が北条氏から課せられた軍役は、全体が三〇〇人ちょうどで、ほぼ半分にあたる一四五人が当主胤徳の直卒部隊となっている。北条氏から賦課された軍役は、一種の数合わせに基づいており、井田氏の実際の動員力とイコールではない、と考えた方がよさそうだ。[*16]

もし、井田氏が存亡をかけて坂田城に立て籠もるとなったら、家臣たちも一家総出で守備に当たるだろうから、軍役規定より多くの人数を動員した、と考えてよいだろう。とはいえ、軍役三〇〇の国衆ではおのずと限界もある。

仮に、坂田城を守備する総兵力を五〇〇としよう。そして、井田胤徳の直卒部隊と家臣団の部隊について、「着到書出」から割り出した火器（弓・鉄炮）装備率を当てはめてみる。全体の

［＊15］　坂田城がいま見る縄張を整えた時期としては、天正初年と、天正五年に北条氏と里見氏が和睦し、里見軍が北上する怖れがなくなった結果、井田氏は常陸方面に動員されたことを考えれば、前者の可能性が考えられるが、豊臣軍侵攻に備えた後者という可能性も否定しきれない。

［＊16］　数字による軍役の管理を指向していた北条氏は、しばしば数合わせ的な賦課を行っている。詳細は拙著『戦国の軍隊』（前掲）を参照。

火器装備数一〇〇（五〇〇の二〇パーセント）に対して、井田胤徳直卒部隊の弓・鉄炮はその三分の二にあたる計六七程度。家臣団部隊では三三前後となる。

　この数字を、坂田城の縄張に落とし込むとどうなるか。兵力比から見て、四ノ曲輪と五ノ曲輪を家臣団部隊が、主郭〜三ノ曲輪までを井田胤徳直卒部隊が守備した可能性が高い。この場合、四ノ曲輪・五ノ曲輪は火器を配置する場所が限られるから、三〇〜四〇程度の弓・鉄炮があれば、どうにか守れそうだ。

　一方、井田胤徳直卒部隊の火力は計六七程度という想定になるが、このうち「着到書出」で各二〇と規定されている弓・鉄炮侍は、精鋭部隊と見てよいだろう。この四〇を三ノ曲輪の二箇所の櫓台に二〇ずつ配置し、残る二七を主郭・二ノ曲輪の櫓台に数挺ずつ置けば、城の中心部は守備が可能となる。

【戦国期城郭のダイナミズム】

ここで述べた考察は、仮定に基づく一種の〃数

【天正15年12月9日北条氏政着到書出
（『戦国遺文・後北条氏編』3229号／井田氏文書）】

		大旗	自身指物	歩弓侍	歩鉄炮侍	鑓	持鑓	馬上	自身	歩鑓侍	物主馬廻	乗替・歩者	〈小計〉
1	井田因幡守（胤徳）	10	1	20	20	40	10	26	1	0	10	7	145
2	和田左衛門尉	2	1	2	2	10	2	6	1	0	0	4	30
3	椎名勢兵衛尉	2	1	2	2	10	2	6	1	0	0	4	30
4	三谷蔵人佐	1	1	2	2	5	2	3	1	0	0	3	20
5	堀内右衛門尉	1	1	0	1	2	0	0	1	0	0	0	6
6	村山伊賀守	1	1	0	1	2	0	0	1	0	0	0	6
7	井田志摩守	1	1	0	1	2	0	0	1	0	0	0	6
8	椎名摂津守	1	1	0	1	2	0	0	1	0	0	0	6
9	椎名佐渡守	1	1	0	1	2	0	0	1	0	0	0	6
10	椎名持左衛門尉	1	1	0	0	2	0	0	1	0	0	0	5
11	三谷民部少輔	1	1	0	0	2	0	0	1	0	0	0	5
12	椎名帯刀左衛門尉	1	1	0	1	2	0	0	1	0	0	0	6
13	椎名図書助	1	1	0	1	2	0	0	1	0	0	0	6
14	椎名孫兵衛	0	1	0	0	1	0	0	1	0	0	0	3
15	椎名弾正	0	1	0	0	1	0	0	1	0	0	0	3
16	三谷右馬助	0	1	0	0	1	0	0	1	0	0	0	3
17	三谷源次左衛門尉	0	1	0	0	1	0	0	1	0	0	0	3
18	椎名刑部丞	0	0	0	0	1	0	0	1	0	0	0	2
19	椎名織部丞	0	0	0	0	1	0	0	1	0	0	0	2
20	井田治衛門尉	0	0	0	0	0	0	0	0	1	0	0	1
21	伊藤八郎右衛門尉	0	0	0	0	0	0	0	0	1	0	0	1
22	桜井六郎右衛門尉	0	0	0	0	0	0	0	0	1	0	0	1
23	新行寺助九郎	0	0	0	0	0	0	0	0	1	0	0	1
24	寺田右京亮	0	0	0	0	0	0	0	0	1	0	0	1
25	三谷主税助	0	0	0	0	0	0	0	0	1	0	0	1
26	三谷刑部左衛門尉	0	0	0	0	0	0	0	0	1	0	0	1
	〈合計〉	24	17	26	33	89	16	41	19	7	10	18	300

井田氏軍役の総計300人のうち弓・鉄炮は59で装備率は約20%となるが、弓・鉄炮の3分の2は井田胤徳の直卒部隊に属している。本拠の坂田城を守備する場合、軍役より多めの500人を動員すると仮定し上記の比率を当てはめると100挺となり、火点となる櫓台（229頁イラスト参照）を守備できるだけの火力が得られる。

字遊び〟かもしれない。ただ、このように考えてくると、坂田城の縄張は井田氏の現実的な動員兵力で、守備が可能であることが理解できる。巨大な塁壕や広大な城域、巧緻な縄張などは、決して象徴的・抽象的な意味を持つものではない。〝戦国のリアル〟として読み解くことができるものなのだ。

井田氏は、遅くとも天正年間には、兵種別編成の軍隊を整えており、それを前提として坂田城を築いていた。だとしたら、こうした現象はひとり井田氏にのみ起きたことではなく、北条氏麾下の他の外様国衆も同様であったろうし、当然、北条氏自身もそうであったろう。

そして、前述したように、兵種別編成化の進行が全国的なトレンドであったとするならば、兵種別編成を前提とした築城もまた、全国的な傾向だったはずである。織豊系城郭の出現と近世城郭の成立も当然、そうした流れを前提とした現象として捉えられることになる。

もちろん、軍隊の兵種別編成化が、戦国期城郭に変化（進化）をもたらしたモメントのすべてだったとはかぎらない。ただ、一つの主要な要因だったことは、間違いがなさそうだ。いずれにせよ、変化（進化）させたモメントは何か、ということを考えながら城を見つめ直したとき、われわれは今まで以上にダイナミックな戦国期城郭の姿を知ることができるのである。

●あとがき

僕の好きなテレビ番組に、ＮＨＫのＢＳで放送している『球辞苑』という野球番組がある。毎回、一つの野球用語を採り上げて、選手・ＯＢへの取材と綿密なデータをもとに、一時間かけて深く掘り下げるという濃い番組だ。

採り上げるテーマも「マウンド」「ファール」「一・三塁」「リード（ランナーの）」などさまざまで、「六番打者」なんていうのもあった（笑）。とても面白く、ためになる——別に僕が野球をするわけではないけれど——番組なので、現役選手もけっこう見ているとのこと。

「まえがき」にも書いたように、本書の元になったのは『歴史群像』誌に連載した「パーツから読み解く戦国期城郭論」なのだが、白状してしまうと、この連載企画のヒントになったのが、『球辞苑』なのである。

『球辞苑』のように、一つのテーマを掘り下げて、面白くてためになる企画を、城についてもできないだろうか。現役研究者にも読んでもらえるような。そうして思いついたのが、くだんの連載だったのだ。おかげさまで連載の方は好評を得て、こうして一冊本としてまとめることができた。なので、僕としては、一・三塁でエンドランが決まったような、「してやったり」感もある。

　というわけで、連載から書籍化までお世話になった、『歴史群像』の星川武さんと山上至人さん、編集の実務を担当してくれた、かみゆ歴史編集部の皆さん、デザインの大野信長さん、ありがとうございました。きっと、この「あとがき」を読んで、「えっ、そんな思いつきだったの」とビックリしていることと思う。

　いま、本書の原稿を書いている二〇二〇年十一月の時点で、ペナントレース・日本シリーズともほぼ決着している状況だが、今シーズンが終われば、また新たなデータを元にして、『球辞苑』も新シリーズが始まるはずだ。同じように、「パーツから読み解く戦国期城郭論」の方も、多少の充電期間をはさんで、第二シーズンをスタートさせたいものである。

　ただ、そのためには本書が、満塁ホームランとは行かないまでも、タイムリーツーベースくらいには、当たってくれないと。いや、せめて内野安打くらいには…（笑）。

二〇二〇年　いわし雲の候に　著者記す

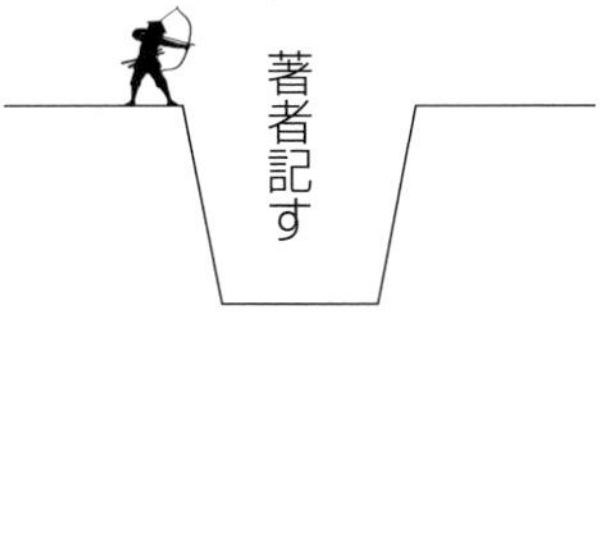

西股総生（にしまた ふさお）
1961年、北海道生まれ。学習院大学大学院史学専攻・博士課程前期課程卒業。三鷹市遺跡調査会、㈱武蔵文化財研究所を経て現在フリー・ライター。城館史料学会、中世城郭研究会、日本考古学協会会員。著書に『戦国の軍隊』（学研 2012年／角川ソフィア文庫 2017年）、『「城取り」の軍事学』（学研 2013年／角川ソフィア文庫 2018年）、『杉山城の時代』（角川選書 2017年）、『1からわかる日本の城』（JBpressBOOKS 2020年）などがある。このほか城郭、戦国史関係の雑誌記事、論考、調査報告書を多数執筆。現在、川崎市在住。

パーツから考える戦国期城郭論
2021年3月6日　第1刷発行
2021年5月8日　第2刷発行

著者：西股総生
デザイン・DTP：大野信長

発行人：松井謙介
編集人：長崎　有

編集長：星川　武

発行所：株式会社ワン・パブリッシング
〒110-0005 東京都台東区上野3-24-6

印刷所：日経印刷株式会社

●この本に関する各種お問い合わせ先
・本の内容については、下記サイトのお問い合わせフォームよりお願いします。
https://one-publishing.co.jp/contact/

・不良品（落丁、乱丁）については　Tel 0570-092555
業務センター　〒354-0045　埼玉県入間郡三芳町上富279-1

・在庫・注文については書店専用受注センター　Tel 0570-000346